中国社会科学院马克思主义理论
学科建设与理论研究工程系列丛书

马克思主义城乡融合发展理论及其现实意义

李红玉　著

中国社会科学出版社

图书在版编目（CIP）数据

马克思主义城乡融合发展理论及其现实意义 / 李红玉著，—北京：中国社会科学出版社，2018.10

（中国社会科学院马克思主义理论学科建设与理论研究工程系列丛书）

ISBN 978 - 7 - 5203 - 3399 - 3

Ⅰ.①马…　Ⅱ.①李…　Ⅲ.①马克思主义—城乡建设—理论研究
Ⅳ.①A811.66

中国版本图书馆 CIP 数据核字（2018）第 251622 号

出 版 人	赵剑英
责任编辑	田　文
责任校对	张爱华
责任印制	王　超

出　　版	中国社会科学出版社
社　　址	北京鼓楼西大街甲 158 号
邮　　编	100720
网　　址	http://www.csspw.cn
发 行 部	010 - 84083685
门 市 部	010 - 84029450
经　　销	新华书店及其他书店

印　　刷	北京君升印刷有限公司
装　　订	廊坊市广阳区广增装订厂
版　　次	2018 年 10 月第 1 版
印　　次	2018 年 10 月第 1 次印刷

开　　本	710 × 1000　1/16
印　　张	14.5
字　　数	216 千字
定　　价	59.00 元

前　言

以毛泽东、邓小平、江泽民为核心的党的三代领导集体和以胡锦涛同志为核心的党中央始终高度重视党的理论工作，重视全党对马克思主义理论的学习和研究工作。党的十八大以来，以习近平同志为核心的党中央更是把意识形态工作作为党的一项极端重要的工作来抓。

2004 年 1 月，《中共中央关于进一步繁荣发展哲学社会科学的意见》下发，并决定实施马克思主义理论研究和建设工程。为贯彻落实党中央关于把中国社会科学院努力建设成为马克思主义坚强阵地、党和国家的思想库智囊团（智库）、哲学社会科学的最高殿堂的要求，中国社会科学院党组采取了一系列重要措施。2009 年初成立了中国社会科学院马克思主义理论学科建设与理论研究工程领导小组。小组成立后，一方面注重抓好马克思主义理论学科组织机构的建设，设立马克思主义理论类别的研究室和中心等；另一方面注重马克思主义基础理论研究。

为了推进马克思主义基础理论研究，中国社会科学院从 2010 年起陆续推出的"马克思主义理论学科建设与理论研究工程系列丛书"，包括"马克思主义经典作家专题摘编系列"、"马克思主义专题研究文丛系列"、"马克思主义基础理论研究系列"等。"马克思主义基础理论研究系列"是马克思主义及其中国化理论研究的专门论著，该系列论著的推出，将有助于马克思主义话语体系的构建和马克思主义话语权的巩固。

中国社会科学院马克思主义理论学科建设
与理论研究工程领导小组
2015 年 1 月

目　　录

第一部分　马克思主义城乡融合发展理论

第二部分　马克思主义城乡融合发展理论的现实意义

绪　　论

一　选题背景和研究意义

（一）选题背景

2003 年党的十六届三中全会提出："要按照统筹城乡发展、统筹区域发展、统筹经济社会发展、统筹人与自然和谐发展、统筹国内发展和对外开放的要求，更大程度地发挥市场在资源配置中的基础性作用，为全面建设小康社会提供强有力的体制保障。"首次明确了统筹城乡发展的战略思路。2007 年党的十七大再次强调要统筹城乡发展，并提出要建立"以工促农、以城带乡长效机制，形成城乡经济社会发展一体化新格局"。2008 年党的十七届三中全会在对时势判断的基础上，提出"必须统筹城乡经济社会发展，始终把着力构建新型工农、城乡关系作为加快推进现代化的重大战略"的重大原则。2012 年党的十八大在坚持统筹城乡发展的基础上提出"推动城乡发展一体化"，并明确提出在当前情况下要坚持工业反哺农业、城市支持农村和多予少取放活方针，加大强农惠农富农政策力度，让广大农民平等参与现代化进程、共同分享现代化成果。2013 年党的十八届三中全会在对当前国内外形势作出深刻判断的基础上，进一步提出要"健全城乡发展一体化体制机制"，形成"以工促农、以城带乡、工农互惠、城乡一体的新型工农城乡关系，让广大农民平等参与现代化进程、共同分享现代化成果"。从党一贯采取的发展战略来看，统筹城乡发展，推动城乡一体化，构建新型工农城乡关系，是我们党在推进社会主义现代化建设、构建和谐社会的过程中高度关注和重视的全局性问题。目前，我国城乡一体化发展的过程中存在着"三农"问题、城市病、不完全城镇化以及城乡差距大等诸多问题，要破除这些发展的问题，离不开马克思主义的城乡融合发展理论的指导，这也体现了我国坚持运用马克思主义基本原理解决实际问题的原则。

城乡关系问题是马克思、恩格斯在研究人类社会问题的过程中始终高度重视的问题。在当时的社会发展背景下，马克思、恩格斯在批判性地吸收他人思想的基础上，深入分析了人类社会的发展历程，深刻分析了城乡对立的根源和局限性，开创性地提出了实现城乡融合发展的历史必然性，并论述了实现城乡融合发展的机理和路径。马克思主义城乡融合发展理论的思想主要蕴含在马克思、恩格斯的《德意志意识形态》、《资本论》、《共产主义原理》、《反杜林论》、《哲学的贫困》、《共产党宣言》、《论住宅问题》和《家庭、私有制和国家的起源》等一系列经典著作中。马克思主义城乡融合发展理论是马克思主义理论的重要组成部分，它对指导我国城乡一体化发展实践将起到重要的作用。然而，目前我国关于马克思主义城乡融合发展理论的研究较为薄弱，不能满足我国城乡一体化发展实践对理论的实际需求。因此，有必要对马克思主义城乡融合发展理论进行全面系统的研究。

（二）研究意义

本选题主要对马克思主义城乡融合发展理论的相关思想进行探索和研究，试图领会其深刻内涵，准确把握其精神实质，揭示其对现阶段我国实践的启示及现实意义，从而为我国推进城乡一体化发展战略提供理论支撑。因此，本选题具有重要的理论和现实意义。

1. 理论意义

本选题的理论意义主要体现在两个方面。一方面，加强马克思主义城乡融合发展理论相关思想的研究有助于从整体上对马克思主义理论进行把握。马克思主义城乡融合发展理论是马克思主义理论的重要组成部分。城乡关系问题是马克思、恩格斯始终高度关注的重点问题，他们一直将城乡关系问题作为探索人类社会发展规律和共产主义原理的一把钥匙。在马克思、恩格斯看来，要理解和认识人类社会发展规律和共产主义原理，就不能回避和绕开城乡关系问题。从这一角度出发，马克思、恩格斯没有专门探讨城乡关系问题，而是在《德意志意识形态》、《资本论》、《共产主义原理》、《反杜林论》、《哲学的贫困》、《共产党宣言》、《论住宅问题》和《家庭、私有制和国家的起源》等一系列著作中综合论述了城乡融合发展理论。由此可见，城乡融合发展理论是马克思主义理论体系的重要节点，是从整体上领会马克思主义必须把握的关键问题。因此，加强对马克思主义城乡融合发展理论相关思想的研究，是从整体上把握马克思主义理论的关键所在。

另一方面，加强马克思主义城乡融合发展理论相关思想的研究，有助于提升马克思主义理论研究的水平和层次。马克思主义城乡融合发展理论在马克思主义理论研究中具有重要的地位。国内学者侧重于从原著中梳理马克思、恩格斯有关城乡关系问题的基本内容，但在马克思主义城乡融合发展理论内容体系的构建和现实价值的探索上稍显薄弱；西方马克思主义学者注重采用马克思主义理论和方法探究资本主义在发展中出现的城市问题，并没有对城乡关系问题进行深入研究。因此，对马克思主义城乡融合发展理论的相关思想进行深入研究和探讨，对于提升马克思主义理论研究的层次和水平，不断丰富马克思主义理论研究内容，具有重要的理论意义。

2. 现实意义

本选题的现实意义主要体现在两个方面。一方面，通过对马克思主义城乡融合发展理论相关思想的研究，有助于正确理解我国城乡发展的现状和存在的问题。马克思主义城乡融合发展理论是建立在辩证唯物主义和历史唯物主义的基础之上的。马克思、恩格斯有关城乡关系问题的思想具有丰富的哲学含义，揭示了城乡关系发展的否定之否定规律以及城乡之间的对立统一关系。通过理解和把握这些哲学含义，有助于我们更加充分地认识我国城乡关系发展的前进性与曲折性的统一，对于大力实施统筹城乡发展战略，推进城乡一体化发展，具有重要的现实指导意义。充分理解和正确把握马克思主义城乡融合发展理论的相关思想，对于正确判断我国城乡关系发展的历史和现阶段形势，更好地推进城乡一体化发展实践，构建新型工农城乡关系具有至关重要的作用。

另一方面，对马克思主义城乡融合发展理论相关思想的研究有助于为我国统筹城乡、推动城乡一体化发展实践提供理论指导。马克思主义城乡融合发展理论相关思想是我国城乡发展实践的重要指导思想。在当前阶段，统筹城乡发展实践、推动城乡一体化发展，迫切需要这一理论的指导。而现阶段，关于马克思主义城乡融合发展理论的研究较为薄弱，不能满足城乡发展实践对理论指导提出的迫切需求。在这样的背景下，加强对马克思主义城乡融合发展理论相关思想的研究，将对推进城乡统筹、城乡一体化发展战略提供更多的理论支撑和思想启示，对于新时期更好地把握城乡一体化发展的着力点，进而协调工农和城乡关系，构建城乡经济社会发展一体化新格局，具有重要的现实意义。

二　概念界定

（一）城市

传统意义上，城市（也称为都市或城镇）是在一定区域范围内经济、政治、文化教育、宗教、科学技术、人口等的集中地和中心地，是以非农业人口聚集和非农产业为主要特征的聚居地，主要包括行政建制内的市和镇。"城市"具有两层含义。一是"城"的概念，即人口的聚居地，主要指城市的行政区划和范围。历史上早期的城市实际上就是"城"，主要用于军事防御和举行祭祀仪式。恩格斯认为，"用石墙、城楼、雉堞围绕着石造或砖造房屋的城市"①，指的是古罗马的城邦，是用于军事防御的建筑。二是"市"的概念，即商品交换的场所，指的

---

① 《马克思恩格斯选集》第 4 卷，人民出版社 2012 年版，第 179 页。

是城市的商业属性。在马克思、恩格斯的相关著作中可以看出他们对城市的理解，"随着城市的出现，必然要有行政机关、警察、赋税等等，一句话，必然要有公共机构，从而也就必然要有一般政治。在这里，居民第一次划分为两大阶级，这种划分直接以分工和生产工具为基础。城市已经表明了人口、生产工具、资本、享受和需求的集中这个事实。"①在马克思、恩格斯看来，现代城市不仅是商业中心，同时也是一定区域范围内的经济、政治、文化的中心。

根据我国的法律规定，我国的城市主要是指直辖市、建制市和建制镇。根据国家统计局城乡划分的相关规定，城镇包括城区和镇区两个部分。城区是指在市辖区和不设区的市中经规定划定的区域。城区包括：街道办事处所辖的居民委员会地域；城市公共设施、居住设施等连接到的其他居民委员会地域和村民委员会地域。镇区是指在城区以外的镇和其他区域中的如下区域：镇所辖的居民委员会地域；镇的公共设施、居住设施等连接到的村民委员会地域；常住人口在 3000人以上独立的工矿区、开发区、科研单位、大专院校、农场、林场等特殊区域。②

（二）乡村

乡村（也称农村）是相对于城市或城镇而存在的，以农业人口集聚和农业生产为主要特征的聚居地或聚落的统称。乡村也具有两个层面的含义。一是"乡"的概念，《辞海》的解释为："中国最低一级政权单位，县以下的农村行政区域。"二是"村"的概念，《辞海》的解释为："中国农村中的居民点，多由一个家族聚居而自然形成，居民在当地从事农林牧渔业或手工业生产，往往由一个或几个村构成乡。"③在马克思和恩格斯看来，"乡村"和"农村""村落"是同一个概念，指的是农民的居住地，也就是主要从事农业生产的区域。他

---

① 《马克思恩格斯选集》第 1 卷，人民出版社 2012 年版，第 184 页。
② 参见《国家统计局关于统计上划分城乡的暂行规定》，国家统计局网站。
③ 《辞海》，上海辞书出版社 1979 年版，第 218、2876—2877 页。

们认为，与城市的经济、政治和文化的集中相比，"在乡村则是完全相反的情况：隔绝和分散"①。

我国并没有直接对乡村这一统计指标的口径进行规定，仅规定了乡村总人口和市镇总人口这两个人口统计指标。根据国家统计局的相关规定，乡村总人口是指县（不含镇）内的全部人口，市镇总人口是指市、镇辖区内的全部人口。也就是说，乡村在我国是指非城镇地区，即县以下的广大地区（不含镇）。在国外，根据对乡村的界定和划分标准，一般认为乡村具有人口密度较低，居住相对分散，以经营农业产业为主，经济社会结构相对简单，居民生活方式、建筑和景观等都明显区别于城市等特征。

（三）城乡关系

传统意义上，城乡关系就是城市和乡村之间的关系，即广泛地存在于城市和乡村之间的联系和互动，是一定经济社会发展条件下的经济、社会、政治、文化关系在城市和乡村相互关系上的集中体现。城市和乡村，是在一定地域范围内共同存在的两个主体，在长期的发展过程中，它们通过相互之间的联系、交流和互动，形成了互相影响、互相作用、互相依赖、互相制约的关系，这种双向互动的关系广泛地存在于城乡经济、政治、文化、社会等多个方面。

在马克思和恩格斯看来，城乡关系是人类社会的一个基本关系，城乡问题关系人类社会发展的各个方面，它是人类社会发展的历史现状在城市和乡村层面的集中体现。所以，城乡关系问题在人类社会发展中具有重要的作用和地位，"城乡关系一改变，整个社会也跟着改变"②。可见，城乡关系问题在一定程度上决定着整个社会的发展面貌。

三　研究现状

改革开放以来，国内学者围绕马克思和恩格斯的原著对马克思主

---

① 《马克思恩格斯选集》第 1 卷，人民出版社 2012 年版，第 184 页。
② 《马克思恩格斯选集》第 1 卷，人民出版社 2012 年版，第 237 页。

义城乡融合发展理论的相关思想进行了一定的研究，研究成果主要以论文的形式出现。而西方马克思主义学者主要采用马克思主义理论的相关观点和方法对资本主义发展中产生的城市问题进行研究，没有专门针对城乡关系问题的深入探讨。

（一）国内研究现状

20 世纪 80 年代初，学界提出有必要系统地研究马克思、恩格斯有关城乡关系问题的思想，把握其思想内涵，并运用到我国城乡建设的实践中。党的十六届三中全会明确提出统筹城乡发展的战略任务之后，马克思主义城乡融合发展理论的研究逐渐成了学术界关注的一个热点。不同的学者对这一研究所使用的名称不同，大体可归结为马克思、恩格斯的城乡关系理论研究①、统筹城乡发展思想研究②、城乡发展理论研究③、城乡观研究④、城乡融合思想研究⑤、城乡差别思想研究⑥，等等。

多年来，国内学术界通过系统地把握马克思、恩格斯经典著作中有关城乡关系问题的论述，取得了一定的研究成果，从中梳理出马克思主义城乡融合发展理论相关思想的丰富内容，并揭示了其对我国统筹城乡发展、构建新型城乡关系的重要启示。主要的研究成果包括马克思主义城乡融合发展理论的形成背景、重要内容、城乡分离与对立的辩证逻辑、城乡融合及其实现措施、马克思主义城乡融合发展理论的现实意义等方面。

---

① 陈睿：《马克思恩格斯的城乡关系理论及其对当代的启示》，《中共福建省委党校学报》2006 年第 5 期。
② 陈伟东、张大维：《马克思恩格斯的城乡统筹发展思想研究》，《当代世界与社会主义》2009 年第 3 期。
③ 张晓雯：《马克思恩格斯的城乡发展理论及其现实意义》，《理论与改革》2009 年第 3 期。
④ 岑乾明、宋卫琴：《分工理论：理解马克思主义城乡观的钥匙》，《求索》2010 年第 9 期。
⑤ 叶昌友、张量：《论马克思、恩格斯的城乡融合思想》，《求索》2009 年第 12 期。
⑥ 吴学凡：《马克思恩格斯消灭城乡差别思想及其现实意蕴》，《社会主义研究》2008 年第 1 期。

1. 分析了马克思主义城乡融合发展理论的形成背景

一是时代背景。陈睿①考察了当时的时代背景，其一，以18世纪60年代的英国工业革命为起点，西方几个主要发达资本主义国家纷纷开始了城市化进程，在城市化的快速发展过程中，城市和乡村的对立不断加剧；其二，随着生产力的不断发展，西方主要发达资本主义国家的经济实力不断增强，虽然这时城乡之间的关系依然对立，但在某些领域出现了城乡协调发展的萌芽。有关时代背景的研究对于更好地理解和把握马克思主义城乡融合发展理论的有关思想具有十分重要的意义。

二是思想背景。叶昌友、张量②认为早在文艺复兴时期，莫尔的《乌托邦》中就描绘了一个城乡一体化的社会，此外，圣西门、傅立叶、欧文则在发达资本主义国家城乡对立日益加剧的情况下，提出了企图消除城乡对立的空想社会主义学说，马克思、恩格斯在对当时城乡发展状况作出判断的情况下，批判地吸收了资产阶级学者特别是圣西门、傅立叶等空想社会主义者的城乡融合发展观点，着眼未来，通过一系列的著作论述了自己的城乡融合发展思想。

三是理论背景。马克思、恩格斯在剖析资本主义的本质时，经常分析城乡之间的对立和城市自身的问题，从而形成了城乡融合发展的思想。周志山③认为马克思在创立历史唯物主义的过程中，将城乡关系作为一个重要的理论范畴加以论述，构成了其独具特色的城乡融合发展思想；吴学凡④认为在创立和发展科学社会主义理论的过程中，马克思、恩格斯关注城乡差别的现实问题，逐步提出了城乡融合发展的思想。

2. 把握了马克思主义城乡融合发展理论的重要内容

（1）关于城乡融合的发展阶段

国内学者根据马克思、恩格斯揭示的城乡关系的发展趋势以及城

---

① 陈睿：《马克思恩格斯的城乡关系理论及其对当代的启示》，《中共福建省委党校学报》2006年第5期。

② 叶昌友、张量：《论马克思、恩格斯的城乡融合思想》，《求索》2009年第12期。

③ 周志山：《从分离与对立到统筹与融合——马克思的城乡观及其现实意义》，《哲学研究》2007年第10期。

④ 吴学凡：《马克思恩格斯消灭城乡差别思想及其现实意蕴》，《社会主义研究》2008年第1期。

乡关系在发展过程中呈现出的不同特点，对城乡融合的发展阶段进行了探讨，提出了不同的观点。罗敏、祝小宁[①]认为马克思、恩格斯关于城乡关系发展的思路是"城乡浑然一体→城乡分离与对立→城乡融合"。崔越[②]认为在马克思、恩格斯看来，在人类社会发展的过程中城乡关系一般经历"城乡一体→城乡分离→城乡联系→城乡融合的过程"。费利群、滕翠华[③]认为城乡关系是沿着"城乡混沌→城乡对立→城乡关联→城乡统筹→城乡融合"的历史发展脉络推进的。虽然国内学者对城乡关系发展的具体阶段划分存在不同的意见，但都认为城乡关系的最终形式为城乡融合。曾长秋等（2013）从马克思主义哲学的视角分析了马克思、恩格斯城乡关系的发展趋势，认为从城乡浑然一体到城乡分离与对立再到城乡融合的趋势体现了城市和乡村的对立统一关系，符合唯物辩证法的否定之否定规律，指出城乡融合的历史必然性和过程曲折性。

江俊伟（2009）认为从城乡浑然一体到分离与对立，再到城乡融合的过程，城乡之间的关系发展经历了否定之否定的过程，集中体现了人类社会文明从低级形态不断向高级形态演进的发展趋势。同时，他认为城乡融合发展的过程是与人类自由全面发展的过程相协调、相联系的。较低的生产力发展水平是与城乡浑然一体及人类发展的"人的依赖关系"相对应的；生产力发展相对不足是与城乡对立及人类发展的"物的依赖关系"联系在一起的；生产力高度发展是与城乡融合及人的自由全面发展相一致的。

（2）关于城乡分离与对立的内在动力

徐勇（1991）认为私有制、阶级和国家的产生是造成城乡之间形成尖锐利益对立关系的直接原因。由于私有制、阶级和国家的存在，

---

① 罗敏、祝小宁：《马克思城乡统筹思想的三个基本要素探析》，《西华师范大学学报》（哲学社会科学版）2009 年第 5 期。

② 崔越：《马克思、恩格斯城乡融合理论的现实启示》，《经济与社会发展》2009 年第 2 期。

③ 费利群、滕翠华：《城乡产业一体化：马克思主义城乡融合思想的当代视界》，《理论学刊》2010 年第 1 期。

城乡之间形成了统治与被统治、剥削与被剥削的阶级对立关系，使城市和乡村的发展处于严重的失衡状态之中，城乡之间的分离和对立不断深化。岑乾明、宋卫琴[①]认为社会分工促进了生产力的进步和私有制的产生，进而造成了城乡背后利益的不同与分裂，城市和乡村因此走向分离与对立。所以，城乡分离与对立是整个社会分工的社会化产物，农业和手工业之间的分工使生活、生产等要素环节向城市集中，而城乡之间的分离与对立也在这个过程中出现。

（3）关于城乡分离与对立的辩证逻辑

马克思、恩格斯对城乡分离与对立的考察是建立在辩证法和历史唯物主义基础之上的。作为社会分工和生产力发展在一定阶段的必然产物，城乡分离与对立在一定程度上存在进步性和合理性。陈伟东、张大维[②]认为，在城乡关系与人类社会发展的互动作用上，马克思、恩格斯充分肯定了城市的历史先导性，特别是高度评价了在工业化进程中具有突出作用的城市。城乡之间的分离与对立适应并促进了生产力发展的要求和前进方向，具有合理的一面；城乡之间的分离与对立为资本主义生产方式取代封建生产方式、近代工业文明取代农业文明提供了可能，具有历史进步的一面。但城乡之间的分离与对立亦更多地存在着局限性和不合理性。第一，城乡之间的分离与对立产生了"城乡病态"。马克思、恩格斯在分析城市功能和乡村功能之后，提出了"城乡病态"这一判断，"城乡病态"是指城乡分割发展使城市和乡村的功能都无法充分发挥，既带来了"城市病"，又导致了"乡村病"。他们分析了城乡病态的具体表现，即城乡差距过大，乡村相对"隔绝和分散"；住房紧张、人口拥挤、环境污染等城市问题不断涌现；社会分工的对立和劳动活动方式的畸形发展使人成为"城市动物"或"乡村动物"；城乡分割的局面"破坏着人与土地之间的物质交换"，损害农业的持续发展。

---

① 岑乾明、宋卫琴：《分工理论：理解马克思主义城乡观的钥匙》，《求索》2010 年第 9 期。

② 陈伟东、张大维：《马克思恩格斯的城乡统筹发展思想研究》，《当代世界与社会主义》2009 年第 3 期。

第二，城乡之间的分离与对立导致和促进了城乡差别。吴学凡①从政治、经济、社会和文化四个方面分析了城乡之间差别的消极影响。在政治领域，城乡之间的差别强化了剥削与被剥削的统治与被统治的关系；在经济领域，城乡之间的差别凸显了"三农"问题，直接产生了工农差别；在社会领域，城乡之间的差别导致整个社会关系的消极变化；在文化领域，城乡之间的差别阻碍了乡村文化的发展。

（4）关于城乡融合及其实现措施

城乡融合是对城乡对立的整体否定，是指城乡之间在相互吸收各自生活方式优点的基础上社会本身的整体发展状况，是社会整体各子系统之间优势互补、协调统一的存在状态和发展态势。消除城乡对立、实现城乡融合发展，是人类社会历史发展的必然要求。石玉顶②认为城乡融合发展的必然性具体体现在三个方面，即乡村摆脱愚昧落后和农业发展的要求、解决"城市病"和大工业发展的要求、人的自由全面发展的要求。

国内学者还探讨了马克思、恩格斯所论述的实现城乡融合发展的措施，主要包括以下几点：

一是废除私有制，建立无产阶级专政。私有制是城乡之间分离与对立的制度根源，在私有制条件下无法解决城乡之间的对立问题。建立无产阶级专政是城乡融合发展的前提条件。③因此，废除私有制之后，必须建立无产阶级专政。这样，农民才能在无产阶级专政的条件下，通过合作社组合成大规模经济，实现城乡融合发展。

二是大力发展生产力。城乡融合发展是与生产力的高度发展相一致的。因此，必须大力推进生产力的发展，以发展消除城乡对立，发

---

① 吴学凡：《马克思恩格斯消灭城乡差别思想及其现实意蕴》，《社会主义研究》2008 年第 1 期。

② 石玉顶：《马克思恩格斯关于城乡统筹发展的思想及其启示》，《经济学家》2005 年第 6 期。

③ 孙成军：《马克思主义城乡关系理论与我们党城乡统筹发展的战略选择》，《马克思主义研究》2006 年第 4 期。

展是城乡融合的物质基础。

三是消灭旧的社会分工。张晓雯①认为消灭旧的社会分工与消除城乡之间的差别是一致的，必须破除城乡产业分工的体制性障碍，打破城乡不平等的分工，从而消除城乡差别造成"城市动物"与"乡村动物"的对立，大力释放工农业中的生产力，强化城乡之间、工农之间的有机关联。

四是合理地布局城乡生产力和产业结构。有学者认为马克思、恩格斯在这一方面提出了一些基本措施：首先，要将工业生产和农业生产联系与结合起来，这是当时发达国家所采取的主要方法，它将促进城乡之间的差别逐步消灭；其次，主张计划利用和平衡发展社会生产力，大工业应在全国范围内尽可能地平均分布，从而使社会生产力由社会成员的联合体计划地、共同地进行利用；再次，强调人口应在全国范围内尽可能地平均分布，只有这样，才能改变农村人口数千年来保持的孤立的、愚昧的状态。

五是重视农业的基础地位。在马克思、恩格斯看来，农业是整个国民经济的基础，城乡融合发展必须重视农业的发展。何增科②将马克思、恩格斯关于农业基础地位的观点进行了概括：①农业生产是"人类生存"和"创造历史"的首要条件；②超过农业劳动者个人需求的劳动生产率是一切社会的基础；③农业劳动生产率制约着工业和农业之间社会分工的发展程度；④农业劳动生产率决定着农业人口向城镇和非农业产业转移的规模和速度。

六是发挥城市的中心作用。陈明生③认为随着城市的形成与发展，居于区域工业、商业、贸易、交通、市场中心地位的城市将形成巨大的集聚效应和规模效应，并对摆脱乡村落后愚昧状态、提高

①　张晓雯：《马克思恩格斯的城乡发展理论及其现实意义》，《理论与改革》2009 年第 3 期。

②　何增科：《马克思、恩格斯关于农业和农民问题的基本观点述要》，《马克思主义与现实》2005 年第 5 期。

③　陈明生：《马克思主义经典作家论城乡统筹发展》，《当代经济研究》2005 年第 3 期。

农业劳动者素质、促进农业和农村大发展有巨大的辐射带动作用。因此，实现城乡融合发展并非要消除城市这一物质实体，也并非要实现城乡无差别的统一，而是要在重视大工业和城市历史地位的基础上，发挥城市在统筹城乡发展中的积极作用，实现"城乡更高级的综合"。

七是加强城镇化建设，促进农村劳动力自由流动。要在工业化的进程中加强城镇化建设，改变乡村人口相对分散的状况，扫除生产力发展的障碍，促进人口、消费、生产、政治和财产等各种要素的集中。同时，农村劳动力向城镇工业部门自由流动，一方面，可以使流出人口成为产业工人，增加收入的同时享受了城市文明；另一方面，由于农业劳动力减少，在农业边际生产率递减规律的作用下，未流出农民的收入相应增加。

3. 揭示了马克思主义城乡融合发展理论的现实意义

国内学者运用马克思主义理论的观点和方法来分析我国城乡发展实践，从而揭示出马克思主义城乡融合发展理论对当代实践的重要现实意义。

一是促进城乡产业协调发展。费利群、滕翠华[1]认为推进城乡一体化发展是沿着马克思主义城乡融合理论从对立到融合思想的当代诠释，是实现我国城乡和谐发展的现实路径。首先要充分认识农业的基础性地位，推动农村工业化，实现农业产业化；其次要大力发展生产力，推进新型工业化道路，建立实现城乡融合发展的物质基础；再次要打破城乡产业分工的体制障碍，建立以工促农、以城带乡的长效机制，实现城乡融合互动，协调发展。崔越[2]认为，按照马克思、恩格斯的观点，城乡产业之间实现有效的结合是走向城乡融合的客观要求。结合当前实际，要大力推动城乡产业融合，逐渐形成工农业互动发展的运行机制：①从整体上制定城乡产业发展规划，合理调整产业

---

[1]　费利群、滕翠华：《城乡产业一体化：马克思主义城乡融合思想的当代视界》，《理论学刊》2010 年第 1 期。

[2]　崔越：《马克思、恩格斯城乡融合理论的现实启示》，《经济与社会发展》2009 年第 2 期。

布局；②根据城乡经济优势互补的要求，努力探索城乡产业密切合作的产业组织形式；③推进特色农业产业集群建设，吸收城乡生产要素流入农业产业领域；④积极发展农业服务业，培育农村经济新的增长点。

二是健康发展城镇化。常宗耀[1]认为城镇化是我国实现现代化进程的必然选择，我国要实现城镇化发展的目标，必须经历乡村到小城镇、小城镇到中等城市、中等城市到大城市的发展过程，在我国城镇化发展的过程中，城乡二元户籍制度、农民在城市中的边缘化和隔离化、农民在城市中的待遇和社会地位低下等问题需要解决。贾兆义[2]认为，要促进城镇化健康发展，需要坚持大中小城市和小城镇协调发展的原则，一方面建设现有的城市、县城和有条件的建制镇，在有条件的区域建设和发展城市圈；另一方面，根据自身条件建设新城镇，提高城镇化水平。要逐步扩大城镇区域、增加城镇人口，推动城镇文明对农村的辐射与普及。

三是实现城乡劳动力统筹就业。屈愿[3]认为，马克思、恩格斯通过人口平均分布于全国的设想来消除城乡之间的差别，这一点在现实社会难以实现，但却启示我们可以统筹城乡劳动力资源和城乡就业，允许城乡劳动力自由流动，以此实现城乡协调发展。改革开放以来，由城乡分离形成的二元制度（包括户籍制度、保障制度和教育制度等）成为农民就业受歧视的制度根源。目前，如何彻底消除对进城务工人员的身份歧视，建立健全农村教育、文化、卫生等社会事业体系以及最低生活保障制度、农村困难群体的救助体系等是迫切需要解决的问题。从长期来看，必须要将传统农民改造成各行业的现代劳动者，实现农业生产方式从传统到现代的转变，使城乡生产力水平和生产方式保持平衡，从而形成就业的城乡一体化发展格局。

---

[1] 常宗耀：《乡村城市化：马克思的理论及其启示》，《北方论丛》2010 年第 3 期。

[2] 贾兆义：《马克思恩格斯城乡关系思想对构建和谐城乡关系的启示》，《山东农业大学学报》（社会科学版）2010 年第 4 期。

[3] 屈愿：《马克思主义城乡发展理论对我国解决"三农问题"的启示》，《经营管理者》2011 年第 10 期。

　　四是重视科学技术的推动作用。张晓雯①认为，马克思、恩格斯高度重视科学技术对城乡关系发展的作用。这种作用在进入新世纪之后更加巨大了，以电子信息技术和网络的发展来说，它已渗透到经济社会的每一个角落，直接影响着城乡关系的发展。现代信息技术的发展以及互联网等新技术的应用，使城乡之间的沟通和互动更加频繁，使城市的现代文明更便捷、更广泛地传播到农村地区，加速了城镇化进程和农村地区的发展，提高了农民的生活水平。因此，要积极建设信息基础设施，充分发挥信息技术的优势作用，使城市间、城乡间的信息资源得到有效整合与共享，推动城乡协调发展。

　　五是优化城乡社会分工。岑乾明、宋卫琴②认为，现阶段我国农村发展落后的原因在于分工的落后，我国大部分农村的生产方式是以家庭为单位的，大量富余劳动力无法发挥生产力的贡献作用，这还使农业机械化、规模化经营无法实现。推动城乡协调发展应该通过改革农村土地制度，培育农业产业链，打造和发展农业前端和后端产业，使农村富余劳动力拥有更大的发展空间，从而促进整个农业的发展。

　　此外，还有学者从其他不同的角度来理解和运用马克思主义城乡融合发展理论的相关思想。郭彩琴③认为，我国教育一体化发展的指导思想和实践是以马克思主义城乡融合发展理论的相关思想为依据的，是对马克思主义城乡融合发展理论的发展和应用，对推动教育一体化发展、促进社会公平、构建和谐社会有着重要的意义。

　　总体来说，国内学者在探讨和研究马克思主义城乡融合发展理论中取得了丰富的研究成果。然而，从我国推动城乡一体化发展的实践对其理论指导的需求来看，其研究还较为薄弱，仍需进一步加强和深

　　①　张晓雯：《马克思恩格斯的城乡发展理论及其现实意义》，《理论与改革》2009年第3期。
　　②　岑乾明、宋卫琴：《分工理论：理解马克思主义城乡观的钥匙》，《求索》2010年第9期。
　　③　郭彩琴：《马克思主义城乡融合思想与我国城乡教育一体化发展》，《马克思主义研究》2010年第3期。

化。首先，马克思、恩格斯对城乡融合发展理论的相关论述分散在一系列的经典著作当中，这使学者们在研究的过程中发展难于把握马克思主义城乡融合发展理论，如何从整体上理解和把握马克思主义城乡融合发展理论，系统地梳理其内容体系，需要在下一步的研究中深入地进行探索。其次，学者们在研究中大多采用文献研究的方法来认识和理解马克思主义城乡融合发展理论，而与我国城乡关系发展实践结合得不够，如何将理论研究与实践更密切地结合起来，为我国推动城乡一体化发展、构建新型工农城乡关系提供理论支撑和现实指导，应该成为下一步研究的目标和方向。

（二）国外研究现状

20 世纪 60 年代以来，随着城市阶级矛盾的深化、城市财政危机的出现和城市中心区的衰败，西方主要资本主义国家面临着一场城市社会危机。以列斐伏尔、卡斯泰尔斯、哈维等为代表的西方马克思主义学者面对资本主义城市社会里发生的这些冲突和危机，开始运用马克思主义观点和方法比较系统地研究资本主义的城市问题。西方马克思主义学者的城市理论分散于社会学、经济学、地理学等不同的学科，分别被称为"马克思主义城市社会学""马克思主义地理学""新城市政治经济学""新城市社会科学""结构主义城市研究"等，[①] 将这些研究统称为"新马克思主义城市理论"，并对其进行了系统梳理，其核心观点体现在城市空间、城市性、城市化与资本积累、集体消费、城市住房、城市阶级分析等几个方面。

1. 城市空间

新马克思主义城市学者高度重视城市空间在人类社会历史上的作用。卡斯泰尔斯在其研究城市空间问题的代表性著作《城市问题：马克思主义方法》（1972）中引入了"城市系统"的概念，以"城市系统"作为分析城市空间的基本术语。他在探讨资本主义城市系统时，将马克思主义原理与结构主义方法有机结合起来。他认为城市内部之

---

① 高鉴国：《新马克思主义城市理论》，商务印书馆 2006 年版。

间的联系相较于乡村地区更加复杂，城市内部结构中的每一个要素都与其他要素有密切的联系，进而形成了有机的功能化整体。在他看来，城市空间指的是城市系统的、复杂的社会结构。这种社会结构包括意识形态、政治、经济三大系统及其相互关系组合和由此产生的社会实践，这三大系统又区分为一系列不同层次的亚要素。卡斯泰尔斯认为城市系统中存在的不同亚要素及其作用和层次之间的关系以及与社会结构的关系，规定了城市系统的组合。结构背景中支撑性活动者的介入将规定城市的社会实践，即我们所研究的唯一重要的现实。卡斯泰尔斯的观点对于加深认识资本主义城市的要素、亚要素、角色和层次内在联系过程有一定的启发性意义。另外一位学者列斐伏尔在其代表作《空间的生产》（1974）中阐述了其对城市空间理论的认识。列斐伏尔认为，空间组织和形式是生产方式的产物，空间具有政治性和策略性，是一种不能离开意识形态或政治内容而存在的科学对象。哈维将列斐伏尔评价为一直是努力将空间内容纳入马克思主义思想的最执着的作者。在列斐伏尔看来，空间生产是资本主义生产和发展的重要条件，资本主义生产力的发展与社会关系的再生产是通过空间的物质和文化生产实现的。因此，重视空间的生产成为资本主义维持发展的一个重要途径，资本主义将空间纳入商品生产和资本积累轨道，从而不断扩大自己的"生存空间"。同时，空间结构的生产和组织是资本主义政治经济的核心功能，不同的阶级和利益集团也会围绕空间的生产和占有而发生矛盾与冲突。正是由于空间生产的重要性以及在政治和社会再生产中的重要作用，新马克思主义城市学者认为空间研究应在马克思主义理论体系中占有足够的地位，成为社会理论的特定研究对象。

2. 城市性质

作为现代城市理论研究中的一个基本概念和命题，新马克思主义城市学者对城市性问题的探讨是从对芝加哥学派的批判开始的。卡斯泰尔斯指出，芝加哥学派关于城市性质的观点是一个误区，因为它是从意识形态上描述人类历史。建立在'城市性质'概念基础上的城市社会学，是一种有关现代性的意识形态，它从文化上认同于自由资本主义社会形态。新马克思主义城市学者在对这种传统城市研究的批判中，比较系统地运用了马克思主义理论去分析城市问题，强调将城市化与生产方式相联系的必要性，指出城市化发生于生产方式之中。列斐伏尔是新马克思主义城市学者中对城市性质的论述最多的，他从多种角度论述了城市的特点。列斐伏尔认为，城市是它的两种属性（同时性和中心性）的时空表现形态，是社会生活的所有因素聚集和冲撞的一种形式……城市如果没有一个中心——商业、文化、信息、决策等活动的中心，就不存在城市。城市的意义来自这样一个特性，它就是同时性。哈维认为，自己与列斐伏尔具有某种共识。他在《社会正义与城市》一书中提出，城市性质是资本主义社会关系框架内的一个有相对独立性和内在机制的结构，它反映了整个社会所建立的那些关系。进一步说，这些关系表现了城市现象所形成、变化的规律。城市性质与生产方式的具体联系体现在：一方面城市性质是一种具有自身内在变化规律和形态的独立结构；另一方面城市性是包含在更广泛结构中次级关系的表现形态。哈维对资本主义的城市性持否定态度，他认为一种真正人道的城市性应当被创造出来。这仍需要革命的理论来探索从一种基于剥削的城市性走向一种适合人类的城市性的途径，也仍然需要革命的实践来促成这个转变。

3. 城市化与资本积累

哈维的研究重点之一就是运用马克思主义政治经济学的理论构建资本主义城市化的理论，这个理论的核心内容在于说明资本积累是资本主义城市化的主要动因，是资产阶级受利益驱使的产物。首先，城市化是资本积累的重要形式，构成了资本主义再生产的基本条件。其次，城市建筑环境在资本积累中具有两重性，它既是解决危机的手段，又反过来引起进一步的危机。再次，资本主义条件下有三种资本循环形式：第一种用于普通商品的资本；第二种用于固定资产和消费基金项目的资本；第三种包括劳动力再生产过程和科学技术投入的各项社会开支。在此基础上，哈维又从不同角度对资本积累与城市化的关系进行了说明。一是资本积累得益于物质环境的建设，物质环境维护了资本主义的稳定；二是资本的第一循环和超积累实现了在城市房产、金融业和基础建设的资本投入，空间变化是以生产部门危机为主要动力的；三是在城市化与资本积累的过程中充满了矛盾和紧张，资本主义社会的关系不可避免地大量产生激烈的相互冲突；四是政府政策和金融资本相结合，对调节城市建设环境发挥着重要作用。马克思指出，资本是一个过程，而不是物。哈维基于此认识，认为不应把城市化看成是一种物，而应该是一个过程。因此，应从运动和发展的视角来看待资本积累和城市化。哈维对资本积累和城市化的研究，开拓了多种资本相互关系和循环形态的认识。

4. 集体消费

20 世纪 60 年代末 70 年代初，法国马克思主义社会学家卡斯泰尔斯以"集体消费"为突破口，将马克思主义分析方法应用到城市理论研究中来。卡斯泰尔斯认为，马克思在政治经济学研究中曾涉及了生产消费（涉及生产手段的再生产）、个人消费（涉及劳动力的再生产）和奢侈消费（超出需要的个人消费），但却没有区分当代消费过程中的一个基本区别：个人消费和集体消费。在他看来，集体消费主要是指国家用于教育、文化、社会福利、交通、住房和城市化等方面的支出，具有集体性、非生产性、非利润性、不可分割性等特点。首先，集体消费问题本身也是城市问题，城市内部各种空间形态表现了居民日常消费模式中的集体行为趋向。在卡斯泰尔斯看来，如何实现集体消费是当代资本主义城市空间形态的基本动因之一。其次，消费方式取决于生产方式的基本规律，卡斯泰尔斯认为应从以下层面理解消费的意义：一是作为劳动力再生产的方式；二是作为阶级关系在产品分配上的反映；三是作为生产方式内社会关系的再生产。集体消费主要涉及劳动力再生产过程和社会关系的再生产过程。再次，卡斯泰尔斯认为在发达资本主义国家的一个基本矛盾在于，一方面集体消费为资本所需要，以实现足够的劳动力再生产，而同时也被大众所需要；另一方面，集体消费手段在资本主义生产中普遍没有利润可图。资本主义国家对公共服务的干预就是长期以来克服这一矛盾的结果。随着资本主义国家对公共财政的干预和公共消费的扩大，造成了日益增长的公共债务和通货膨胀，也不断激化了资产阶级和工人阶级之间的矛盾。

5. 城市住房

"住宅问题"是马克思、恩格斯在论述城乡关系时重点关注的问题。虽然新马克思主义城市学者没有遵循马克思、恩格斯研究和探讨住宅问题的路径，但城市住房也依然是学者们研究和关注的重要问题。如卡斯泰尔斯就通过批判美国"城市更新"计划审视了城市住房问题。"城市更新"是指战后美国和其他工业化国家政府制定和支持的城市改造计划和工程。卡斯泰尔斯通过访谈、收集资料和实地考察对美国的"城市更新"进行了深入的调研。他指出，虽然大城市中的贫民区和破落住房更加引起关注且成为更新计划的重点整治目标，但新建造的大部分是租金较高的、提供给中等收入和高收入居民的住房，而提供给低收入者的住房非常有限，仅相当于原来拆掉的贫民区住房的十分之一。由于新建的公共住房数量远远不能满足低收入的旧房搬迁户的需求，政府提供给搬迁户的租房补贴又不足，大量搬迁家庭仍被迫居住在条件差的住房中，而且其中许多家庭的住房支出负担加重。因此，他认为城市更新计划实际上加重了低价住房的短缺；它完全不是通过改善贫民区来满足社会需要的改革干预，因为它仅仅改换了问题发生的地点，并使问题变得更加严重。卡斯泰尔斯指出，美国的城市更新计划作为一种国家干预，产生于美国大城市结构中的功能矛盾，然而这一计划却没有有效地化解这一矛盾，反而使这一矛盾不断激化。虽然卡斯泰尔斯并没有在以上分析的基础上，像马克思、恩格斯一样尖锐而明确地指出住宅问题不可能在资本主义条件下得到解决，但这些论述本身就是马克思、恩格斯这一观点的最好的证据，是关于这一观点的当代阐释。

6. 城市的阶级分析

新马克思主义城市学者坚持了马克思、恩格斯关于阶级和阶级冲突的观点，将阶级分析作为研究资本主义城市进程的重要工具。哈维肯定了马克思分析的资本和劳工的关系是形成资本主义阶级结构的主要力量，但又认为存在阶级结构的次级力量，使得资本主义社会不是绝对的两分的阶级结构，而是存在多层次多样化的阶级关系。哈维还主张围绕城市空间环境研究空间矛盾所包含的各种关系，认为这些社会空间关系可以看清那些对抗资本主义秩序永存的阶级结构因素与那些有利于资本主义社会再生产的社会差别因素之间的长期斗争。列斐伏尔主张通过阶级斗争改变资本主义的政治经济关系，从而实现向社会主义的转变。由于资本主义通过创造自己的空间而得以自身再生产，城市实践只有在阶级斗争与空间剥夺相联系时才能取得成功，因此他强调向社会主义转变需要通过一种包含空间成分的政治实践方式加以实现。哈维则从社会再生产的角度关注了城市阶级问题。他指出，社会差异的增大和派生力量的相互作用导致了社会结构的持续分化，这种分化也反映在不同阶级的居住差异上。从马克思的存在决定意识的基本原理出发，居住差异是阶级关系和社会差异的产物，又反过来促成了阶级关系和社会差异的再生产。他指出，在工人阶级居住区的认知、语言和道德条件中成长起来的后代所形成的价值观，也必将使其继续成为工人阶级。他认为，造成这种再生产差别的根本因素是接受稀缺资源，尤其是接受教育资源的不同。在资本主义条件下，城市工人阶级根本无法摆脱自身的命运。

　　总的来说，新马克思主义城市学者对资本主义城市问题的研究和探讨具有重要贡献：首先，从政治学、经济学、社会学、地理学等不同的领域研究城市问题，延伸了马克思主义城市理论的研究领域，拓展了马克思主义理论的研究方法；其次，从社会空间、城市性、集体消费等不同角度切入到城市理论研究中来，拓宽了马克思主义城市理论的研究视角，丰富了马克思主义研究的内容体系；再次，在城市问题研究中运用马克思主义理论工具的经验和方法，也值得我们参考和借鉴。但新马克思主义城市学者在对城市理论的研究中也存在问题和不足。一方面，只注重运用马克思主义的观点研究城市课题，没有继续探讨马克思、恩格斯论述的城乡关系问题，如城乡分离与对立、城乡融合等，只是在一些研究中涉及住房、地租、全球性的城乡对立等与马克思、恩格斯的城乡关系思想相关的内容；另一方面，一部分人不能长期坚持马克思主义理论的立场，从而使研究方向出现了偏离，如法国马克思主义社会学家卡斯泰尔斯在研究后期明确放弃了马克思主义的基本方法。

四　研究方法

本书以辩证唯物主义和历史唯物主义为指导，在研究的过程中主要采用了以下研究方法：

第一，文献研究的方法。文献研究法是指在搜集、甄别、整理文献的基础上，通过对文献的研究和解读形成对事实的科学认识的方法。对马克思、恩格斯的理论的研究，必须忠实于他们的文本，马克思、恩格斯关于城乡融合发展理论的基本立场、观点和方法都蕴含在文本当中。因此，本书立足于研究和解读马克思、恩格斯的经典著作，了解马克思主义城乡融合发展理论的产生和发展背景，梳理相关思想的丰富内容，揭示马克思主义城乡融合发展理论的哲学意蕴，并探讨其对当代城乡发展的现实意义。

第二，历史与逻辑相统一的方法。历史和逻辑相统一的方法，是辩证思维的重要原则和方法。马克思、恩格斯指出："历史从哪里开始，思想进程也应当从哪里开始，而思想进程的进一步发展不过是历史过程在抽象的、理论上前后一贯的形式上的反映。"[①] 本书将马克思主义城乡融合发展理论置于其产生背景和整个发展过程中去理解和认识，从而避免逻辑与历史脱节。由于马克思主义城乡融合发展理论是在当时的社会背景下产生、形成和发展的，因而必须结合当时的历史条件和时代背景，客观地分析和探讨马克思主义城乡融合发展理论，才能全面地理解其思想内容，准确地把握其精神实质，从而更好地为我国推进城乡一体化发展实践提供指导。

第三，理论与实践相结合的方法。理论只有为实践服务，才能保持旺盛的生命力。马克思主义城乡融合发展理论的思想来源于人类社会城乡关系的发展实践，又运用于指导我国统筹城乡发展实践，必须将这两个方面联系起来研究，结合起来考察，从而避免了仅仅停留在理论层面上来对其进行理解和探讨。本书从研究马克思、恩格斯的城

---

① 《马克思恩格斯选集》第 2 卷，人民出版社 2012 年版，第 14 页。

乡关系思想的丰富内容和哲学意蕴出发，将其与我国城乡关系发展的历史和现状紧密地结合起来，揭示其对统筹城乡发展的理论启示，从而为我国统筹城乡发展提供理论支持和实践指导。

第一部分

马克思主义城乡融合发展理论

第一章

马克思主义城乡融合发展
理论的产生和发展

马克思主义城乡融合发展理论产生于 19 世纪 40 年代，经历了从萌芽到形成、最后走向成熟的产生和发展过程。对马克思主义城乡融合发展理论的产生和发展进行研究，是下一步深入研究的基础。将这一理论置于其产生背景和整个发展过程中去理解和认识，有助于准确地把握它的内容和含义，有助于更好地运用这一理论来指导新时期推动城乡一体化发展的实践。

一　产生背景

马克思主义城乡融合发展理论的产生有其独特的历史背景和理论背景。全面地对马克思主义城乡融合发展理论的产生背景进行研究，有助于我们更好地对其进行理解和把握。

（一）历史背景

工业革命和城市化是其产生背景下的历史时代特征，它们推动了西方资本主义国家经济社会面貌的改变，对马克思主义城乡融合发展理论有着重要影响。在早期的著述中，马克思和恩格斯立足于当时西欧的状况，围绕资本主义世界的工业革命和城市化进行了大量论述。

1. 工业革命

18 世纪 60 年代开始,第一次工业革命在资本主义世界兴起,资本主义机器大工业逐步代替工场手工业。到 19 世纪 30 年代,英国、德国、法国等资本主义国家相继进入工业革命阶段。英国是最早进行工业革命的国家,19 世纪 30 年代末 40 年代初,英国由一个从工场手工业占主要地位的国家发展为一个由机器大工业占主导的国家。恩格斯对英国工业革命的发展过程及其影响进行了论述。他认为:"英国工人阶级的历史是从上个世纪后半期,随着蒸汽机和棉花加工机的发明而开始的。大家知道,这些发明推动了工业革命,工业革命同时又推动了整个市民社会的变革。"[①] 这种变革就包括城乡之间关系的变革。从恩格斯的论述中可以看出,他既观察到了工业革命对英国城乡之间关系造成的影响,又通过工业革命洞察到了促进未来城乡关系发展的积极因素。

恩格斯认为:"工业革命是由蒸汽机、各种纺纱机、机械织布机和一系列其他机械装备的发明而引起的。"[②] 18 世纪 60 年代起,瓦特的蒸汽机、哈格里沃斯的珍妮纺纱机、阿克莱的水力纺纱机、克伦普顿的走锭精纺机、赖特的动力织机等一系列机器的发明,促成了英国纺织业的革命。棉纺织业是最先发展起来的工业,棉纺织业所得到的快速发展很快传到了麻纺织业、毛纺织业和丝纺织业,推动了整个纺织业的兴盛。"一个工业部门生产方式的变革,会引起其他部门生产方式的变革。"[③] 之后,纺织业的快速发展促进了金属加工业和采矿业的发展,最后带动了所有工业部门的发展。在恩格斯看来,这是因为"使用机械辅助手段而获益一旦成为先例,一切工业部门也就渐渐仿效起来;文明程度的提高,这是工业中一切改进的无可争议的结果,文明程度一提高,就产生新的需要、新的生产部门,而这样一来又引起新的改进"[④]。因此,在恩格斯的论述中,英国工业在工业革

---

① 《马克思恩格斯选集》第 1 卷,人民出版社 2012 年版,第 87 页。
② 《马克思恩格斯选集》第 1 卷,人民出版社 2012 年版,第 295—296 页。
③ 《马克思恩格斯选集》第 2 卷,人民出版社 2012 年版,第 217 页。
④ 《马克思恩格斯文集》第 1 卷,人民出版社 2009 年版,第 102 页。

命中所获得的发展主要表现在三个方面：一是生产规模的扩大。以棉纺织业为例，1833 年英国已经拥有 1300 家棉纺织工厂，纺工和织工共计 23.7 万人；纱锭超过 900 万个，蒸汽织机 10 万台，针织机 3.3 万台，六角网眼纱机 3500 台；在生产过程中消耗了 3.3 万马力的蒸汽力和 1.1 万马力的水力作为机器动力；直接或间接靠棉纺织业生活的人口达到 150 万。二是原材料需求的增加。在英国棉纺织业中，1770 年籽棉的输入量不足 500 万磅，1800 年增加到 5400 万磅，1836 年又增加到 3.6 亿磅，到了 1944 年超过 6 亿磅；毛纺织业中，原毛的输入量由 1801 年的 700 万磅增加到 1835 年的 4200 万磅。三是工业产量的增长。在英国采矿业中，铁的年开采量由 1740 年的 1.7 万吨增加到 1935 年的 55.3 万吨；英国的金属加工业城市沃里克郡（伯明翰）和斯塔福德郡（伍尔弗汉普顿），1800 年分别输出了 8.6 万公担的铁制品和铜制品，到 1835 年增加到 32 万公担的铁制品，21 万公担的铜制品和黄铜制品。

（1）恩格斯观察到了工业革命给城乡关系带来的影响

一方面，工业革命直接推动了交通设施的发展和改善，使得城乡之间的联系不断加强。他指出，在工业革命的推动下，公路、铁路等陆地交通取得了巨大发展。1818—1829 年，英格兰和威尔士修筑了总长 1000 英里的新公路，比较窄的乡村道路还不算在内；1803—1844 年，苏格兰修建了 1000 多座桥梁；1930 年，利物浦至曼彻斯特的铁路通车；到 1836 年，又开辟了共计 680 英里的四大铁路干线（伦敦至伯明翰、伦敦至布里斯托尔、伦敦至南安普敦、伯明翰至曼彻斯特和利物浦），使整个英国布满了铁路网。同时，"蒸汽不仅使陆路交通发生变革，而且使水路交通焕然一新"[①]。1775 年以前英国几乎没有运河，到 1844 年，仅仅在英格兰就有 2200 英里的运河和 1800 英里可通航的河流；1811 年英国建造了第一艘轮船，1835 年已经有 550 多艘轮船往来于英国各个港口之间。便利的交通网络，不仅促进了城市间的联系和加速了英国工业的发展，也为加强城乡之间的

---

① 《马克思恩格斯选集》第 1 卷，人民出版社 2012 年版，第 100 页。

交流和联系提供了条件，使大量农村居民从长期与世隔绝和愚昧无知的状况中逐步挣脱出来。

另一方面，工业革命又使城乡差距拉大，加剧了城市和乡村的对立。英国的工业革命加速了工业的发展进程，使工业和农业之间、城市和乡村之间的发展差距不断拉大，从而使城乡之间的对立发展到了尖锐的地步。恩格斯在写给奥·倍倍尔的信中，谈到了工业革命对城乡差距扩大的影响。他指出，德国的工业革命正在大力开展的时候，这个革命在法国和英国基本上已经结束。

（2）恩格斯还通过工业革命，洞察到了未来促进城乡关系发展的积极因素

一是生产力在工业革命中表现出了巨大的发展潜力，它的发展必将在未来推动城乡关系发生根本变化。在工业革命中，随着蒸汽机等各种生产机器的运用，劳动生产率获得了大幅提升。在描述19世纪40年代英国纺织工业的劳动生产率所取得的进步时，恩格斯指出一个8岁的儿童可以在机器的帮助下，比以前20个成年男性生产的还要多；60万名工厂工人，其中一半是儿童，而且女性比例超过一半，可以完成以前1.5亿人的工作。可以说，"近百年来的全部工业革命、蒸汽力、用机器代替手工劳动并把劳动生产力增加千倍"①。马克思和恩格斯甚至认为，资产阶级在不到一百年的统治中所创造的生产力，比过去一切世代创造的全部生产力还要大。生产力取得的这种发展，已经推动了城乡关系发生上述变化。然而，在资本主义制度下，劳动力的无限浪费和生产的无计划性使得生产力得不到合理利用，而且资本主义生产资料的私有制还成为生产力进一步发展的阻碍。恩格斯《在爱北斐特的演说》中指出："你们想一想上面所谈的一切（我还可以举出许多别的例子来说明现代社会如何浪费劳动力），你们就会发现人类社会拥有极其丰富的生产力，这些生产力只要合理地组织起来，妥善地加以调配，就可以给一切人带来最大的利益。"② 在他

---

① 《马克思恩格斯选集》第3卷，人民出版社2012年版，第199页。
② 《马克思恩格斯全集》第2卷，人民出版社1957年版，第612页。

看来，摆脱了资本主义生产关系的约束后，社会生产力的发展将更加难以估算，各种合理利用生产力的方法也将得以实现。随着生产力的发展及其合理利用，将为城乡关系的发展和改善提供更加强大的动力。

二是在工业革命中，科学技术的进步极大地推动了工业生产的发展，它在将来也必将推动农业的发展和城乡关系的改善。马克思指出："社会生产力的发展和科学技术的进步蕴含着巨大的革命力量。"① 他看到了科学技术在工业生产中得到充分应用，也看到了科学技术应用于农业的趋势。谈到这一时期大佃农的农业生产，他指出农业化学技术和新的农具的应用，都是科学技术对农业生产的积极影响。同时，科学技术还将对城乡关系发展产生巨大影响。恩格斯将电的应用称为"电工技术革命"。在谈到"电工技术革命"中的新发现（使高压电流在能量损失较小的情况下通过电线进行长距离的传输）时，他作出高度评价："这一发现使工业彻底摆脱几乎所有的地方条件的限制，并且使极遥远的水力的利用成为可能，如果说在最初它只是对城市有利，那么到最后它必将成为消除城乡对立的最强有力的杠杆。"②

三是在工业革命中产生的无产阶级，将成为未来改变城乡关系面貌的主要力量。恩格斯认为，由于资本主义生产资料私有制，工业革命中发展起来的工业力量最终被资产阶级垄断和利用。因此，在资本主义生产方式下，城乡关系不可能发生本质的改变。要消灭资本主义条件下的城乡对立，必须首先消灭资本主义制度，这一历史使命只能由无产阶级来承担。恩格斯指出："无产阶级是由于工业革命而产生的，这一革命在上个世纪下半叶发生于英国，后来，相继发生于世界各文明国家。"③ 一方面，工业革命使无产阶级集中到城市，这种大规模的聚集，使无产阶级意识到了自己的力量；另一方面，由工业革

---

① 《马克思恩格斯选集》第 1 卷，人民出版社 2012 年版，第 957 页。
② 《马克思恩格斯选集》第 4 卷，人民出版社 2012 年版，第 556 页。
③ 《马克思恩格斯选集》第 1 卷，人民出版社 2012 年版，第 295 页。

命发展起来的机器和大工业,最大限度地对工人进行压榨,使无产阶级的处境不堪忍受。随着无产阶级不满情绪的增长以及"他们力量的壮大,工业革命便孕育着一个由无产阶级进行的社会革命"①。在这个革命中,无产阶级将消灭私有制和资本主义制度,实现自身解放和全人类的解放,推动未来城乡关系发生根本性的变化。

2. 城市化

18世纪末到19世纪初,在工业革命的推动下,西方主要资本主义国家出现了城市化的浪潮,其中以英国最为典型。英国是最先进行工业革命的国家,也是城市化起步最早和最先完成的国家。在工业化开始之前,英国的城市很少,唯一超过5万人的城市是伦敦。随着工业革命的推进,一些新兴的工业化城市如伯明翰、曼彻斯特、利物浦、利兹等开始出现。19世纪上半叶城市化进入了快速发展阶段,英国5万人以上的城市增加到了20个。到1851年,英国的城市人口总数首次超过了乡村人口总数,占全国人口的50.2%,初步完成了城市化。1860年英国城市人口占全国人口的比重达到62.3%,1890年上升为72%,1931年达到了78.1%,成为当时世界上城市化率最高的国家。恩格斯分析了英国城市化的进程,认为城市化给经济社会带来了繁荣的景象,但同时在其背后掩盖着复杂的矛盾。

(1)城市化是工业革命的结果,其体现了资本主义大工业发展的矛盾

一方面,随着城市化的推进,工业城市逐步形成和发展起来,为资本主义大工业的发展提供了有利条件。在工业革命的推动下,大工业企业逐步建立。大企业使大量的工人聚集在同一个工厂里面共同劳动。为了工作的便利,这些工人必须住在工厂附近。甚至在规模不大的工厂近旁,他们也会形成一个完整的村镇。他们必然存在一定的生活需要,这种需求吸引了各行各业的人来附近工作。于是手工业者、裁缝、鞋匠、面包师、泥瓦匠、木匠都搬了进来。这些村镇的居民,

---

① 《马克思恩格斯选集》第1卷,人民出版社2012年版,第301页。

尤其是在村镇里成长起来的年轻一代，逐渐熟悉并习惯于工厂的工作。由于工人数量的饱和，工人对工厂的依赖，再加上生活的便利和生活成本的降低，工厂主必然降低工资。廉价的工资又会吸引新的工厂主将工厂搬到这个地方来。于是村镇就发展为小城市，小城市又逐步变成大城市。恩格斯认为郎卡郡就是一个典型的例子。在城市化过程中，郎卡郡从一个偏僻的荒芜的沼泽地变成了繁华的棉纺织工业中心。恩格斯指出，城市规模越大，对于工业企业的发展就越有利。交通的便利带来熟练劳动力、市场、原材料的聚集，这些有利的条件使资本主义大工业和工业城市以惊人的速度发展起来。

另一方面，资本主义大工业不断破坏其自身在城市中的生存和发展条件。资本主义大工业的生产规模越大，其所带来的生产废料和排泄物就越多，给城市环境所造成的污染就越严重，最终将对工业生产本身造成恶劣影响。恩格斯举了蒸汽机的例子。资本主义工业生产日益聚集于大城市，使蒸汽机也主要在大城市集中起来。蒸汽机的运行和大工业中几乎一切生产部门的运行一样，都需要比较纯净的水。然而，工业生产的污染却把水都变成了臭气冲天的污水。恩格斯认为，虽然大城市为资本主义大工业的发展提供了有利条件，但由于发展环境的恶化，资本家又总是试图迁离工业生产所必然造成的大城市，选择到农村地区去经营。而工业日益集中的趋势仍将继续下去，在乡村中所建立起来的每一个新工厂都是工厂城市的萌芽。"这种工厂乡村有许多已经变成了后来形成的整座工厂城市的中心，并且出现了工厂城市所产生的一切弊害。"① 如此不停地循环往复。英国的纺织业和金属加工业都发生了类似的情形。

恩格斯认为，要消灭这一恶性循环，必须解决这个不断重新产生的资本主义大工业的矛盾。而在私有制和城乡对立的条件下，这个矛盾无法消灭。只有废除私有制和实现城乡融合，才能使这个矛盾得到化解。

（2）城市化产生了聚合效应，同时又造成了城市工人生活环境的

---

① 《马克思恩格斯选集》第 3 卷，人民出版社 2012 年版，第 229 页。

恶化

　　在工业革命的推动下，资本主义大工业的生产规模迅速扩张，形成了巨大的劳动力缺口。随着交通的便利和工资的提高，农村人口成群结队地涌入城市，城市的工业人口高速增长。恩格斯指出，舍菲尔德的人口从 1801 年的 4.6 万增加到 1844 年的 11 万，伯明翰的人口从 1801 年的 7.3 万增加到 1844 年的 20 万。他指出，从 1801—1831 年，约克郡西部地区各城市的人口都有明显的增长。在这 30 年间，整个约克郡西部地区增加了 42.6 万人。而从 1831—1844 年，这个数字至少又增加了 20%—25%。恩格斯惊叹于城市人口的这种大幅增长。他提出，城市化如同变魔法一样，创造了利物浦和曼彻斯特这样拥有 70 万人口的特大城市，还创造了罗契得尔（7.5 万人）、普雷斯顿（6 万人）、波尔顿（6 万人）、奥尔丹（5 万人）、斯泰里布雷芝和埃士顿（共计 4 万人）等大工业城市，以及不计其数的遍布全国的工厂城市。

　　一方面，城市化表现出强大的聚合效益和带动作用。一是使工业人口如同资本一样在城市集中起来，并与现代分工、工业机器和先进科技结合在一起产生聚合效益，城市的生产力成几何级数的增长。在谈到聚集了 250 万人口的伦敦时，他指出："这种大规模的集中，250 万人这样聚集在一个地方，使这 250 万人的力量增加了 100 倍。"[1] 二是通过工业的发展吸引了大批的农村人口涌入城市，并使他们在工业文明和城市文明的熏陶下，逐渐脱离了愚昧无知、思想落后的状态。资本主义"创立了巨大的城市，使城市人口比农村人口大大增加起来，因而使很大一部分居民脱离了农村生活的愚昧状态"[2]。这批涌入城市并获得思想开化的农民，成为推动无产阶级队伍发展和壮大的力量。三是通过城市的辐射和扩展，带动了农村经济和文化的发展。在城市化的推动下，"乡村变为城市，荒野变为开垦地等等，而且生产者也改变着，他炼出新的品质，通过生产而发展和改造着自身，造

---

[1] 《马克思恩格斯全集》第 2 卷，人民出版社 1957 年版，第 303 页。
[2] 《马克思恩格斯选集》第 1 卷，人民出版社 2012 年版，第 405 页。

成新的力量和新的观念，造成新的交往方式，新的需要和新的语言"①。城市化的过程中所表现出来的这种强大的聚合效应和带动作用，使马克思、恩格斯充分认识到，在未来推动城乡融合发展的过程中，必须注重发挥城市的中心作用。

另一方面，在城市化的发展过程中，城市工人的生活环境不断恶化。随着工业人口在城市的集中，一系列的城市问题接连产生，城市无产阶级的生活状况不断恶化。一是由于工人数量激增，加上受到压榨而收入有限，住房短缺的问题凸显。"在开初就作为工业中心而兴起的城市中，这种住房短缺几乎不存在。例如曼彻斯特、利兹、布拉德福德、巴门—埃尔伯费尔德就是这样。相反，在伦敦、巴黎、柏林和维也纳这些地方，住房短缺曾经具有急性发作的形式，而且现在多半还像慢性病似地继续存在着。"② 二是由于住房短缺，工人被迫生活在拥挤而糟乱的工人街区，环境不断恶化。"如果说大城市的生活本来就已经对健康不利，那么，工人区的污浊空气造成的危害又该是多么大啊，我们已经看到，一切能污染空气的东西都聚集在那里。"③ 三是这种恶劣的生活环境，造成了疾病的滋生和传播，直接影响了工人的健康和发展。"现代自然科学已经证明，挤满了工人的所谓'恶劣的街区'，是不时光顾我们城市的一切流行病的发源地。"④ 恩格斯认为，以上问题将随着工人阶级的壮大和成长而得到解决。"解决办法在于消灭资本主义生产方式，由工人阶级自己占有全部生活资料和劳动资料。"⑤ 当无产阶级掌握全部的生活资料和生产资料，私有制就失去了存在的基础，城市的发展状况以及城乡关系都将发生根本性的变化。

（二）理论背景

马克思、恩格斯是在批判性地吸收他人思想的基础上，提出自己

---

① 《马克思恩格斯选集》第2卷，人民出版社2012年版，第747页。
② 《马克思恩格斯选集》第3卷，人民出版社2012年版，第180页。
③ 《马克思恩格斯文集》第1卷，人民出版社2009年版，第410页。
④ 《马克思恩格斯选集》第3卷，人民出版社2012年版，第212页。
⑤ 《马克思恩格斯选集》第3卷，人民出版社2012年版，第246页。

的城乡融合发展理论的。在围绕城乡融合发展问题展开的论述中，他们多次提到和引用了莫尔、傅立叶、欧文等空想社会主义者关于城乡结合的观点以及李比希关于农业化学的理论。可见，空想社会主义者的城乡结合思想和李比希的农业化学理论，对马克思主义城乡融合发展理论产生了积极的影响。

1. 空想社会主义者的城乡结合思想

16 世纪初期，空想社会主义就作为人类先进思想登上了历史舞台。18 世纪末 19 世纪初，它的发展达到高峰。但 19 世纪 40 年代中期以后，它逐步走向没落，沦为一种落后的、保守的思想。在 300 多年的发展过程中，以莫尔、圣西门、傅立叶和欧文为代表的一大批空想社会主义者为建立他们理想的社会制度进行了探讨和实践。在他们的理想社会中，城乡关系问题已经被关注。他们从批判资本主义制度下逐步拉大的城乡差距和日益尖锐的城乡对立出发，来设计和构想新的社会制度下城乡结合的模式和路径，从而积累了丰硕的城乡结合思想。在这些思想中，以莫尔构想的"乌托邦"、傅立叶提出的"法郎吉"以及欧文设计的公社制度最具代表性。它们全面拓宽了马克思、恩格斯关于城乡关系问题的思路和视野，为马克思、恩格斯城乡融合发展理论的形成奠定了基础。

（1）莫尔的"乌托邦"

托马斯·莫尔是 16 世纪初期英国著名的政治家和思想家，是空想社会主义的奠基人。莫尔的《乌托邦》是空想社会主义史上的重要著作。该书尖锐地批判了以英国为代表的西欧国家的社会经济制度和政治制度，并在此基础上对"乌托邦"的社会经济制度进行了精心的设计。"乌托邦"是莫尔虚构的一个岛国。在"乌托邦"中，私有制根本不存在，一切生产资料和消费品都是公有的，任何人不占有财产；在全国范围内组织社会生产，以农业和手工业为主要的生产部门；以家庭为基本经济单位，家庭成员不限于血缘关系，每个家庭都在人口上处于平衡状况，确保生产单位的规模和效益；实行普遍的劳动义务制，每个人都在劳动中尽其所能，所以劳动时间大大缩短；实行按需分配的原则，在劳动义务制下，人们能生产出丰富的产品，满足所有人的需要；脑力劳动和体力劳动的分工依然存在，但两者之间的对立已不存在，人的全面发展被高度重视。

这时，莫尔已经开始关注消灭城乡对立的问题。他构想的"乌托邦"中共有 54 座城市。所有人都居住在城市，只是轮流下乡从事两年的农业劳动。通过轮流从事农村生产的方式，确保了全岛居民食品、原料、燃料等物资的日常供应。农业劳动是每个人应尽的义务，城市居民不管男女一律都要参加。可以说岛上没有职业的农民，也没有真正意义上的农村，但工农差别、城乡差别依然存在。莫尔正是因为考虑到农村的生活条件差，农业生产技术落后，农业劳动条件差，才制定了每个人轮流参加两年农业义务劳动的规定。然而，在当时的认识条件下，莫尔还不能回答如何消灭城乡对立、从根本上消灭城乡差别的问题，他的城乡结合思想也仅仅停留在萌芽阶段。

（2）傅立叶的"法郎吉"

沙利·傅立叶是 19 世纪初期法国著名的思想家，是伟大的空想社会主义者。傅立叶研究了人类历史发展规律，审视和批判了文明制度。据此，他对未来人类社会进行了设计和构想，提出一种理想的社会制度，即和谐制度。他在《新世界》等著作中，系统地阐述了这种未来的社会制度。他指出，在和谐制度下，生产领域的工业劳动和农业劳动、流通领域的商业劳动以及科学劳动、艺术劳动、教育劳动、家务劳动都需要联合和协作。社会把这七种劳动组织起来，形成完整的体系。而和谐制度是以自愿参加为原则所形成的协作社的总和，这种协作社叫做"法郎吉"。按照"法郎吉"的正常规模，人口为 1620 人，占地为 1 平方法里。"法郎吉"实行"短时工作"制，每个工作日由若干个"短时工作"组成，"短时工作"最长不超过两小时，劳动者在一个工作日可以参加多种工作。这样，旧的分工将不存在，劳动者不再被一种职业所束缚，而是可以自由地调换工种，自由地从一种劳动转换到另一种劳动上。此外，"法郎吉"还实行普遍的义务劳动制，推行家务劳动的社会化，劳动者拥有熟练的劳动技能和高涨的劳动热情，科学技术的成果得到广泛应用，生产活动得到合理有效的组织。所以，这种协作制度将表现出巨大的优越性，促使社会生产力取得几倍、十倍以至上百倍的增长。在和谐制度中，傅立叶提出了城乡结合和工农业结合的设想。一是城市和乡村的结合。在和谐制度下，只存在不同"法郎吉"之间的区别，而不存在城市和乡村之间的差别，所以城乡对立也是不存在的。二是工业和农业的结合。农业是整个协作结构的基础。在"法郎吉"中，土地在农业生产中得到了合理利用，肥力充足，产量丰富。"法郎吉"又不限于经营农业，而是将农业和工业有机地结合了起来。人们既从事农业劳动，又从事工业劳动。所以，"法郎吉"是一种新型的农业生产和工业生产相结合的协作社。然而，傅立叶的"法郎吉"却建立在私有制的基础之上，保留了大量的资本主义因素，在他看来，生产资料公有制的主张是冒险主义。恩格斯认为，傅立叶不主张废除私有制，其思想是不彻底的，而在私有制的条件下，他提出的城乡结合和工农业结合，只能是一种空想。

（3）欧文的公社制度

罗伯特·欧文是19世纪初期英国伟大的空想社会主义者。他与圣西门、傅立叶被合称为三大空想社会主义者。欧文生活在当时资本主义生产最发达的英国，他在工商界的经历使他对资本主义剥削的秘密有着深刻的了解。为了建立理想的社会制度，他进行了一系列的试点和试验，其中包括"新协和"公社、合作制工厂、"协和大厦"，等等。欧文的理想社会是以生产资料公有制为基础的。公社是社会的基层组织。公社的人口数量一般在500人至3000人之间，各个年龄阶段的人和各具特长的人都被分配到与其年龄和特长相适合的工作上，所以公社中没有失业者。"公社将形成为一个统一的大家庭，每个成员各尽所能。"① 机器和科学发明将在公社内得到广泛应用，社会生产力获得高度发展，生产出来的产品足以满足公社成员的需要。此外，欧文还注重人的全面发展。从工厂制度出发，他主张把教育同生产劳动结合起来。马克思对此给予了高度评价："正如我们在罗伯特·欧文那里可以详细看到的那样，从工厂制度中萌发出了未来教育

---

① 《欧文选集》（下卷），商务印书馆1965年版，第20页。

的幼芽。"①

　　按照欧文的设想，公社是一种消除城乡对立所造成的弊端、将城市和乡村的优点结合起来的组织形式。"在这种新制度下，大城市所造成的灾祸将被消除，同时新的公社将把大城市的一切优点集中于本身，而不会给自己带来任何的害处。"② 他认为，分工使人被迫从事单调的、机械的、反复的劳动活动，既造成了劳动活动的畸形发展，又造成人自身的畸形发展。因此，消灭旧的分工是消灭城乡对立的首要条件。一是要将工业和农业结合起来。欧文认为，资本主义的工厂制度使工人仅限于参与工业劳动，脱离了生活资料的产地，缺乏与大自然接触的机会，从而在经济上、精神上都造成了损失；农民则局限在农村，终身从事农业活动。而在他的公社里，工业生产和农业生产已经结合起来。公社成员既从事农业劳动，又从事工业活动，并尽可能多地在工业和农业中调换工种。二是要将脑力劳动和体力劳动结合起来。他认为，公社成员应从事全面的实践活动以使才能和技能获得全面的发展，脑力劳动和体力劳动之间的对立也将消失。可以说，相比于莫尔和傅立叶提出的消灭城乡对立的观点，欧文的观点更为具体、更加先进、更有根据。但是，在当时的社会条件下，欧文还难以看到无产阶级的力量，以及这一阶级在消灭城乡对立和实现人类解放中的历史作用。这也导致了他提出的关于消灭城乡对立的主张，无法脱离空想社会主义的范畴。

　　在马克思和恩格斯看来，莫尔、欧文等空想社会主义者已经正确地认识到，资本主义社会制度只会使城乡对立变得日益尖锐。所以，在资本主义条件下，根本无法消灭城市和乡村之间的对立。因此，空想社会主义者总试图建立理想的社会制度来代替资本主义制度。"在他们的模范大楼中，城乡对立已经不存在了。"③ 在马克思和恩格斯看来，空想社会主义者关于城乡结合的主张包括三个方面：一是"要

---

① 《马克思恩格斯选集》第3卷，人民出版社2012年版，第710页。
② 《欧文选集》（下卷），商务印书馆1965年版，第20页。
③ 《马克思恩格斯选集》第3卷，人民出版社2012年版，第223页。

求消灭城市和乡村之间的对立，作为消灭整个旧的分工的第一个基本条件"；二是要求把工业生产和农业生产结合起来，"每个社会成员都既从事农业，又从事工业"；三是无论是从事工业劳动还是农业劳动，都"要求每个人尽可能多地调换工种，并且要求相应地训练青年从事尽可能全面的技术活动"。① 然而，空想社会主义者提出的城乡结合的主张只是从统治阶级自身或内部发出来的声音，这些声音是空洞无力的，在广大的被剥削的群众中根本无法得到任何响应。

马克思和恩格斯指出，空想社会主义者之所以成为空想社会主义者，是因为他们处在资本主义生产还不够发达的时代。所以，他们只能选择求助于理性来构想和设计自己的理想社会的基本特征，还不能求助于他们生活的那个时代；换句话说，他们只能在头脑中构想新社会可能出现的要素，而这些要素在当时的社会中还不存在或者没有普遍地、明显地表现出来。因此，马克思和恩格斯认为，空想社会主义者"关于未来社会的积极的主张，例如消灭城乡对立、消灭家庭、消灭私人营利、消灭雇佣劳动、提倡社会和谐、把国家变成纯粹的生产管理机构——所有这些主张都只是表明要消灭阶级对立，而这种阶级对立在当时刚刚开始发展，它们所知道的只是这种对立的早期的、不明显的、不确定的形式。因此，这些主张本身还带有纯粹空想的性质"②。但同时，他们也指出，虽然空想社会主义者"学说含有十分虚幻和空想的性质，但他们终究是属于一切时代最伟大的智士之列的，他们天才地预示了我们现在已经科学地证明了其正确性的无数真理"③。

2. 李比希的农业化学理论

尤斯图斯·冯·李比希是19世纪德国的杰出学者，是农业化学创始人。《化学在农业和生理学上的应用》是李比希最具盛名的代表作，于1840年在德国出版。这本著作获得了马克思、恩格斯的高度评价。在《马克思恩格斯全集》中，他们评价李比希的贡献和直接

---

① 《马克思恩格斯选集》第3卷，人民出版社2012年版，第680页。
② 《马克思恩格斯选集》第1卷，人民出版社2012年版，第432页。
③ 《马克思恩格斯选集》第3卷，人民出版社2012年版，第37页。

引用这本书中的材料有 33 处之多，充分体现了他们对李比希及其著作的重视。

在《化学在农业和生理学上的应用》一书中，李比希从灰分元素的角度，把植物、土壤、耕作层、休闲、轮作、饲料、畜牧、厩肥（粪便）等方面联系起来考察，从而发现植物营养循环体系。他从植物灰分成分的分析结果，概括出无机营养原理。他指出，植物的种子、果实、根系、叶子都需要从土壤中吸收上来某些成分。不管植物种植的土壤类型如何，它所吸收的成分是一定的。所以，植物体内的灰分成分，即组成植物有机体的原料，也不是随着植物生长地方的不同而变化的。植物需要这些灰分成分，就如同人需要面包和肉类以及牲畜需要饲料一样。含有这些灰分成分的数量多少，决定了土壤的肥沃程度。肥沃的土壤含有这些养分的数量比较多，而贫瘠的土壤所含的数量则比较少。基于以上论述，他引出了他的"归还原理"。他指出："正因为栽培作物，并从上面拿走作物的产量，致使土地肥力逐渐衰退，其所含的营养分将越来越少。因此要维护地力必须全部归还从土壤中拿走的东西。如果拿走的东西不全部归还的话，那么不可能指望再获得那么高的产量，只有增加土壤中的那些灰分成分，才能增产。"[①] 所以，人们用厩肥来给植物施肥，目的是把从通过土地的产量而拿走的一部分归还给土壤。"但是光靠厩肥来维持地力也是不行的，因为许多粮食、畜产品，都运到城镇里去了。在这种情况下，其中所含的灰分元素根本无法归还给土壤。"[②] 也就是说，由于城乡分割，城镇居民以衣食等形式消耗的土地的产量，无法以灰分元素的形式回归土壤。"因为在土壤中这些营养物质是非常有限的。这个情况已经由化学验证了。倘若这些元素是取之不尽用之不竭的，那么，归还这些元素就没有什么意思了。如果农民不把从土壤里拿走的养分归还土壤，那么什么土地都是一样，总有一天会变得颗粒无收。"[③] 由

---

① 《李比希文选》，刘更另、李三虎译，北京大学出版社 2011 年版，第 18 页。
② 《李比希文选》，刘更另、李三虎译，北京大学出版社 2011 年版，第 18 页。
③ 《李比希文选》，刘更另、李三虎译，北京大学出版社 2011 年版，第 19 页。

此可见，这个问题不仅将造成地力的浪费和衰减，还将对农业生产和农村发展造成灾难性的破坏。

　　马克思、恩格斯对李比希在该书中提出的"归还原理"非常认同。在论述城乡对立的局限性和消灭城乡对立的必然性时，他们多次引入了这一原理。他们指出："李比希在他论农业化学的著作中比任何人都更坚决地要求这样做，他在这些著作中一贯坚持的第一个要求就是人应当把取自土地的东西还给土地，并证明说城市特别是大城市的存在只能阻碍这一点的实现。"[①] 从李比希的"归还原理"，他们不仅看到了城市对地力的巨大消耗和浪费，以及对农业的破坏性影响，还揭示出这一问题的根源就是城乡对立。城乡对立隔断了城市和乡村的天然联系，造成了城乡的分割发展。首先，它对农业的发展造成破坏。"资本主义生产使它汇集在各大中心的城市人口越来越占优势，这样一来，它一方面聚集着社会的历史动力，另一方面又破坏着人和土地之间的物质变换，也就是使人以衣食形式消费掉的土地的组成部分不能回归土地，从而破坏土地持久肥力的永恒的自然条件。"[②] 其次，它对城市的发展也构成威胁。"当你看到仅仅伦敦一地每日都要花很大费用，才能把比全萨克森王国所排出的还要多的粪便倾抛到海里去，当你看到必须有多么庞大的设施才能使这些粪便不致毒害伦敦全城，那么消灭城乡对立的这个空想便有了值得注意的实际基础。"[③]

　　然而，受到当时历史条件的限制，李比希的农业化学理论也难免存在偏失。比如他一方面正确地批评资本主义农业是一种掠夺式的农业，致使土壤贫瘠化；另一方面，他又把"土壤肥力递减"说成是自然法则，把资本主义的缺点、局限性和矛盾，归咎于自然界。但他的"归还原理"等理论的正确性不容置疑，在马克思主义城乡融合发展理论中得到了体现，即使在今天仍具有重要的指导意义。

---

①　《马克思恩格斯选集》第 3 卷，人民出版社 2012 年版，第 264 页。
②　《马克思恩格斯选集》第 2 卷，人民出版社 2012 年版，第 233 页。
③　《马克思恩格斯选集》第 3 卷，人民出版社 2012 年版，第 264—265 页。

二　发展脉络

以马克思和恩格斯的主要著作为线索，可以大致将他们的城乡融合发展理论的发展过程划分成三个阶段：思想萌芽阶段、理论成型阶段和理论成熟阶段。

（一）思想萌芽阶段

1842—1845 年，是马克思主义城乡融合发展理论的萌芽阶段。这一阶段，马克思从普鲁士等级制度下城市和乡村权利不平等的问题上关注了城乡对立问题，并提出了城乡权利平等、市民和农民平等的要求；恩格斯则通过对英国社会状况和工人阶级状况的考察和研究，看到了工业革命对英国城乡关系造成的影响，以及资本主义城乡对立条件下城市工人阶级不堪忍受的劳动条件和生活状况。虽然他们还没有明确地表述"城乡关系"和"城乡对立"等概念并对其展开深入的论述，但这些观点和主张可以看作是他们城乡关系思想的雏形，是后来城乡融合发展思想的基础。

1. 马克思早期关于"城乡权利平等"观点的提出

1842 年初起，马克思从早期的哲学研究转向关注德国及其他西欧国家的紧迫的政治问题，并开始向《德法年鉴》等杂志撰文，直接参与现实政治问题的讨论。1842 年 10 月至 1843 年 3 月，他在德国科隆担任《莱茵报》的主编。在他的领导和影响之下，《莱茵报》的革命民主主义倾向日益明确，由一家自由资产阶级反对派的报纸转变为高举鲜明的革命民主主义旗帜的理论阵地。

在此期间，马克思写作了一系列的政论文章来声讨普鲁士的专制制度。在这些文章中，他批判了普鲁士的书报检查立法，反对查禁进步报刊，主张新闻出版自由；分析了普鲁士的立法及其思想基础，批判了普鲁士国家及其社会基础；认为要维护全体人民的民主权利，提出要建立人民代表制来代替封建等级代表制。这些政论文章包括马克思的《区乡制度改革和〈科隆日报〉》。《区乡制度改革和〈科隆日报〉》这组文章（共三篇通讯）发表于 1842 年 11 月。当时，为恢复封建贵族势力的特权，普鲁士政府企图通过地方行政机构改革的措施在莱茵省推行普鲁士的等级制度，从而废除原来城市的区和农村的乡在法律上权利平等的制度。这一企图遭到了莱茵进步的资产阶级和具有民主意识的知识分子的强烈反抗，他们发动一场以维护区和乡的平等权利为内容的区乡制度改革运动。《区乡制度改革和〈科隆日报〉》就是马克思针对这一事件展开的辩论而写的。在文中，他极力维护城市和农村权利平等的进步原则，并运用民主主义的观点阐述了法国大革命"人人平等、市民和农民平等"的口号。他提出："《莱茵报》要求制定城市和农村平等的区乡条例，并且在所引文章中明确指出这种平等就是'城市的区和农村的乡的权利平等'。"① 虽然这些只是马克思关于城乡问题的早期观点，这时他还没有将城乡对立的矛盾直接表述出来，但这些观点标志着城乡问题已经引起了他的关注，进入了他的研究视野。在后来的著作中，他才明确地指出了普鲁士等级制度下的城乡对立："这一套旧政权机构的相应的社会基础是享有特权的贵族土地占有制及其农奴和半农奴、小规模的宗法式的或者在行会基础上组织起来的工业、彼此隔绝的等级、城市和乡村之间的尖锐对立，而首先是乡村对城市的统治。"②

2. 恩格斯早期关于资本主义城乡对立状况的描述

1842 年 12 月至 1844 年 8 月，恩格斯生活在英国。在此期间，他深入研究了英国的社会关系和政治关系；访问了曼彻斯特等城市的工厂和工人区，考察了英国工人的劳动状况和生活条件；了解了英国工人的斗争和宪章运动，参与了各种工人集会和群众大会。

以上经历，成为恩格斯撰写《英国状况》《英国工人阶级状况》等著作的重要基础。《英国状况》是恩格斯在 1843—1884 年撰写的三篇研究英国状况文章中的一篇。在该文中，他概述了 18 世纪英国工业革命的过程。他指出，工业革命的推进、科学技术的进步、

① 《马克思恩格斯全集》第 1 卷，人民出版社 1995 年版，第 312 页。
② 《马克思恩格斯全集》第 6 卷，人民出版社 1961 年版，第 301 页。

机器的发明和应用推动了工业生产的发展和社会关系的变化。在这个过程中，这些因素也推动着城市和乡村的关系悄然发生变化。虽然恩格斯并没有直接指明这种变化，但从他的描述可以看出他对城乡关系认识的萌芽。《英国工人阶级状况》是恩格斯离开了英国之后，于1844—1845年的著作。在著作中，他主要对在英国期间对政治社会关系以及工人阶级状况的考察进行了论述和总结。他认为无产阶级的产生是工业革命的主要结果，并强调无产阶级和资产阶级的利益不可调和。他描写了英国工人阶级不堪忍受的生活状况和劳动状况。在后来的著述中，他将这些状况直接表述为城乡对立的后果。可见，他对城乡对立的认识正是源于这一时期。这一点在他后期的信件中就可以得到证明。他在写给奥·倍倍尔的信中，明确地指出了英国工业革命背景下的城乡对立，他认为英国工业革命已经显著地推动了城乡分割，而比这一点更重要的是，在这一时期的著述中，他已经认识到无产阶级所处的状况，必然会推动他们为实现自身解放和推翻资本主义制度而斗争。这是他们后来探讨如何消灭城乡对立的重要基础。

（二）理论形成阶段

1846—1866年，是马克思主义城乡融合发展理论的形成阶段。经过前面的萌芽阶段，马克思、恩格斯已经完成了从唯心主义向唯物主义、从革命民主主义向共产主义的过渡。尤其是1844年8月底他们在法国巴黎的再次会见，全面奠定了他们在理论研究工作和革命实践活动等各个领域展开创造性合作的基础。他们合作的巨著《德意志意识形态》和《共产党宣言》正是城乡融合发展思想形成的标志。在这一时期的著述中，他们已经明确地提出了"城乡关系"、"城乡对立"和"城乡融合"等主要概念；指出城乡关系的状况决定了整个社会的发展面貌；深入地剖析了城市和乡村之间对立的根源；作出了未来共产主义社会消灭城乡对立和实现城乡融合的科学展望。这些观点和理念的形成，为马克思主义城乡融合发展理论进一步发展并走向成熟构建了坚实基础。

1. 剖析了城乡对立的根源

《德意志意识形态》是马克思、恩格斯在 1845—1846 年间合作撰写的。在著作中，他们第一次提出了"城乡对立"的概念。他们指出，农业和工商业之间的分工，造成了城乡背后利益的断裂，推动了城市和乡村的分离，从而导致了城乡对立。在此基础上，他们指明了分工的发展是城乡关系发展的直接动因，并阐述了在早期部落所有制、古代公社所有制和国家所有制、中世纪封建等级所有制等形式下，分工的发展如何推动了城乡关系的演进和变化。他们提出，私有制是城市和乡村之间对立的根源。因此，要消灭城乡对立，必须首先废除私有制。他们还提出，城乡分离实质上是脑力劳动和体力劳动之间的分工。只有通过无产阶级革命改造社会的过程，城乡对立以及体力劳动和脑力劳动之间的对立才能被消灭。在著作中，他们还论证了人的社会存在决定人的社会意识的原理，论述了生产力和生产关系发展的一般规律；提出了无产阶级夺取政权的任务；描绘了未来共产主义社会的某些基本特征，如人的才能的充分的和全面的发展，等等。这些论述是他们探讨城乡融合实现条件和实现措施的基础。

2. 提出了城乡关系的概念

《哲学的贫困》是马克思于 1847 年针对法国小资产阶级社会主义者蒲鲁东的《贫困的哲学》而写的。在著作中，马克思主要反对蒲鲁东主义，从而帮助无产阶级在思想上同小资产阶级划清界限。在批判蒲鲁东关于分工的观点时，他首次提出"城乡关系"的概念。蒲鲁东认为，分工是一种永恒的规律和单纯而抽象的范畴。马克思指出："当然，如果把事物归结为蒲鲁东先生的范畴，那未免把这些事物看得太简单了。历史的进程并非是那样绝对的。德国为了实现城乡分离这第一次大分工，整整用了三个世纪。城乡关系一改变，整个社会也跟着改变。"① 可见，在他看来，城乡关系在人类社会中占有重要的地位和作用。在一定程度上，它决定着整个社会的发展面貌。在该著作中，马克思还论及了分工和生产力的发展对于推动城乡关系发

---

① 《马克思恩格斯选集》第 1 卷，人民出版社 2012 年版，第 237 页。

展的重要作用。

3. 作出实现城乡融合的科学展望

恩格斯的《共产主义原理》和马克思、恩格斯合著的《共产党宣言》，是他们在 1847 年为共产主义者同盟起草的纲领性文件，也是他们前瞻性地作出实现城乡融合的科学展望的重要著作。《共产主义原理》以问答形式指出了共产主义是关于无产阶级解放的学说，阐明了工人阶级运动的目的和废除私有制的途径。在文中，恩格斯首次将城乡融合作为废除私有制的主要结果、作为未来共产主义社会的主要特征提了出来。他指出："由社会全体成员组成的共同联合体来共同地和有计划地利用生产力；把生产发展到能够满足所有人的需要的规模；结束牺牲一些人的利益来满足另一些人的需要的状况；彻底消灭阶级和阶级对立；通过消除旧的分工，通过产业教育、变换工种、所有人共同享受大家创造出来的福利，通过城乡的融合，使社会全体成员的才能得到全面发展，——这就是废除私有制的主要结果。"①《共产党宣言》是在《共产主义原理》的基础上写成的，它是第一部较为完整而系统地阐述共产主义基本原理的巨著，是马克思主义诞生的重要标志。在该著作中，他们分析了无产阶级的历史地位，论证了无产阶级充当资产阶级掘墓人的历史使命，并强调建立无产阶级政党是无产阶级夺取政权和改造社会的必要条件。

在这两篇论著中，马克思、恩格斯阐述了一系列消灭城乡对立的方法和措施。他们指出，无产阶级夺取政权之后逐步将全部资本转为国有财产，并逐步废除私有制；提出将工业和农业结合起来，在农业方面成立产业军；要求对所有儿童实行免费教育，推动教育和生产的结合；强调人口在城乡和工农业之间的均衡分布，"乡村农业人口的分散和大城市工业人口的集中，仅仅适应于工农业发展水平还不够高的阶段，这种状态是一切进一步发展的障碍，这一点现在人们就已经深深地感觉到了。"②

---

① 《马克思恩格斯文集》第 1 卷，人民出版社 2009 年版，第 689 页。
② 《马克思恩格斯选集》第 1 卷，人民出版社 2012 年版，第 308 页。

此外，1853 年 7 月，马克思发表了《不列颠在印度的统治》和《不列颠在印度统治的未来结果》两篇文章。在文章中，马克思指出在印度的殖民统治期间，英国资本家为了发展生产和获取高额利润，向印度引入了蒸汽机、铁路系统等先进生产力，从而改变了印度的乡村分散而孤立、城乡之间缺乏联系的面貌，并由此论及了生产力对城乡关系发展的决定作用，以及对于促进城乡融合的重要意义。

（三）理论成熟阶段

1867—1894 年，是马克思主义城乡融合发展理论的成熟阶段。与上一阶段相比，这一阶段他们的思想发展出现了转折。由于他们不想制造城乡融合的"乌托邦"，所以在这一时期，他们既没有醉心于描绘未来社会城乡融合的蓝图，又避免臆造消灭城乡对立的空想方案。恩格斯在探讨住宅问题时指出："社会革命将怎样解决这个问题呢？这不仅要以当时的情况为转移，而且也同一些意义深远的问题有关，其中最重要的问题之一就是消灭城乡对立。既然我们不必为构建未来社会臆造种种空想方案，探讨这个问题也就是完全多余的了。"① 马克思在《资本论》中谈到城乡对立问题，他也采取了同样的态度："但是关于这种对立，我们不在这里多谈。"② 他们立足于资本主义城乡对立的发展状况，集中探讨了城乡融合的实现条件和措施，推动了城乡关系思想的深入发展。

在这一时期，马克思和恩格斯两人进行了分工。按照恩格斯的说法："由于马克思和我之间有分工，我的任务就是要在定期报刊上，因而特别是在同敌对见解的斗争中，发表我们的见解，以便让马克思有时间去写作他那部伟大的基本著作。"③ 所以，马克思主要研究政治经济学，并从经济学的角度研究城乡关系；恩格斯则通过与蒲鲁东、杜林等人进行论战的形式，探讨消灭城乡对立和实现城乡融合的

---

① 《马克思恩格斯选集》第 3 卷，人民出版社 2012 年版，第 205 页。
② ［德］马克思：《资本论》第 1 卷，人民出版社 2004 年版，第 408 页。
③ 《马克思恩格斯选集》第 3 卷，人民出版社 2012 年版，第 182 页。

问题。正是通过这些研究和探讨，他们的城乡关系思想逐步走向成熟和完善，成为一个丰富而系统的科学思想。

1. 对城乡关系问题的经济学分析

这一时期，马克思主要潜心于研究政治经济学，于 1867 年出版了《资本论》的第一卷。第二卷和第三卷的手稿也在这一时期写作完成，在恩格斯的帮助下，分别于 1885 年和 1894 年出版。马克思运用政治经济学的观点，分析了城乡关系问题。他认为，城乡关系是简单货币流通的要素之一。他指出："简单货币流通是表面的和形式的，这种性质正是表现在：决定流通手段量的一切要素，如流通的商品量、价格、价格的涨落、同时进行的买和卖的次数、货币流通速度，都依赖于商品世界的形态变化的过程，而后者又依赖于生产方式的总的性质、人口数、城乡关系、运输工具的发展，依赖于分工的粗细、信用等等。"①

在他看来，城乡分离拓展了交换的深度和广度。"交换的深度、广度和方式都是由生产的发展和结构决定的。例如，城乡之间的交换，乡村中的交换，城市中的交换等等。"② 同时，城乡分离对分配和生产也有一定程度的影响。"随着分配的变动，例如，随着资本的积聚，随着城乡人口的不同的分配等等，生产也就发生变动。"③ 因此，他认为，城市和乡村的分离，是以商品交换为基础的分工的前提。社会的经济历程，可以概括为城乡对立的历程。从对城乡关系的政治经济学分析出发，他们阐述了城乡对立所造成的人的畸形发展，论述了科技和教育对于推动城乡融合的重要作用，提出了运用科技手段和开展大规模经营来推动农业的发展，以及将教育与劳动结合起来促进人的全面发展，等等。

2. 对城乡融合的实现条件和途径的深入探讨

这一时期，恩格斯主要在与蒲鲁东、杜林等人进行的论战中，阐

① 《马克思恩格斯全集》第 13 卷，人民出版社 1962 年版，第 95 页。
② 《马克思恩格斯选集》第 2 卷，人民出版社 2012 年版，第 699 页。
③ 《马克思恩格斯选集》第 2 卷，人民出版社 2012 年版，第 699 页。

述自己的城乡融合发展思想。1872—1873 年，恩格斯写作了《论住宅问题》。全书共分为三篇，每一篇都是在反对资产阶级的和小资产阶级的社会主义及其改良主义理论家关于解决住宅问题方案的激烈论战中产生的。在著作中，恩格斯反驳了蒲鲁东及其德国代表关于在资本主义条件下解决住宅问题的一系列观点，他指出住宅问题的解决只有在消灭城乡对立的社会中才能实现。而资本主义生产方式只能使这种对立变得日益尖锐。他对资本主义的城乡对立进行了批判，认为它造成的人口拥挤、房屋密集、住房短缺、环境污染、流行病传播等一系列城市问题，对农业的可持续发展构成威胁，并导致了人的畸形发展。他指出，实现城乡融合不是空想，而是工业、农业和公共卫生事业发展的必需，还提出了人口均衡分布、工农业紧密结合等城乡融合的实现条件。

1876—1878 年，恩格斯又在与杜林进行的论战中写作了《反杜林论》。该书包含三个篇章，分别对杜林的哲学、政治经济学和社会主义等方面的观点进行反驳和批判。在"社会主义"篇章中，恩格斯集中探讨了城乡关系问题。他指出，第一次社会大分工就是城市和乡村的分离，它立即使城市居民和农村居民都陷入了畸形和片面的发展之中。要消灭城乡对立，必须消灭这种造成人的畸形发展的旧的分工。旧的分工被消灭后，取而代之的是劳动的联合体，在那里所有人都获得自由全面发展的机会，城乡融合也必将实现。他还指出了城乡对立条件下大工业发展的矛盾。他认为，只有实现城乡融合，才能消除这一矛盾，才能为工业、农业和公共卫生事业的发展创造条件。他还指出实现城乡融合是一个长期而渐进的过程，然而资本主义大工业中已经包含了消灭城乡对立的变革因素，必将在未来社会推动城乡融合的实现。

此外，马克思还于 1872 年写作了《论土地国有化》，探讨了土地国有化问题对于农业大规模经营和消灭城乡对立的重要意义，指出工人阶级夺取政权后，必须实现土地国有化，作为推动城乡融合的重要举措。恩格斯于 1884 年写作了《家庭、私有制和国家的起源》，描绘了早期人类社会的城乡关系状况，论述了城市和乡村的产生以及城乡对立的形成，阐述了分工的发展与城乡对立之间的辩证关系。他指出："文明时代巩固并加强了所有这些已经发生的各次分工，特别是通过加剧城市和乡村的对立（或者是像古代那样，城市在经济上统治乡村，或者是像中世纪那样，乡村在经济上统治城市）而使之巩固和加强。"①

　　纵观马克思主义城乡融合发展理论的发展历程，可以说，这一理论是随着他们的共产主义理论的发展而逐步走向成熟的。在整个形成和发展过程中，他们的这一理论始终立足于当时社会的发展实际，始终构筑在共产主义理论的基础之上，这一切都决定了这一理论的实践性、革命性和科学性。

---

① 《马克思恩格斯选集》第4卷，人民出版社2012年版，第182页。

第二章

马克思主义城乡融合发展
理论的哲学意义

辩证唯物主义和历史唯物主义，是马克思、恩格斯探讨城乡关系问题的根本出发点。他们提出的城乡融合发展思想，构建在辩证唯物主义和历史唯物主义的哲学基础之上。从马克思主义哲学的视角，对这些思想进行梳理和解读，有助于从整体上认识和把握马克思、恩格斯城乡融合发展思想，从而为我国推动城乡一体化发展实践提供理论支持和思想指导。

一　辩证思想

辩证法是关于事物普遍联系和永恒发展的学说。按照辩证法的观点，整个世界是一个有机联系的整体，不同事物之间的相互作用、相互影响，推动着事物不断向前发展。马克思主义城乡融合发展理论构筑在唯物辩证法的基础上，城乡关系有着明显的辩证逻辑。唯物辩证法是认识城乡融合发展理论的一个重要视角。正如马克思和恩格斯所指出的："如果人们领会了辩证思维规律，进而去领会这些事实的辩证性质，就可以比较容易地达到这种认识。"[1] 把握城乡关系的辩证逻辑，有利于我们正确理解和认识他们的城乡融合发展思想，从而更

---

[1] 《马克思恩格斯选集》第 3 卷，人民出版社 2012 年版，第 389 页。

好地运用其指导我国城乡一体化发展实践。

(一) 城市与乡村的对立统一关系

在马克思和恩格斯唯物辩证的思想中，矛盾是反映事物内部和事物之间对立统一关系的哲学范畴。城市和乡村就是城乡关系中一组最基本和最核心的矛盾。它们之间存在着明显的对立统一关系。

马克思和恩格斯认为任何事物之间都存在着对立统一的关系。他们指出："自然界中物体——不论是无生命的物体还是有生命的物体——的相互作用既有和谐，也有冲突，既有斗争，也有合作。"①首先，事物总是以相互对立、相互斗争的形式存在。这种斗争是推动事物发展的动力。他们指出，进化论充分说明了一个原始的、简单的细胞如何通过遗传和适应之间的不断斗争一步一步地向前演进，一方面进化为最复杂的植物；另一方面进化为更复杂的动物，甚至进化为人。其次，事物在这种对立和斗争的基础上相互依存。"辩证法根据我们直到目前为止的自然经验的结果，已经证明了：所有的两极对立，都以对立的两极的相互作用为条件；这两极的分离和对立，只存在于它们的相互依存和联结之中，反过来说，它们的联结，只存在于它们的分离之中，它们的相互依存，只存在于它们的对立之中。"②再次，事物在这种对立和斗争的基础上相互转化。事物之间的对立和冲突推动着事物的发展，在一定的条件下，对立的两极会向自己的对立面转化。他们举例说，物体的机械运动可以转化为热、电和磁；热和电都可以转化为化学分解，而化学分解又可以产生热和电，并以电为媒介再产生磁；最后，热、电和磁又可以产生物体的机械运动。这个相互转化的过程，充分说明了事物之间并不存在完全固定的界限。马克思、恩格斯指出："辩证的思维方法同样不承认什么僵硬和固定的界线，不承认什么普遍绝对有效的'非此即彼！'，它使固定的形而上学的差异互相转移，除了'非此即彼！'，又在恰当的地方承认

---

① 《马克思恩格斯选集》第4卷，人民出版社2012年版，第517页。
② 《马克思恩格斯选集》第3卷，人民出版社2012年版，第954页。

'亦此亦彼！'，并使对立的各方相互联系起来。这样的辩证思维方法是唯一在最高程度上适合于自然观的这一发展阶段的思维方法。"①在他们那里，城市和乡村从以下两个方面，充分体现了这种对立统一的关系：

第一，城市和乡村相互依存、相互斗争。

在马克思主义城乡融合发展理论中，城市和乡村之间存在着相互依存、相互斗争的关系。它们相互依存的关系体现在：在城乡浑然一体阶段，城市和乡村尚处于原始的亲和状态；在城乡分离的过程中，城市和乡村随着对方的出现而出现；在整个城乡对立阶段，城市和乡村以对方作为存在和发展的基础，通过相互之间经济、政治和文化等各方面的交流和联系，获得自身存在和发展的基础和条件；进入城乡融合阶段，城市和乡村又将发展为相互结合、互融互促的社会统一体。它们相互斗争的关系体现在：早期的村落的发展和城市的萌芽激发了城乡之间的矛盾和斗争，促成城市和乡村的分离；城乡的分离揭开了城市和乡村对立与斗争的序幕，从古代城市对乡村的统治、到中世纪乡村对城市的统治、再到近代乡村服从于城市，从封建贵族发动的乡村反对城市的战争到资产阶级发动的城市反对乡村的运动，它们之间的斗争贯穿了整个城乡对立的历史；而正是在这种对立和斗争的推动下，城市和乡村又最终发展成为新的更高级的社会统一体。

第二，城市和乡村相互转化并走向融合。

在马克思、恩格斯看来，由于城市和乡村的斗争将推动着城乡关系的不断向前发展，所以城乡关系不会只停留在城乡对立的阶段。他们指出："这些对立和区别，虽然存在于自然界中，可是只具有相对意义，相反，它们那些想象的固定性和绝对意义，只不过是由我们的反思带进自然界的——这种认识构成辩证自然观的核心。"② 换句话说，这种相对意义上的城乡对立，只能在一定的条件下存在着。

随着未来发展条件的转变，城市和乡村的斗争将推动两者不断发

---

① 《马克思恩格斯选集》第3卷，人民出版社2012年版，第909—910页。
② 《马克思恩格斯选集》第3卷，人民出版社2012年版，第389页。

展并向自己的对立面转化，从而使城乡发展成为"把城市和农村生活方式的优点结合起来，避免二者的片面性和缺点"① 的系统的社会综合体。他们指出："两个矛盾方面的共存、斗争以及融合成一个新范畴，就是辩证运动的实质。"② 而这个城市和乡村发展和转化的辩证运动的过程，就是实现城乡融合的过程。

（二）城乡融合发展的否定之否定规律

按照唯物辩证法的观点，任何事物的发展都必然要经历否定之否定的过程。城乡关系也不例外。它的发展充分体现了否定之否定的规律。

"否定之否定"思想，首先是由德国古典哲学家黑格尔总结出来的。然而，他的这一思想建立在客观唯心主义的基础之上，存在着局限性、片面性和不彻底性。马克思、恩格斯批判性地吸收了黑格尔的"否定之否定"思想，并将其引入了辩证唯物主义和历史唯物主义的领域。他们指出："否定的否定究竟是什么呢？它是自然、历史和思维的一个极其普遍的、因而极其广泛地起作用的、重要的发展规律；这一规律，正如我们已经看到的，在动物界和植物界中，在地质学、数学、历史和哲学中起着作用。"③ 对此，恩格斯举例进行了阐释。首先，"否定的否定真实地发生于"植物界和动物界中。他指出，麦粒发芽后，麦粒本身就消失了，它被从它的身上生长出来的植物所代替，这是第一次否定；这株植物在生长过程中开花和结实，然后逐渐枯萎和死去，它本身又被否定了，这是否定之否定，其结果是麦粒的数量出现了数十倍、上百倍的增长。发生在兰花和大丽花身上的是另一种情况。这些可培育的观赏性植物，只要按照园艺学的技艺和方法处理它们的种子，再将种子栽培成植物，就可以得到一个否定之否定的结果：不仅是种子数量的增加，而且是种子品质的改良，以至于能

---

① 《马克思恩格斯文集》第 1 卷，人民出版社 2009 年版，第 686 页。
② 《马克思恩格斯全集》第 4 卷，人民出版社 1958 年版，第 146 页。
③ 《马克思恩格斯选集》第 3 卷，人民出版社 2012 年版，第 519—520 页。

开出更加美丽的花朵。"这个过程的每一次重复，每一次新的否定的否定都向前推进这种完善化。"① 同样，动物界也是如此。就像包括蝴蝶在内的大多数昆虫一样，它们从卵中发育出来，在成长中经过一系列的变化最后达到性的成熟，然后通过交尾而产出大量的卵子，最后昆虫本身死去，从而完成一个否定之否定的循环。其次，"全部地质学是一个被否定的否定的系列，是旧岩层不断逐层毁坏和新岩层不断沉积的系列"②。在几亿年间，岩层不断形成，其中大部分又在地质运动重新毁坏，变为构成新岩层的物质和材料。这个否定之否定的结果是形成了在自然力的作用下变成粉末状的包含了各种化学元素的土壤，它为各式各样的植物的生长提供了可能。"当我谈到所有这些过程，说它们是否定的否定的时候，我是用这一个运动规律来概括所有这些过程。"③ 而这个唯一的运动规律就是事物"否定之否定"的辩证发展规律。总之，事物的辩证发展，都要经过两次否定（否定和否定之否定）和三个阶段（原始阶段、否定阶段和否定之否定阶段）。其中否定之否定阶段看似是向发展原点的"回复"，但由于事物总处于上升的发展趋势，因而这种"回复"是在更高的发展阶段上对发展原点进行"扬弃"。"否定之否定"的规律揭示了事物的发展过程是前进性和曲折性的统一。前进性是指每一次否定都把事物的发展推向新的阶段，而且每一次否定都不是终点；否定性是指回复性，但每一个回复只是短暂的停留或倒退，目的是为事物的发展开辟新的道路。这恰恰证明，事物的发展不是直线式的，而是一个螺旋式上升的过程。城乡关系的发展，正体现这种否定之否定的发展规律。

1. 城乡关系发展的三个阶段，符合否定之否定的逻辑

按照马克思、恩格斯的观点，在人类社会初期，尚不存在城市与乡村的差别，城乡关系仍处于混沌一体的状态；随着社会分工的发展和生产力的进步，城乡关系走向分离，城市与乡村之间的对立逐渐产

---

① 《马克思恩格斯选集》第3卷，人民出版社2012年版，第515页。
② 《马克思恩格斯选集》第3卷，人民出版社2012年版，第515页。
③ 《马克思恩格斯选集》第3卷，人民出版社2012年版，第520页。

生且日益尖锐；当社会生产力发展到了一定高度，城乡对立又将被消灭，城乡关系走向融合，城市和乡村成为更高级的社会统一体。在这个过程中，城乡关系经历了城乡同一、城乡对立和城乡融合三个发展阶段。其中，随着城市和乡村的分离，城乡同一的状况被城乡对立所代替，这是第一次否定；在城乡发展矛盾的推动下，城乡对立被一种更合理的方式即城乡融合所代替，这就是否定之否定。所以，他们将城乡关系的发展划分为以上三个阶段，完全切合事物发展的"否定之否定"的逻辑。

从表面上看，城乡同一和城乡融合都具有城乡结合的特征，后者看似是对前者的"回复"。但实际上，城乡融合是在生产力高度发展的条件下形成的城乡综合体，是对城乡同一阶段城乡混沌不分状况的一种"扬弃"。城乡对立代替城乡统一，是在社会分工和生产力发展的推动下，城乡关系的发展取得进步的体现；城乡对立造成的局限和弊端，以及城乡对立发展的长期过程，又使城乡关系发展表现出曲折性。然而，随着人类社会不断向前发展，以城乡融合为特征的共产主义生产方式逐步建立起来，从而代替以城乡对立为特征的一切旧的制度，这是城乡关系发展的前进性的充分体现。

2. 城乡关系的各个发展阶段，都呈现出否定之否定的发展规律

从城乡同一的阶段看，蒙昧时代高级阶段出现的"村落"萌芽是对人类生活的原始形态的否定，而野蛮时代高级阶段出现的"城市"雏形则是对"村落"形式的再次否定，即否定之否定。在这个否定之否定的过程中，蓄积了城乡分离的力量，最终将城乡关系推入城乡对立的阶段。

在城乡对立的阶段，由于不同时期历史发展条件的变化，城市和乡村在相互关系上的地位出现了强弱转换，也体现了否定之否定的规律。在古代，一些部落通过契约或征服联合为城市促成了城乡分离，公社所有制和国家所有制形式就是从这些城市逐渐发展起来的，因此，在这一时期的城乡关系上，城市处于统治地位；在中世纪，乡村是封建制度发展和繁荣的起点，这一时期的封建土地所有制以及农业在经济上的主导地位，决定了乡村对城市的统治；到了

近代，工业在资本主义生产方式下取得了巨大发展，工厂城市的不断建立和大工业城市的形成，"使城市最终战胜了乡村"①。在这个过程中，中世纪乡村的统治地位是对古代城市的统治地位的否定，近代城市再次取得主导地位则是否定之否定。这个否定之否定的结果是十分积极的，它使生产力逐步被解放出来，工业文明取代了农业文明，资本主义生产方式取代了封建制和奴隶制的生产方式；同时，它也使城乡之间的对立和矛盾发展到了不可调和的地步，把城乡关系推向了变革的顶点。

同样，城乡融合的发展也将呈现出否定之否定的规律。换句话说，实现城乡融合的过程将是前进性和曲折性的统一：一方面，城乡融合是人类社会发展的必然趋势，将随着社会生产力的进步、私有制和旧的分工的消灭以及人的自由全面发展而逐步实现；另一方面，城乡对立条件下形成的明显的城乡差距和尖锐的城乡矛盾，以及消灭私有制和旧的分工的巨大阻力，都将使城乡融合实现过程面临困难和曲折。

二　指向和归宿

城乡关系是人类社会的一个基本关系。人的自由全面发展以及人与自然的和谐发展，是人类社会的发展目标和美好追求。同样，它们也应是推动城乡关系发展和推进城乡融合实现的指向和归宿。因此，推进城乡融合的过程，也是推动人类社会的发展以及促进人的自由全面发展和人与自然的和谐发展的过程。在推进城乡融合的过程中，不仅要把握城乡关系的发展规律和人类社会的发展规律，还要遵循自然规律和人自身发展的规律。把握这一点，有利于我们在统筹城乡发展的实践中，统筹兼顾城乡发展和人的自由全面发展、人与自然的和谐发展，这是促进城乡关系健康、合理发展的前提，也是不断推进城乡融合的必须。

---

① 《马克思恩格斯选集》第 1 卷，人民出版社 2012 年版，第 194 页。

（一）人的自由全面发展

在马克思、恩格斯看来，人的发展程度与城乡关系的发展程度之间存在必然的联系。人的早期的、初始的发展，是与城乡同一阶段联系在一起的；人的畸形的、片面的发展，是与城乡对立的阶段联系在一起的；而人的自由全面发展，是与城乡融合的阶段联系在一起的。处于城乡同一阶段，由于人类拥有富饶的自然资源，因而不具备推动人的自身发展的动力和条件。"过于富饶的自然'使人离不开自然的手，就像小孩子离不开引带一样'。它不能使人自身的发展成为一种自然必然性。"①进入城乡对立阶段，随着私有制和社会分工的发展，出现了一个人的剩余劳动成为另一个人的生存条件的关系，这种关系的发展和演化直接造成了人的畸形的、片面的发展。马克思、恩格斯认为，要实现人的自由全面发展，必须消灭私有制和旧的分工，必须消灭城乡对立以及实现城乡融合。可见，从人的发展的视角来看，他们提出的城乡融合，直接指向了人的自由全面发展。

1. 城乡对立导致了人的畸形而片面的发展

马克思和恩格斯认为，城乡对立是城市和乡村的居民屈从于社会分工、屈从于他们所被迫从事的工作与活动的最鲜明的反映。这种对分工屈从直接造成了人的畸形的、片面的发展。"就个人自身来考察个人，个人就是受分工支配的，分工使他变成片面的人，使他畸形发展，使他受到限制。"②

第一，这种屈从使"人本身的活动对人来说就成为一种异己的、同他对立的力量，这种力量压迫着人，而不是人驾驭着这种力量"③。换句话说，它使城乡居民都被自身的劳动活动所局限和奴役。一方面，他使城市工人受到自身用以谋生的专门手艺的奴役，将他们束缚在固定工作岗位上，局限于从事机械的、单调的、终生重复的劳动活

---

① 《马克思恩格斯选集》第 2 卷，人民出版社 2012 年版，第 239—240 页。
② 《马克思恩格斯全集》第 3 卷，人民出版社 1960 年版，第 514 页。
③ 《马克思恩格斯选集》第 1 卷，人民出版社 2012 年版，第 165 页。

动。这种劳动活动"把工人变成畸形物,它压抑工人的多种多样的生产志趣和生产才能,人为地培植工人片面的技巧……个体本身也被分割开来,转化为某种局部劳动的自动的工具"①。另一方面,他将农民局限于从事小规模的、粗陋的农业耕种,将其束缚在一小块土地和分散的、孤立的、落后的农村地区,使他们精神发展和思想发展的基础条件都被剥夺了,农村人口陷入了数千年的与世隔绝和愚昧无知之中。他们指出,如果说农民拥有土地,城市工人拥有手艺,那么反过来土地也占有农民,手艺也占有城市工人。这种占有使他们为自己所从事固定的工作和劳动而训练了某种单一的技能,从而使其他一切的内体和精神方面的能力都成了牺牲品。

第二,"这种屈从把一部分人变为受局限的城市动物,把另一部分人变为受局限的乡村动物"②。一方面,在城乡对立的情况下,劳动分工破坏了城市居民和农村居民的体力发展和精神发展的基础和条件。这造成了人的脑力劳动和体力劳动之间对立的加剧,使城乡居民都失去了体力和脑力方面的能力以及自由而全面发展的机会。由此,城乡居民"只有在运用自己的动物机能——吃、喝、生殖,至多还有居住、修饰等等——的时候,才觉得自己在自由活动,而在运用人的机能时,觉得自己只不过是动物。动物的东西成为人的东西,而人的东西成为动物的东西。"③ 另一方面,城乡对立和劳动分工使城乡居民的活动区域也受到了局限。在城乡对立的条件下,城市居民被局限在城市区域活动,农民被局限在乡村区域活动。"任何人都有自己一定的特殊的活动范围,这个范围是强加于他的,他不能超出这个范围。"④ 也就是说,所有人都与其活动范围以外的世界处于敌对状态。由此,城乡居民完全成为自身发展和活动范围都受到局限的城乡动物。

2. 城乡融合直接指向人的自由全面发展

人是社会关系中的主体。马克思、恩格斯高度关注社会关系对人

---

① 《马克思恩格斯文集》第 5 卷,人民出版社 2009 年版,第 417 页。
② 《马克思恩格斯选集》第 1 卷,人民出版社 2012 年版,第 185 页。
③ 《马克思恩格斯选集》第 1 卷,人民出版社 2012 年版,第 54 页。
④ 《马克思恩格斯选集》第 1 卷,人民出版社 2012 年版,第 165 页。

的发展的影响。他们指出："社会关系实际上决定着一个人能够发展到什么程度。"① 城乡关系是社会关系的一个子系统。所以，城乡关系的发展程度也从一定层面上决定着人的发展程度。他们认为，城乡对立导致了人的畸形而片面的发展，成为人的自由全面发展的障碍。他们从批判城乡对立的基础上提出了城乡融合的科学展望，将其直接指向人的自由全面发展。

马克思、恩格斯认为，人的自由全面发展是未来共产主义社会的一个基本特征，是人的发展的最高阶段。人的发展主要包括以下三个阶段："人的依赖关系"阶段、"物的依赖关系"阶段和"人的自由全面发展"阶段。他们指出："人的依赖关系（起初完全是自然发生的），是最初的社会形态，在这种形态下，人的生产能力只是在狭窄的范围内和孤立的地点上发展着。以物的依赖性为基础的人的独立性，是第二大形态，在这种形态下，才形成普遍的社会物质变换，全面的关系，多方面的需求以及全面的能力的体系。建立在个人全面发展和他们共同的社会生产能力成为他们的社会财富这一基础上的自由个性，是第三个阶段。第二个阶段为第三个阶段创造条件。"② 他们认为，在"人的依赖关系"阶段和"物的依赖关系"阶段，受到社会生产力的制约，社会生产不能充分满足所有人的需要，因而一部分人靠另一部分人满足自己的需要成为必须。这使得需要得到满足的少数人获得了发展的垄断权，而大多数人都必须经常地为满足自己基本的、最迫切的需要而进行斗争，从而暂时失去了任何发展的可能性。要使这些人也获得发展的权利，必须将社会生产力发展到一定高度。"只有这样的条件，才能为一个更高级的、以每一个个人的全面而自由的发展为基本原则的社会形式建立现实基础。"③ 换句话说，只有随着生产力的高度发展和未来共产主义社会的实现，才能为人的自由全面发展创造必要的条件。

---

① 《马克思恩格斯全集》第 3 卷，人民出版社 1960 年版，第 295 页。
② 《马克思恩格斯全集》第 46 卷（上），人民出版社 1979 年版，第 104 页。
③ 《马克思恩格斯文集》第 5 卷，人民出版社 2009 年版，第 683 页。

在马克思和恩格斯看来，城乡关系的发展阶段是与人的发展阶段联系在一起的。"人的依赖关系"阶段和"物的依赖关系"阶段，是与城乡同一和城乡对立阶段相对应的。在城乡同一和城乡对立阶段，由于缺乏全面发展的基础和条件，人只能获得畸形的、片面的发展。而人的自由全面发展阶段，是与城乡融合阶段相对应的。随着社会生产力取得高度发展，私有制和旧的分工将被消灭，工业和农业将在现实生产中有机结合，劳动者可以自由地从一个生产部门转换到另一个生产部门，所有人都能够全面发展和充分发挥自己所有体力和脑力方面的能力，脑力劳动和体力劳动之间的对立也不复存在，从而每个人都能获得自由全面发展的机会。只有在这种条件下才能破除城乡对立造成的人的畸形而片面的发展，从而实现城乡融合和人的自由全面发展。总之，从人的发展的角度去理解，他们提出的城乡融合直接指向了人的自由全面发展。

（二）人与自然的和谐发展

在马克思和恩格斯看来，在城乡融合发展的过程中，人与自然的关系不断地发展和演变。城乡浑然一体的发展阶段，人类主要服从于自然界，受自然界所支配；到了城乡对立的阶段，人类已经通过劳动征服和支配自然界，人对自然越支配，城乡关系越倾向于走向分裂和对立；只有进入城乡融合的阶段，人与自然的关系才发生根本性的变化，两者建立起和谐相处、相互促进、共同发展的关系。总之，城市和乡村的对立是以人对自然的支配为前提的。他们从批判城乡对立出发，指出了人与自然的和谐发展就是城乡融合的最终归宿。

1. 城乡对立造成了人与自然物质变换的断裂

在城乡对立的条件下，城市和乡村之间存在明显的界限，城乡处于分割发展的状况，具体表现为：地域被切分为城市区域与乡村区域，人口被区分为城市居民与农村居民，产业被划分为城市工业与乡村农业。这种状况直接导致了人与自然之间物质变换的断裂。

"物质变换"的概念最早出现于 19 世纪 20 年代的德国。当时的生理学、化学和农学等领域的学者，主要运用这一概念来解释有机体

与其周围环境之间的互动和影响。在《资本论》中，马克思运用了
"物质变换"的概念来阐述人类劳动的本质以及人与自然之间的相互
关系和相互作用。马克思主要从以下两个意义层面使用"物质变换"
这一概念："一是指自然和社会之间通过劳动（在他著作中这个词汇
在通常背景下的用法）而进行的实际的新陈代谢相互作用；二是在广
义上使用这个词汇，用来描述一系列已经形成的但是在资本主义条件
下总是被异化地再生产出来的复杂的、动态的、相互依赖的需求和关
系，以及由此而引起的人类自由问题——所有这一切都可以被看作与
人类和自然之间的新陈代谢相联系。"① 马克思认为，人与自然之间
不断循环地进行着复杂的物质变换。"劳动，这只不过是一个抽
象……是指人借以实现人和自然之间的物质变换的人类一般的生产活
动。"② 人类通过劳动，来调节和控制人、社会与自然界之间的物质
变换，并使三者在物质变换的过程中取得一种动态平衡，确保它们相
对稳定的存在状态和持续良好的发展趋势。

　　马克思、恩格斯认为，城乡对立使这种平衡遭到打破，物质变换
也随之出现断裂，人、社会和自然界的可持续发展也受到威胁。尤其
在资本主义生产方式下，城市和乡村之间的对立发展到了极其尖锐的
地步，这种断裂就表现得更加突出和明显。马克思、恩格斯从以下方
面对此进行了阐述：一是人与土地之间物质变换的断裂。马克思、恩
格斯认为，随着资本主义城市化和工业化的发展，工业人口在城市不
断聚集。城市居民以衣食住行等形式消费的土地，无法再回归原始的
土地，这不仅造成了对地力的巨大浪费，破坏了土地的持久肥力和农
业发展的自然条件，而且还造成对城市的污染和毒害。他们指出：
"资本主义生产使它汇集在各大中心的城市人口越来越占优势，这样
一来，它一方面聚集着社会的历史动力，另一方面又破坏着人和土地
之间的物质变换，也就是使人以衣食形式消费掉的土地的组成部分不

---

　　① ［美］约翰·贝拉米·福斯特：《马克思的生态学：唯物主义与自然》，刘仁胜、肖
峰译，高等教育出版社 2006 年版，第 175 页。
　　② ［德］马克思：《资本论》第 3 卷，人民出版社 2004 年版，第 923 页。

能回归土地，从而破坏土地持久肥力的永恒的自然条件。"① 二是城市居民与其生活环境之间物质变换的断裂。马克思、恩格斯认为，随着资本主义工业生产的发展，农村人口不断涌入城市，造成城市人口的巨幅增长，势必会超出城市空间与生态环境的容纳能力，而打破城市居民与其生活环境之间物质变换的良性循环。这种物质变换的断裂，直接导致街区狼藉、垃圾遍布、空气污浊、环境恶化以及流行病蔓延等城市问题不断涌现。所以，在城乡对立的条件下，"生产资料越是大量集中，工人就相应地越要聚集在同一个空间，因此，资本主义的积累越迅速，工人的居住状况就越悲惨"②。"在这里，他们呼吸着比他们的故乡——农村坏得多的空气。他们被赶到城市的这样一些地方去，在那里，由于建筑得杂乱无章，通风情形比其余一切部分都要坏。一切用来保持清洁的东西都被剥夺了，水也被剥夺了，因为自来水管只有出钱才能安装，而河水又弄得很脏，根本不能用来洗东西。他们被迫把所有的废弃物和垃圾、把所有的脏水、甚至还常常把最令人作呕的脏东西倒在街上，因为他们没有任何别的办法扔掉所有这些东西。他们就这样不得不弄脏了自己所居住的地区。"③

可以说，城乡对立所造成的物质变换的断裂，使城乡人口、城乡产业、城乡生态等一切要素都陷入了畸形发展的困境。在马克思、恩格斯看来，只有实现城乡融合，才能修复物质变换的断裂和破除城乡分割发展的弊端。他们指出："只有通过城市和乡村的融合，现在的空气、水和土地的污染才能排除，只有通过这种融合，才能使目前城市中病弱群众的粪便不致引起疾病，而被用做植物的肥料。"④

2. 城乡融合的最终归宿是人与自然的和谐发展

人与自然的和谐，是人类社会发展的最高境界，是实现城乡融合的最终归宿。马克思、恩格斯从批判城乡对立造成的人与自然之间物质变换的断裂出发，指明了城乡融合修复这一断裂、促进人与自然和

① 《马克思恩格斯文集》第5卷，人民出版社2009年版，第579页。
② 《马克思恩格斯文集》第5卷，人民出版社2009年版，第757页。
③ 《马克思恩格斯全集》第2卷，人民出版社1957年版，第381—382页。
④ 《马克思恩格斯选集》第3卷，人民出版社2012年版，第684页。

谐发展的历史要求。

人与自然的关系是马克思、恩格斯一直关注的哲学命题。他们认为，人与自然的关系是辩证统一的关系。一方面，人是自然界长期发展的产物，是自然界的一部分。另一方面，人又靠自然界生产和生活，离开了自然界，人就无法获得生产资料和生活资料，从而无法生产。"自然界，就它自身不是人的身体而言，是人的无机的身体。人靠自然界生活。这就是说，自然界是人为了不致死亡而必须与之处于持续不断的交互作用过程的、人的身体。"① 因此，马克思、恩格斯强调人与自然的和谐发展。他们认为，自然界起初是作为一种全然异己的、有无限威力的和不可征服的力量与人类对立的，当时人类完全慑服于自然界，被自然界所支配。随着生产力的发展，人类通过劳动的方式逐步得以开发、改造、征服和控制自然界，在生产中占有自然产品，使自然界为自己的目的服务。然而，任何事物的发展都不是孤立的，只要它作用于其他事物，就会受到其他事物的反作用。所以，我们不能"过分陶醉于我们人类对自然界的胜利。对于每一次这样的胜利，自然界都对我们进行报复"②。在恩格斯看来，要从这一困境中解脱出来，必须实现人与自然的和谐。

在马克思、恩格斯看来，在城乡同一阶段，社会生产力十分低下，人类主要使用"自然形成"的生产工具，处于改造自然界的初级阶段，这时人类完全慑服于自然，受自然界所支配；进入城乡对立的阶段，随着生产力的不断进步和发展，尤其机器和科技手段的广泛应用，人类开始全面地利用和支配自然界来获取生活和生产资料，并完全战胜和征服了自然界，造成和加剧了人与自然之间物质变换的断裂，这一断裂造成的所有后果都是自然界对我们的报复；只有进入城乡融合的极端，才能修复这一断裂，从而实现人与自然的和谐发展。他们认为，随着城乡对立的消灭和城乡融合的实现，城市和乡村的界限将被打破，人由于不再区分为城市居民和农村居民而脱离了地域的

①《马克思恩格斯选集》第1卷，人民出版社2012年版，第55—56页。
②《马克思恩格斯选集》第3卷，人民出版社2012年版，第998页。

局限，所有的人口以及工业和农业等一切生产部门都将按照自身发展的需要在世界范围内均衡地分布。由此，城乡对立所造成的人与自然之间物质变换的断裂将在城乡融合的条件下被修复，人不再居于对自然界的统治和支配的地位，取而代之的是人与自然之间相互促进、协同发展的关系。

第三章

马克思主义城乡融合发展的一般路径

　　马克思主义城乡融合发展理论是马克思主义理论的重要组成部分。他们在批判吸收欧文、傅立叶等空想社会主义者思想的基础上，深入分析人类社会的发展历程，结合当时的社会发展背景剖析了西欧城乡对立的根源和局限性，前瞻性地提出了实现城乡融合的历史必然性，并全面地论述了实现城乡融合的一般路径。在马克思和恩格斯看来，早期人类社会城乡浑然一体的状况是城乡关系发展的原点。只有在城市产生以后，才逐渐出现了城市和乡村的对立。城乡对立是文明社会发展的基础和前提，同时又阻碍了人类社会的进一步发展。他们从批判城乡对立的局限性出发，作出在未来社会实现城乡融合的科学判断。他们认为，在原始氏族社会初期，还没有产生城市，城乡之间没有差别；进入奴隶社会，随着分工的发展和私有制的产生，城市和乡村走向分离，城乡对立逐步产生且日益凸显；在封建社会，阶级矛盾的深化，使得城乡之间的对立不断加剧；到了资本主义社会，人口和资本在城市的集中导致了城乡差距的进一步扩大，城乡对立发展到了不可调和的、极端的地步；在共产主义社会制度下，旧的分工和私有制将被消灭，城乡对立因此失去了存在的基础，城乡关系将走向融合，城市和乡村将成为更高级的社会综合体。总体来说，在城乡融合发展过程中，城乡关系一般经历了三个发展阶段：

一　城乡浑然一体

在人类社会的早期，由于劳动生产率水平十分低下，欠缺社会分工和城市产生的条件，不存在城乡之间的区分和差别，城乡关系处于浑然一体的状态。虽然这一阶段的中后期村落已经出现，甚至城市的萌芽也在末期出现，但是城乡之间并没有产生实质性的分离。作为人类社会城乡关系发展的历史起点，城乡浑然一体阶段经历了一个漫长的发展过程。在《家庭、私有制和国家的起源》中，恩格斯对早期人类社会的发展历程进行了大致的论述，他借鉴了摩尔根关于人类史前史的分期法，大体勾画出了城乡浑然一体阶段的发展历程。他指出："摩尔根是第一个具有专门知识而尝试给人类的史前史建立一个确定的系统的人；他所提出的分期法，在没有大量增加的资料要求作出改变以前，无疑依旧是有效的。"① 根据这一分期法，人类社会的发展历史被划分为蒙昧时代、野蛮时代、文明时代等三个主要时代，蒙昧时代和野蛮时代又分别包含低、中、高级三个阶段。城乡浑然一体的整个发展阶段贯穿了从蒙昧时代低级阶段向野蛮时代高级阶段发展的全部历史。

（一）原始"村落"的萌芽

城乡浑然一体阶段起步于人类形成之后的蒙昧时代。经过蒙昧时代低级阶段的发展，到高级阶段，原始"村落"的萌芽开始出现，标志着城乡关系取得了重要的发展。

在蒙昧时代的低级阶段，人还生活在亚热带或热带的原始森林之中。他们为了防御猛兽的攻击，部分人还居住在树上，食用各种植物的果实和根茎。通过不断的劳动实践和生理演化，人类已经能够发出音节清晰的声音，这也是蒙昧时代低级阶段发展的主要成就。这一阶段人类尚处于从动物界中脱离出来的过渡时期。恩格斯指出，这一阶

---

① 《马克思恩格斯选集》第 4 卷，人民出版社 2012 年版，第 29 页。

段的发展大概延续了几千年的历史，虽然我们不能依靠直接的证据去证明这段历史，但既然我们承认早期的人类起源于动物界，就不能不承认这种过渡状态的存在。

人类掌握对火的使用标志着蒙昧时代中级阶段的开始。人类对摩擦取火的掌握和使用，使得人类可以将鱼类、贝壳类及其他水栖动物等作为食物。因为这些食物需要用火加工后才可以食用。这种新的食物使人类可以摆脱地域和气候的限制，他们开始沿着河流和海岸迁徙，活动的范围不断扩大。这一时期，他们的活动足迹已经散布到了大部分的地面上。"石器时代早期的粗制的、未加磨制的石器，即所谓旧石器时代的石器（这些石器完全属于或大部分都属于这一阶段）遍布于各大洲，就是这种迁徙的证据。"① 人类向内陆地区大范围的迁徙为后来农业的发展和村落的形成奠定了基础。这一时期，除了早期未加工的、粗糙的石器，还出现了棍棒、标枪等最初的武器。通过使用这些武器，人们开始部分地依靠捕猎来维持生活。

弓箭的发明标志着人类社会蒙昧时代高级阶段的开始，弓箭的使用使打猎成为当时人类从事的一项常规性劳动。在人类社会早期，弓、弦、箭等工具已经是人类可以制造的比较复杂的工具了。人类在长期的经验积累过程中形成了较发达的智力，发明了这些复杂的工具，同时也意味着人类已经掌握了其他许多工具的制造方法。这一时期，人们开始使用木制的用具和器皿、手工制作的韧皮纤维织物、芦苇等植物编制的篮子以及通过磨制和加工而成的石器。人们开始通过火和石斧来制造独木舟，甚至在一些地方人们开始用木块和木板来修建房屋。可以说，人们已经在一定程度上掌握了对生活资料的生产，这为早期人们的聚集和定居以及原始村落的萌芽提供了可能。在恩格斯看来，在蒙昧时代的高级阶段，"我们的确就可以看到，已经有定居而成村落的某些萌芽"②。

---

① 《马克思恩格斯选集》第 4 卷，人民出版社 2012 年版，第 30 页。
② 《马克思恩格斯选集》第 4 卷，人民出版社 2012 年版，第 31 页。

（二）早期"城市"的雏形

经过蒙昧时代的发展，人类社会开始进入野蛮时代，在野蛮时代的高级阶段，早期"城市"的雏形在西欧开始出现，是城乡关系发展历程中的重要事件。

野蛮时代的低级阶段是从人类掌握制陶术开始的。起初，人们在编制的或木制的容器外层涂上黏土以使其耐火，后来，人们慢慢发现，成型的黏土不需要内部编制的或木制的容器框架同样可以使用。恩格斯认为，在野蛮时代初级阶段以前，世界不同地域和不同民族的发展特征大致相同。但进入野蛮时代的中级阶段，由于自然条件上的差异，东大陆（主要指欧洲）和西大陆（主要指美洲）的人类社会出现了不同的发展特征。野蛮时代特有的标志是繁殖和驯养动物以及种植谷类植物。东大陆差不多有着一切适于驯养的动物和种类繁多的适于种植的谷物；而西大陆只在南部某些地方适于驯养一种哺乳动物（羊驼），在谷类中也只有一种适于种植，即玉蜀黍（玉米）。由于这种自然条件的差异，东西两个大陆从此便各自按照自己独特的道路而发展，标志各个阶段的界标在两个大陆也各不相同了。

在东大陆，野蛮时代的中级阶段是从驯养供给乳和肉等食物的动物开始的，而植物的种植在这里似乎直到这一时期的晚期还不为人所知。人们在一些适于畜牧的河流沿岸的草原地区形成了游牧生活，开始了牲畜的驯养和繁殖，形成了较大规模的畜群。这些处于中级阶段的野蛮人慢慢习惯了游牧生活，他们再也不想回到他们的祖先居住过的林区去了。在东大陆，谷物的种植起初是由牲畜饲料的需要所引起的，后来才成为人类食物的重要来源。当时由于自然条件的约束，一些游牧民族被迫向欧洲的森林地带迁移，他们通过在森林土壤上种植谷物来饲养他们的牲畜，逐渐掌握了谷物种植的方法。在西大陆，野蛮时代的中级阶段是从灌溉、种植植物以及使用土坯（用阳光晒干的砖）和石头建造建筑开始的。从这时起，西大陆人类社会的发展就一直停留在这个阶段上，直到被欧洲人征服以前，一直没有越过这个阶段。当欧洲人发现印第安人的时候，他们正处于野蛮时代的低级阶段，那时的印第安人在园圃里种植玉蜀黍、南瓜、甜瓜等植物（这些植物是他们日常食物的重要来源），他们住的房屋是木造的，村落用木栅围了起来。当欧洲人征服墨西哥人、中美洲人和秘鲁人时，他们依旧处于野蛮时代的中级阶段。他们住的是用土坯或石头造成的类似城堡的房屋，并且在人工灌溉的园圃内种植玉蜀黍等各种食用植物来提供食物的来源，他们驯养了羊驼、火鸡以及其他禽类。

　　铁矿石冶炼技术的发明和应用标志着野蛮时代高级阶段的开始，这一阶段也是野蛮时代向文明时代过渡的重要时期。由于西大陆一直停留在野蛮时代的中级阶段，所以"这一阶段，前面已经说过，只是在东半球才独立经历过"①。在东大陆，人们通过铁矿石冶炼技术生产出铁斧和铁犁等工具，将林场开垦为耕地，开展了小规模的田野农业，在当时的条件下，生活资料的生产大幅度增长。充足的生活资料使当时的人口迅速地增长起来，聚居在狭小的区域内，并出现"把50万人联合在一个统一的中央领导之下"的情况。恩格斯指出："野蛮时代高级阶段的全盛时期，我们在荷马的诗中，特别是在《伊利亚特》中可以看到。发达的铁制工具、风箱、手磨、陶工的辘轳、榨油和酿酒、成为手工艺的发达的金属加工、货车和战车、用方木和木板造船、作为艺术的建筑术的萌芽、由设塔楼和雉堞的城墙围绕起来的城市、荷马的史诗以及全部神话——这就是希腊人由野蛮时代带入文明时代的主要遗产。"② 可见由于具备了有利的发展条件，在野蛮时代高级阶段的全盛时期，已经出现了早期"城市"的雏形。然而，恩格斯这里所谈到的"城市"并不是相对于"乡村"而言的具有"城"和"市"两层含义的城市。准确地说，这里的"城市"指的是古罗马用于军事防御的建筑，即城邦。他对此进行了论述，认为这种"用石墙、城楼、雉堞围绕着石造或砖造房屋的城市，已经成为部落或部落联盟的中心；这是建筑艺术上的巨大进步，同时也是危险增加

---

① 《马克思恩格斯选集》第4卷，人民出版社2012年版，第34页。
② 《马克思恩格斯选集》第4卷，人民出版社2012年版，第34—35页。

和防卫需要增加的标志"①。尽管如此，我们应该看到，这种古罗马城邦的发展已经孕育了城市的萌芽，是文明时代的城市的雏形，在此基础上，文明时代的城市逐渐产生和发展起来。

二　城乡分离与对立

随着野蛮时代城市萌芽的产生和发展，城乡关系逐渐走向分离，城市和乡村背后的不同利益导致了城乡矛盾的产生和加剧，城乡之间的敌对状况不断加深。马克思、恩格斯认为，城乡分离与对立产生于野蛮时代向文明时代过渡的阶段，并贯穿了整个文明时代的全部历史。他们指出："城乡之间的对立是随着野蛮向文明的过渡、部落制度向国家的过渡、地域局限性向民族的过渡而开始的，它贯穿着文明的全部历史直至现在。"②

（一）城乡分离及其历史意义

随着城市和乡村的分离，城乡关系也就进入城乡对立的阶段。在这里需要指出的是，城乡分离是一定历史条件下的历史发展过程。一方面，城乡分离是在一定的历史条件下产生的。例如，东大陆在野蛮时代的高级阶段向文明时代过渡的过程中，逐渐产生了城市和出现了城乡分离；而在西大陆，直到被欧洲人发现和征服以前，都一直处在野蛮时代的中级阶段，不具备城市产生的条件。这充分说明了只有具备一定的社会历史条件，才能实现城市和乡村的分离。另一方面，并非城市一出现，城乡之间就产生了分离，城乡分离是一个历史发展的过程。城市和乡村的分离，是随着城市的不断发展，随着野蛮时代向文明时代的过渡而逐渐形成的。在《哲学的贫困》中，马克思指出："德国为了实现城乡分离这第一次大分

---

① 《马克思恩格斯选集》第 4 卷，人民出版社 2012 年版，第 179 页。
② 《马克思恩格斯选集》第 1 卷，人民出版社 2012 年版，第 184 页。

工，整整用了三个世纪。"①

1. 城乡分离的过程

人类社会从野蛮时代向文明时代的过渡是随着拼音文字的发明及其应用于文献记录开始的。这一时期，手工业取得较快发展，与农业之间的差别不断增大，织布业、金属加工业等部门的发展使手工业生产日益多样化，生产技术不断改进；这一时期的农业得到较大发展，人们在种植谷类、豆科植物以及水果外，还掌握了制作植物油和葡萄酒的技术；个人掌握的财产随着动产的不断发展日益增加；农业和手工业的发展促进了人口的快速增长。人口的快速增长使农业劳动力出现了富余，富余的劳动力逐渐从农业生产中转移出来投身到手工业当中；个人财富的累积为手工业生产的扩大和发展提供了资本，手工业日益从农业中脱离和独立出来；城市作为早期手工业生产和物品交换的场所与农村的界限日益明显，逐渐从农村中脱离出来。

对此，恩格斯指出："财富在迅速增加，但这是个人的财富；织布业、金属加工业以及其他一切彼此日益分离的手工业，显示出生产的日益多样化和生产技术的日益改进；农业现在除了提供谷物、豆科植物和水果以外，也提供植物油和葡萄酒，这些东西人们已经学会了制造。如此多样的活动，已经不能由同一个人来进行了；于是发生了第二次大分工：手工业和农业分离了。"② 这个过程，是私有制形成的过程，是农业和手工业分离的过程。正是在这个过程中，城市和乡村发生了分离并且日益巩固下来。

2. 城乡分离的重要意义

城乡分离之后，城市和乡村承载着不同的人口、生产部门，也就代表了其不同的发展要求，城市和乡村背后的利益是不同的。这种背后利益的分裂和冲突，使得城市和乡村在各自代表利益的驱动下形成尖锐的对立之势。因此，在马克思、恩格斯看来，城乡分离是城乡浑然一体阶段向城乡对立阶段发展的转折点。在《德意志意识形态》

---

① 《马克思恩格斯选集》第 1 卷，人民出版社 2012 年版，第 237 页。
② 《马克思恩格斯选集》第 4 卷，人民出版社 2012 年版，第 179—180 页。

中，马克思、恩格斯论述了以城乡分离为界点的前后两个阶段所呈现的完全不同的发展特点。他们认为，在前一阶段，人类慑服于自然，主要受自然所支配，耕地和水等"自然形成"的生产工具起了主导作用，由于生活资料和生产条件的限制，人们必须聚集和生活在一起；在后一阶段，人类控制了自然，金属制品、机器等由文明创造的生产工具占了主导地位，而他们自身却被自己生产的劳动产品所支配，人类本身也成为了生产工具而与这些生产工具并列在一起。在前一阶段，人们是通过家庭、部落关系或者土地关系等联结在一起；在后一阶段，人们在关系上互不依赖，仅仅通过交换集合在一起。在前一阶段，生产工具是自然形成的，个人之间的不同分工还没有形成；在后一阶段，生产建立在分工的基础上，依靠分工而存在。在前一阶段，财产（地产）表现为自然形成的、直接的统治；在后一阶段，财产表现为劳动的统治，尤其是积累起来的劳动即资本的统治。在前一阶段，所有者依靠个人关系或者依靠各种形式的共同体维持对非所有者的统治；在后一阶段，这种统治必须采取物的形式，即通过某种媒介——货币。在前一阶段，人们通过劳动获取自然的产品，主要是人与自然之间的交换；在后一阶段，主要是人与人之间进行的交换。在前一阶段，体力和脑力活动还没有分开，人们劳动只需具备普通的常识；在后一阶段，体力和脑力劳动之间的分工已经形成，并且以彼此的对立面的形式而存在。因此，他们认为城乡分离对于人类社会的发展具有重要意义。

首先，马克思、恩格斯指出："物质劳动和精神劳动的最大的一次分工，就是城市和乡村的分离。"[①] 城乡分离是物质劳动和精神劳动分工的开始，为物质劳动和精神劳动的彻底分离创造了条件。

其次，马克思、恩格斯指出："城市和乡村的分离还可以看做是资本和地产的分离，看做是资本不依赖于地产而存在和发展的开始，也就是仅仅以劳动和交换为基础的所有制的开始。"[②] 城乡分离是随

---

① 《马克思恩格斯选集》第 1 卷，人民出版社 2012 年版，第 184 页。
② 《马克思恩格斯选集》第 1 卷，人民出版社 2012 年版，第 185 页。

着私有制（包括动产私有制和不动产私有制）的产生而形成。城乡之间的分离使资本开始不依赖于地产而存在，也促进了以劳动和交换为基础的私有制的形成。

再次，商品交换的深度和广度由于城乡之间的分离而不断发展。"交换的深度、广度和方式都是由生产的发展和结构决定的。例如，城乡之间的交换，乡村中的交换，城市中的交换等等。"① 所以，它是商品经济产生和发展的前提和基础。在马克思、恩格斯看来："一切发达的、以商品交换为中介的分工的基础，都是城乡的分离。可以说，社会的全部经济史，都概括为这种对立的运动。"②

（二）城乡对立的局限性

在马克思、恩格斯看来，城乡对立是社会分工和生产力发展的必然产物。城乡对立在一定程度上体现了人类社会的发展要求和生产力的前进方向。在一定的历史背景下，它为资本主义替代封建制度和奴隶制度、机器大工业替代工场手工业、工业文明替代农业文明、工业化和城市化替代农业和农村提供了条件。城乡对立在一定的历史阶段上推动了人类社会的发展，具有历史进步性的一面。但同时，城乡对立也表现出了历史局限性。尤其是在资本主义制度下，城乡对立的局限性和片面性表现得更为突出和明显。主要体现在以下方面：

1. 城乡对立扩大了城乡之间的差距

城乡差距扩大是城乡对立的必然结果。城乡之间的对立使地域被划分为城市与乡村两类区域，产业被划分为城市工业与乡村农业，人口被划分为城市居民和农村居民。由此，城市和乡村、工业和农业都处于各自独立发展的局面，城乡差别逐步拉大。"由于农业和工业的分离，由于一方面大的生产中心的形成，以及由于另一方面农村的相对孤立化。"③ 这种由城乡对立造成的城乡差距扩大的现象，在资本

---

① 《马克思恩格斯选集》第 2 卷，人民出版社 2012 年版，第 699 页。
② 《马克思恩格斯选集》第 2 卷，人民出版社 2012 年版，第 215 页。
③ 《马克思恩格斯选集》第 2 卷，人民出版社 2012 年版，第 623 页。

主义社会得到了明显的体现。

马克思、恩格斯指出："随着城市的出现，必然要有行政机关、警察、赋税等等，一句话，必然要有公共机构，从而也就必然要有一般政治。在这里，居民第一次划分为两大阶级，这种划分直接以分工和生产工具为基础。城市已经表明了人口、生产工具、资本、享受和需求的集中这个事实；而在乡村则是完全相反的情况：隔绝和分散。"① 在资本主义制度下，工业在社会生产中居主导地位，城市因此在城乡之间的竞争中占据了资源配置、社会分工上的优势，劳动力、资本等资源由乡村向城市转移，并呈加速态势。随着自然资源、劳动力、资本等的积累和聚集，城市成为经济、政治和文化的中心，与之伴随的是人口、就业机会、政治权力、信息科技、工业生产、交通运输、资本、消费、享受和需求的集中；而乡村和农业完全居于从属地位，被动地接受城市和工业的剥削与压迫，陷入了隔绝、分散的境地。

2. 城乡对立对农业的可持续发展构成威胁

马克思、恩格斯指出："资本主义生产使它汇集在各大中心的城市人口越来越占优势，这样一来，它一方面聚集着社会的历史动力，另一方面又破坏着人和土地之间的物质变换，也就是使人以衣食形式消费掉的土地的组成部分不能回归土地。"② "这些条件在社会的以及由生活的自然规律所决定的物质变换的联系中造成一个无法弥补的裂缝，于是就造成了地力的浪费。"③ 他们根据李比希提出的"归还原理"，认为资本主义的城乡对立直接威胁着农业的长期发展，指出在城乡对立的背景下，资本主义的工业发展将农村人口不断汇集到城市。数量众多的城市工人和城市居民每天都以饮食和衣着等方式消费大量的生活资料，而这些生活资料大部分是通过农业获得的土地的组成成分。由于城市和乡村的对立，人口量巨大的城市形成了对土地的

① 《马克思恩格斯选集》第1卷，人民出版社2012年版，第184页。
② 《马克思恩格斯选集》第2卷，人民出版社2012年版，第233页。
③ ［德］马克思：《资本论》第3卷，人民出版社2004年版，第919页。

大量消耗和巨大掠夺，农业发展的自然条件不断遭到破坏。这是城乡对立的条件下，城市对乡村和农业的剥削与掠夺。从长期来看，它将对农业生产和乡村发展造成灾难性的影响。

3. 城乡对立导致了"城市病"的产生和加剧

"城市病"是指在城乡对立的条件下不断凸显的如人口拥挤、住房紧张、环境污染、垃圾围城、空气污染以及流行病蔓延等城市问题。"由于城市大大膨胀，城市居民从那时起已经增加了一半以上，那些原来宽敞清洁的街区，现在也同从前最声名狼藉的街区一样，房屋密集、污秽、挤满了人。"① 这些问题对城乡居民的健康以及城市的可持续发展造成了极大的危害。这些问题的根源在于城市和乡村的对立以及资本主义的剥削制度，它们的产生是城市人口和工业生产超过城市空间和环境的承载能力的集中体现。城市工业的发展使工人不断在城市区域聚集致使城市人口急剧增长是这些问题的开端。这些城市问题在工人住宅区表现得尤为明显，因为城市工人收入较低，在生产关系中处于被支配的弱势地位，他们的工作和生活状况经常被忽视。

4. 城乡对立造成了人的畸形和片面的发展

城乡对立使得城市居民体力发展和农村居民精神发展的基础和条件遭到了破坏，城市人口被其用以谋生的专门手艺和技能所奴役，乡村人口则被自身的孤立和愚昧无知所奴役。因此，在马克思、恩格斯看来，城乡对立是城市居民和乡村居民屈从于社会分工、屈从于他们所被迫从事的工作与活动的最鲜明的反映。在城乡对立的背景下，城乡人口被直接划分为发展受到局限的"城市动物"与"乡村动物"。恩格斯认为，这种畸形和片面的发展在城市工人阶级身上要表现得更加明显。因为，"社会机体的病患，在农村中是慢性的，而在大城市中就变成急性的了"②。他指出，在城乡对立的条件下，工人阶级被完全束缚在了工厂和城市中，他们为了谋生被迫在极差的工作条件下

① 《马克思恩格斯选集》第3卷，人民出版社2012年版，第244页。
② 《马克思恩格斯全集》第2卷，人民出版社1957年版，第408页。

高强度地工作，居住环境也十分恶劣，甚至连饮食和衣着这些基本的生活资料都难以保障。这些条件只能造成工人的畸形发展。

一是身体的畸形发展。这种高强度的工作和恶劣的生存环境，使得工人普遍地存在扁平足等畸形发育。"即使年轻人有比较结实的身体，比较好的营养和其他条件，受得住这种野蛮剥削，但是他们也免不了要闹背痛、腰痛、腿痛、关节肿胀、静脉扩张，或大腿和小腿上生大块的顽固的溃疡。所有这些疾病在工人中几乎是普遍的现象。"①工人们由于这些病痛的长期积累，身体状况十分虚弱，再加上缺乏必要的医疗卫生服务，所以很难活到很长的寿命。恩格斯指出："关于工人阶级卫生状况的报告中有些资料也证实了同样的事实。1840年，利物浦上等阶级（贵族、自由职业者等等）的平均寿命是三十五岁，商人和光景较好的手工业者是二十二岁，工人、短工和一般雇佣劳动者只有十五岁。"②同样，这种状况会波及他们的家人，比如妇女不能生育、孩子畸形发育和高死亡率。"工人的孩子、特别是工厂工人的孩子的死亡率之高，就足以证明他们幼年的生活条件对健康如何有害。这些原因对活着的孩子也有影响，虽然其程度不像对已经死了的孩子那样厉害。在最好的情况下，这些原因也要造成容易感染某种疾病的体质或者使发育受到阻碍，因此，工人的孩子的体力都比一般的孩子差。一个在贫穷和各种各样的困苦中、在潮湿和寒冷的环境里、在穿得不暖住得很坏的情形下生长起来的工厂工人的九岁的孩子，绝对不会像在比较健康的环境里长大的孩子一样地有工作能力。"③

二是精神的畸形发展。一方面，恶劣的工作条件和生存环境，使工人丧失了精神发展的条件。"各种各样的灾害都落到穷人头上。城市人口本来就够稠密的了，而穷人还被迫更其拥挤地住在一起。他们除了不得不呼吸街上的坏空气，还成打地被塞在一间屋子里，在夜间呼吸那种简直闷死人的空气。给他们住的是潮湿的房屋，不是下面冒

① 《马克思恩格斯全集》第2卷，人民出版社1957年版，第440—441页。
② 《马克思恩格斯全集》第2卷，人民出版社1957年版，第392页。
③ 《马克思恩格斯全集》第2卷，人民出版社1957年版，第436页。

水的地下室，就是上面漏雨的阁楼。给他们盖的房子盖得让坏空气流不出去。给他们穿的衣服是坏的、破烂的或不结实的，给他们吃的食物是坏的、掺假的和难消化的。这个社会使他们的情绪剧烈地波动，使他们忽而感到很恐慌，忽而又觉得有希望，像追逐野兽一样地追逐他们，不让他们安心，不让他们过平静的生活。除了纵欲和酗酒，他们的一切享乐都被剥夺了，可是他们每天都在工作中弄得筋疲力尽，这就经常刺激他们去毫无节制地沉湎于他们唯一能办到的这两种享乐。"① 另一方面，资产阶级没有为工人提供基本的文化教育，城市工人普遍缺乏文化知识，甚至连字都不识。由于缺乏必要的教育，工人失去了精神发展的可能。在恩格斯看来："英文的正字法是很复杂的，因而念书是一种真正的艺术，只有经过长期的学习才能学会，如果注意到这一点，工人阶级的愚昧无知就完全可以理解了。"② 在这种缺乏文化和愚昧无知的状况下，工人在精神层面难以得到发展。

　　要使工人阶级从这种身体和精神的畸形发展中脱离出来，必须通过消灭资本主义制度和私有制，消灭城乡对立以及体力和脑力劳动之间的对立才能实现。在批判城乡对立的局限性的基础上，马克思、恩格斯创造性地作出了实现城乡融合的科学判断。

三　城乡融合

　　城乡融合是指社会生产力发展到一定高度之后，城市和乡村之间的对立逐渐消失，城乡关系走向融合，城乡成为"把城市和农村生活方式的优点结合起来，避免二者的片面性和缺点"的系统的社会综合体。城乡融合是城乡关系发展的最高阶段，是未来共产主义社会的重要特征之一。

（一）城乡融合的基本特征

虽然马克思、恩格斯作出了实现城乡融合发展的科学判断，但他

① 《马克思恩格斯全集》第 2 卷，人民出版社 1957 年版，第 382 页。
② 《马克思恩格斯全集》第 2 卷，人民出版社 1957 年版，第 397 页。

们始终站在现实的基础之上，在描绘未来社会城乡融合的状态时，十分谨慎，涉笔较少，不想制造一个城乡融合的"乌托邦"。从他们论述的共产主义社会的基本特征，以及提出的实现城乡融合的内在动力和路径中，可以概括出城乡融合的某些基本特征：一是生产力发展到相当高的水平，社会生产不仅能满足全体成员的所有消费需求，还能为长期发展提供充足的储备；二是城市和乡村的界限消失，全部人口以及工业和农业等一切生产部门都按照自身发展的需要在世界范围内均衡地分布；三是私有制和旧的分工被消灭，劳动者可以在工业、农业等一切生产部门之间自由地转换工作，脑力和体力劳动的对立将不复存在，社会全体成员以劳动联合体的形式共同地、有计划地发展生产力，所有人都将获得自由全面发展的机会。

（二）城乡融合的必然性

关于城乡融合发展实现的必然性，恩格斯是从《论住宅问题》中与蒲鲁东及其德国代表进行论战的过程中逐步提出来的，认为城乡融合的实现是社会历史发展的必然结果。首先，恩格斯批判了蒲鲁东企图在资本主义条件下解决住宅问题的论述。他指出："住宅问题，只有当社会已经得到充分改造，从而可能着手消灭在现代资本主义社会里已达到极其尖锐程度的城乡对立时，才能获得解决。资本主义社会不能消灭这种对立，相反，它必然使这种对立日益尖锐化。"① 在他看来，城乡对立将随着资本主义的消灭而消灭，因而实现城乡融合具有重要的现实基础。其次，他批判了米尔伯格关于消灭城乡对立是一种空想的观点。米尔伯格以为，城乡对立是由历史自然形成的，所以城乡对立不可能被消灭，而寻找一种合理的政治和社会形式，通过和平地调整和均衡各种利益，来使城乡对立的危害减轻到最大限度才是可行的方法。恩格斯批判了米尔伯格这种荒谬的、无知的言论。他指出："断定人们只有在消除城乡对立后才能从他们以往历史所铸造的枷锁中完全解放出来，这完全不是空想；当有人硬要'从现有情况出

---

① 《马克思恩格斯选集》第3卷，人民出版社2012年版，第223页。

发'预先规定一种据说可用来消除现存社会中这种或其他任何一种对立的形式时，那才是空想。"① 由此，他得出的结论是："消灭城乡对立不是空想，不多不少正像消除资本家与雇佣工人的对立不是空想一样。消灭这种对立日益成为工业生产和农业生产的实际要求。"② 可以说，在他看来，城乡融合实现的必然性，主要体现在以下两个方面：

1. 工业生产的发展必然要求消灭城乡对立和实现城乡融合

科学技术在资本主义生产方式下获得了快速的发展，在科学技术的推动下，生产的技术手段不断改良，交通基础设施不断发展，随之形成了畅通的原料和产品流通渠道以及开放的商品市场。由此，资本主义工业生产也逐渐摆脱了原料、燃料和市场的地域局限性。他们还举例说，英国纺织工业所加工的原料大部分都是进口的；几乎所有煤矿区开采的绝大部分燃料都是远销到本地区以外的工业生产区，欧洲的全部沿海地区工业的蒸汽机都是用英国、德国或者比利时的煤来发动；西班牙和南美的铁矿石和铜矿石被长途运输到英国和德国的工厂进行加工。他们认为，资本主义工业生产摆脱了地域的局限性，直接为工业按照自身发展的要求在全国范围内均衡分布创造了有利条件。"因此，从大工业在全国的尽可能均衡的分布是消灭城市和乡村分离的条件这方面来说，消灭城市和乡村的分离也不是什么空想。"③

2. 农业生产和公共卫生事业的发展要求消灭城乡对立和实现城乡融合

城乡对立使城市居民的衣食住行以及工业生产不仅造成了城市环境的污染，对城市公共卫生事业提出挑战，而且还对农村的长期发展构成威胁。这些矛盾，只能随着农业生产和公共卫生事业的发展得到化解，它们的发展，必将推动城乡对立的消灭和城乡融合的实现。马克思、恩格斯指出："当你看到仅仅伦敦一地每日都要花很大费用，才能把比全萨克森王国所排出的还要多的粪便倾抛到海里去，当你看

---

① 《马克思恩格斯选集》第 3 卷，人民出版社 2012 年版，第 265 页。
② 《马克思恩格斯选集》第 3 卷，人民出版社 2012 年版，第 264 页。
③ 《马克思恩格斯选集》第 3 卷，人民出版社 2012 年版，第 684 页。

到必须有多么庞大的设施才能使这些粪便不致毒害伦敦全城，那么消灭城乡对立的这个空想便有了值得注意的实际基础。"① 他们认为，只有通过城乡融合，才能彻底消除城市的空气、水源、土地所遭受的污染，才能使城市生活产生的废物直接用于促进农业发展，而不是将其留在城市，既造成污染，又引起疾病。

① 《马克思恩格斯选集》第 3 卷，人民出版社 2012 年版，第 264—265 页。

第四章

马克思主义城乡融合发展的内在动力

在探讨城乡融合发展规律的过程中，马克思和恩格斯论述了城乡融合发展的内在动力。他们阐述了社会分工和生产力对城乡融合发展的推动作用。

一　社会分工

马克思和恩格斯强调社会分工的发展对于城乡融合发展的推动作用，认为社会分工的发展推动城乡关系不断地向前演进。人类早期社会，劳动生产率十分低下，处于"自然分工"的阶段，产生城市的条件尚不具备，城乡关系处于城乡浑然一体的阶段。物质和精神劳动之间分工的出现使城乡出现了分离，城乡之间的关系逐步过渡到了城乡对立的阶段。当生产力发展到一定高度，将对生产方式和分工的发展都提出新的要求："旧的生产方式必须彻底变革，特别是旧的分工必须消灭。"① 随着旧的分工的消灭，物质和精神劳动之间的对立也将随之消失，每个人都将获得自由全面发展的机会，由此将推动城乡关系进入城乡融合的阶段。

（一）城乡对立的产生和发展

马克思和恩格斯指出："第一次大分工，即城市和乡村的分

① 《马克思恩格斯选集》第 3 卷，人民出版社 2012 年版，第 681 页。

离。"① 整个城乡对立阶段，在分工发展的推动下，城乡关系不断地演进和变化。他们认为，城乡关系的发展状况与分工的发展程度之间存在着必然的联系。分工发展的阶段决定着劳动者与劳动工具、劳动材料和劳动产品的相互关系。所以，分工是所有制"活的表现形式"，分工的不同发展阶段对应着所有制的不同形式。"分工从最初起就包含着劳动条件——劳动工具和材料——的分配，也包含着积累起来的资本在各个所有者之间的劈分，从而也包含着资本和劳动之间的分裂以及所有制本身的各种不同的形式。"② 在《德意志意识形态》等著述中，马克思和恩格斯描述了不同的分工发展阶段和所有制形式下，城乡关系所呈现出来的不同的发展状况。通过考察不同所有制形式下分工发展阶段和城乡关系的发展状况，可以认识分工的发展推动城乡对立产生和发展的整个过程。

1. 早期的部落所有制

在早期的部落所有制形式下，人类社会仍处于"自然形成"分工的阶段，分工还很不发达，仅限于部落和家庭中"自然形成"的分工，社会结构也仅限于部落和家庭的延伸和扩大。不具备城市产生的条件，城乡关系处于城乡浑然一体的发展阶段。

在《家庭、私有制和国家的起源》中，恩格斯描绘了部落所有制阶段的状况。部落所有制阶段的人口数量十分稀少，人口大多集聚在部落的居住地，周围是一片广阔的用于狩猎的地带，狩猎地带之外是划分部落与部落之间界限的防护森林。这时社会的分工是"自然形成"的：女性主要负责制备衣食和管理家庭，从事纺织、缝纫、做饭等劳动；男性主要负责防御和作战，以及通过狩猎、捕鱼等劳动获取部落所必需的食物，并制作开展这些劳动所必需的工具。男女分别是自己所制造和使用的劳动工具的所有者：男性是武器、渔猎用具的所有者，女性是家庭用品和用具的所有者。男女也分别是自己的主要活动领域的主人：男性是森林中的主人，女性是家庭的主人。部落一般

---

① 《马克思恩格斯选集》第 3 卷，人民出版社 2012 年版，第 679 页。
② 《马克思恩格斯选集》第 1 卷，人民出版社 2012 年版，第 208 页。

包括几个或者更多的家庭，在部落的家庭经济中凡是共同制作和使用的东西（如房屋、园圃、小船等）都是共同财产，实行共产制的原则。这种早期的"自然形成"分工，不足以推动城市的产生和城乡的分离。在马克思、恩格斯看来："分工起初只是性行为方面的分工，后来是由于天赋（例如体力）、需要、偶然性等等才自发地或'自然地'形成的分工。分工只是从物质劳动和精神劳动分离的时候起才真正成为分工。"① 而只有脑力劳动和体力劳动之间的分工，才是决定城乡分离和城乡对立的关键。他们指出："物质劳动和精神劳动的最大的一次分工，就是城市和乡村的分离。"② 因此，在部落所有制"自然形成"分工的条件下，城乡之间尚未出现分离，城乡关系处于城乡浑然一体的发展阶段。

2. 古代的公社所有制和国家所有制阶段

随着古代公社所有制的发展，分工形成和产生的条件逐步形成。在农业和手工业分工形成的过程中，城市和乡村开始走向分离。后来，随着私有制和分工的进一步发展，公社所有制逐渐向国家所有制过渡，城乡对立也随之变得日益突出和明显。

"城市"的雏形在部落所有制阶段已经开始出现。首先，一些部落通过征服的方式将几个部落联合成一个城市。公社所有制在这些城市极其狭小的范围内产生和发展起来。所以，马克思、恩格斯认为："古典古代的历史是城市的历史。"③ 其次，一些部落联结成一些小民族，并住在有城墙保护的城市里。恩格斯指出："在荷马的诗中，我们可以看到希腊的各部落大多数已联合成为一些小民族；在这种小民族内部，氏族、胞族和部落仍然完全保持着它们的独立性。它们已经住在有城墙保护的城市里。"④ 另外，在这一时期，农业和手工业分工的条件已经逐渐具备。一是随着早期的人类从森林和沿海向内地迁徙，他们一般在一片开阔的、适宜生活的、有利于农业生产的区域定

---

① 《马克思恩格斯选集》第 1 卷，人民出版社 2012 年版，第 162 页。
② 《马克思恩格斯选集》第 1 卷，人民出版社 2012 年版，第 184 页。
③ 《马克思恩格斯选集》第 2 卷，人民出版社 2012 年版，第 733 页。
④ 《马克思恩格斯选集》第 4 卷，人民出版社 2012 年版，第 117 页。

居下来。这些地方具有优越的自然资源，主要是指肥沃的土地、充足的淡水资源等农业生产所必须的条件。二是在农业生产率提高而出现了农业剩余劳动的基础之上，农业产品出现了剩余。"进一步说，社会上的一部分人用在农业上的全部劳动——必要劳动和剩余劳动——必须足以为整个社会，从而也为非农业劳动者生产必要的食物；也就是使从事农业的人和从事工业的人有实行这种巨大分工的可能，并且也使生产食物的农民和生产原料的农民有实行分工的可能。"① 这两个条件使农业和工业（主要指手工业）之间的分工成为可能，从而促成了城市与乡村的分离。因为"一个民族内部的分工，首先引起工商业劳动同农业劳动的分离，从而也引起城乡的分离和城乡利益的对立"②。

除了公社所有制，在这一时期，动产私有制以及后来的不动产私有制也已经出现。起初，它们仅仅是作为一种从属于公社所有制的、反常的形式发展起来的。当时的公社成员共同享有支配为自己做工的那些奴隶的权力，所以受到公社所有制形式的约束，这是公社成员的一种共同私有制。"因此，建筑在这个基础上的整个社会结构，以及与此相联系的人民权力，随着私有制，特别是不动产私有制的发展而逐渐趋向衰落。"③ 随着私有制（尤其是不动产私有制）的进一步发展，国家所有制也得以发展和建立起来。进入公社所有制的末期，"国家已经不知不觉地发展起来。最初在城市和乡村间，然后在各种城市劳动部门间实行的分工所造成的新集团，创立了新的机关以保护自己的利益。"④ 在国家所有制的形式下，农业和手工业中内部分工获得了初步发展。在分工的推动下，"城乡之间的对立已经产生，后来，一些代表城市利益的国家同另一些代表乡村利益的国家之间的对立出现了"⑤。可见，这时的城乡关系已经在分工的发展的推动下，

---

① ［德］马克思：《资本论》第 3 卷，人民出版社 2004 年版，第 716 页。
② 《马克思恩格斯选集》第 1 卷，人民出版社 2012 年版，第 147—148 页。
③ 《马克思恩格斯选集》第 1 卷，人民出版社 2012 年版，第 148—149 页。
④ 《马克思恩格斯选集》第 4 卷，人民出版社 2012 年版，第 128 页。
⑤ 《马克思恩格斯选集》第 1 卷，人民出版社 2012 年版，第 149 页。

逐渐地过渡到了城乡对立的发展阶段。

3. 中世纪封建的和等级的所有制阶段

在中世纪封建的和等级的所有制阶段下，分工的发展使城乡对立变得日益尖锐。在这一时期的城乡对立中，前期阶段，农村凭借农业在经济中的主导地位在城乡关系中占据着优势地位。然而，进入中世纪的后期，工业和商业之间分工的形成推动了城市的发展，使城市和乡村的对比势力逐渐发生了改变。

中世纪封建的和等级的所有制的发展与古代不同，是以乡村为起点，而不再是以城市为起点。"中世纪（日耳曼时代）是从乡村这个历史的舞台出发的，然后，它的进一步发展是在城市和乡村的对立中进行的。"① 由于征服而联系在一起的广阔的土地、稀少而分散的农村人口以及农业耕种技术的普及，为农业生产和乡村的发展提供了有利的条件。封建制度在这种条件下发展和繁荣起来。在中世纪，城乡之间存在着不同的所有制形式：在城市主要是拥有少量资本并支配着帮工劳动的自身劳动，在农村主要是土地所有制和束缚于土地所有制的农奴劳动。城乡之间不同的所有制结构是由当时狭隘的生产关系，即小规模的粗陋的土地耕作和手工业式的工业所决定的。农业和手工业生产之间的分工和对立，导致了城市和乡村之间对立的加剧。"每一个国家都存在着城乡之间的对立。"② 由于农业在经济上占有主导地位，农村在城乡对立中居于优势地位。

在封建制度下，社会生产力的发展对分工的进一步发展提出了要求。在当时的农村中，由于农业的小规模耕作和农耕土地的小块化，与这种耕作方式相伴而生的就是以农户为单位的简陋的家庭工业，社会分工的发展受到阻碍；在城市中，不同的手工业行业之间的分工非常缺乏，各种手工业生产部门内部几乎没有实行分工；同时，由于相互之间少量的交往和有限的联系，以及城市居民稀少和需求有限，各个城市之间的分工难以发展。所有这些因素都对分工的进一步发展提

---

① 《马克思恩格斯选集》第 2 卷，人民出版社 2012 年版，第 733 页。
② 《马克思恩格斯选集》第 1 卷，人民出版社 2012 年版，第 150 页。

出了要求。分工进一步扩大的结果就是工业和商业的分离，也即生产和交易的分离，这一分离产生了商人这一特殊的阶级。商人日益将交易集中在自己手中，并促使生产和交往发生相互作用。这种相互作用，使"城市彼此建立了联系，新的劳动工具从一个城市运往另一个城市，生产和交往之间的分工随即引起了各城市之间在生产上的新的分工，不久每一个城市都设立一个占优势的工业部门。最初的地域局限性开始逐渐消失"①。不同城市之间的分工产生了工场手工业这样一个超出行会制度范围的生产部门。"工场手工业还以人口特别是乡村人口的不断集中和资本的不断积聚为前提。"② 因此，工场手工业的产生在形成人口的聚集（尤其是乡村人口的集中）的同时，也使资本在商人手中积聚。在工场手工业部门中，织布业是最早出现的。因为，织布是一种不需要很高技能而且能够很快分化为多个部门的劳动，由于这个特性，它能够抵制封建行会的束缚。"因此，织布业多半在没有行会组织的乡村和小市镇上经营，这些地方逐渐变为城市，而且很快就成为每个国家最繁荣的城市。"③ 分工的发展使工场手工业在这个过程中发展起来，孕育着资本主义发展的萌芽，不断蓄积着推动城乡关系发展的能量。分工的发展促进城市不断的发展和繁荣，使城市改变了以前在城乡关系中完全弱势的、从属的地位。

4. 近代资本主义私有制阶段

在资本主义私有制阶段，工业革命和科技进步促进了分工跳跃式的发展。分工的这种革命性变化，不断激化着城乡发展的矛盾，使城乡对立在"资本主义社会里已达到极其尖锐的程度"④。

随着商业和工场手工业的扩大，资本加速积累，由此产生了大资产阶级，并推动了资本主义制度的建立。当整个社会过渡到资本主义阶段，分工的发展也随之进入了新的阶段。在马克思和恩格斯看来，资本主义生产的扩大和资本的集中，形成了对生产发展的巨大需求，

---

① 《马克思恩格斯选集》第1卷，人民出版社2012年版，第187页。
② 《马克思恩格斯文集》第1卷，人民出版社2009年版，第560页。
③ 《马克思恩格斯选集》第1卷，人民出版社2012年版，第189页。
④ 《马克思恩格斯选集》第3卷，人民出版社2012年版，第223页。

这种需求是以工场手工业为特征的旧的工业生产所不能满足的。"这种超过了生产力的需求正是引起中世纪以来私有制发展的第三个时期的动力，它产生了大工业——把自然力用于工业目的，采用机器生产以及实行最广泛的分工。"① 以蒸汽机的发明为标志的产业革命的完成，造成了新一轮范围广泛的、具有划时代意义的分工的发展，同时也使分工的性质发生了变化。这使得自然科学完全从属于资本，从而使分工也丧失了自身"自然形成"的性质。这种分工的发展，推动了城乡关系颠覆性的变化。乡村在城乡关系中完全进入弱势的、从属的地位，城市凭借工业发展的巨大优势不断地拉大城乡之间的差距。马克思、恩格斯指出，在资本主义社会的分工发展推动下所"建立了现代的大工业城市——它们的出现如雨后春笋——来代替自然形成的城市。凡是它渗入的地方，它就破坏手工业和工业的一切旧阶段。它使城市最终战胜了乡村"②。城乡之间在发展上形成的巨大差距，导致了城市和乡村对立的急剧加深，在资本主义制度下发展到了极其尖锐的、不可调和的地步，日益将城乡关系推到了临近变革的顶点。

在人类社会早期到近代的历史进程中，社会分工取得了巨大的发展，在它的推动下城乡关系也经历了一系列的发展和变化。可以说，在整个历史进程中，分工的发展推动了城市和乡村出现分离，导致了城乡对立的产生和加剧，同时，又通过加剧城市和乡村的对立来巩固和加强所有这些已经发生的各次分工。恩格斯在《家庭、私有制和国家的起源》中指出，文明时代的特征之一，就是"把城市和乡村的对立作为整个社会分工的基础固定下来"③。

（二）城乡对立的消灭

马克思、恩格斯认为，分工的发展推动了城乡对立的产生和发展，同时也将推动城乡对立的消灭。分工的发展在资本主义制度下已

① 《马克思恩格斯文集》第1卷，人民出版社2009年版，第565页。
② 《马克思恩格斯选集》第1卷，人民出版社2012年版，第194页。
③ 《马克思恩格斯选集》第4卷，人民出版社2012年版，第193页。

经表现出了极大的局限性。一方面，资本主义的社会分工造成了工人畸形而片面的发展，剥夺了工人自身发展的权利和自由，与人的自由全面发展的要求相背离；另一方面，资本主义的社会分工与在资本主义生产方式下取得巨大发展的生产力产生了矛盾，这种旧的分工已经成为生产力进一步发展的阻碍。他们认为，要消灭这些弊端，"旧的生产方式必须彻底变革，特别是旧的分工必须消灭"①。随着旧的分工和资本主义生产方式的消灭，城乡对立也就失去了存在的基础和条件，城乡关系将由此过渡到城乡融合的阶段。

对此，马克思、恩格斯提出："要看到那些将消除旧的分工以及城市和乡村的分离、将使全部生产发生变革的革命因素已经以萌芽的形式包含在现代大工业的生产条件中，要看到这些因素在其发展中受到现今的资本主义生产方式的阻碍，就必须把视野放宽些。"② 他们认为，在资本主义大工业中，已经包含了消灭旧的分工和城乡对立的一些革命因素的萌芽。这些萌芽，预示着资本主义生产方式的消灭，也预示着城乡对立的消灭和城乡融合的实现。可以预见，旧的分工的消灭和未来分工的不断发展将为城乡关系发生革命性的变化创造非常有利的发展条件，"从而可能着手消灭在现代资本主义社会里已达到极其尖锐程度的城乡对立"③。

也就是说，当社会分工发展到一定阶段，必将促成城乡融合的实现。到那时，"城市和乡村之间的对立也将消失。从事农业和工业的将是同一些人，而不再是两个不同的阶级，单从纯粹物质方面的原因来看，这也是共产主义联合体的必要条件"④。

二　生产力

生产力，是人类社会发展和进步的最终决定力量。生产力决定着

---

① 《马克思恩格斯选集》第 3 卷，人民出版社 2012 年版，第 681 页。
② 《马克思恩格斯选集》第 3 卷，人民出版社 2012 年版，第 685 页。
③ 《马克思恩格斯选集》第 3 卷，人民出版社 2012 年版，第 223 页。
④ 《马克思恩格斯选集》第 1 卷，人民出版社 2012 年版，第 308 页。

生产关系的性质，决定着其他社会关系的基本面貌，也决定着世界发展的历史进程。城乡关系是人类社会的一个基本关系，它的发展状况由生产力所决定。

在马克思、恩格斯看来，生产力发展的不同阶段与城乡关系发展的不同阶段是一致的。城乡浑然一体的状况是与早期人类社会生产力低下的状况联系在一起的。早期的氏族社会，由于生产力发展水平极其低下，分工的发展仍处于"自然形成"的阶段，城乡关系的发展也只能停留在城乡浑然一体的阶段。随着生产力的进步和分工的发展，城乡关系进入城乡对立的发展阶段。这种城乡对立的状况，是与社会生产力有所发展但又发展不足的生产力发展状况相联系的。生产力有所发展是指随着劳动生产率水平的提高，在社会生产过程中劳动者除能够生产出满足自身消费所必需的产品外还能形成剩余产品。这为社会分工的发展与物质和精神劳动的分离提供了可能，也为城市的产生和城乡的分离创造了基础和条件。生产力发展不足是指在私有制条件下，生产力无法获得充分发展，也无法得到充分利用。生产力发展不足使城乡之间发展的不均衡难以消除，城乡之间的不平衡引起了城乡利益的冲突和分化。城乡关系也因此无法摆脱城乡对立的局面。马克思、恩格斯认为，城乡融合的实现建立在社会生产力高度发展的基础上。城乡对立的消灭，只有随着生产力的发展和物质生产的不断进步才能实现。当社会生产力发展到一定高度，将为旧的分工的消灭、私有制的废除、工业和农业的结合、脑力劳动和体力劳动的结合以及人类的自由全面发展创造条件，城乡对立失去了所有存在的基础，城乡关系也必将过渡到城乡融合的阶段。可见，生产力的发展决定了城乡关系的发展趋势和前进方向。

（一）生产力决定社会分工的发展

生产力是社会分工产生和发展的决定力量，而分工的发展又是推动城乡关系发展的重要力量。生产力通过决定分工的发展，决定了城乡关系的发展趋势和演进方向。首先，分工并不是一开始就存在的，当社会生产力发展到一定程度，才具备了分工形成和产生的条件。分工是历史的产物，是随着人类社会生产力的发展而产生的。在人类社会初期，由于社会生产力极其低下，因而不具备产生分工的条件。只有随着社会生产力的发展和劳动生产率的提高，才在生活资料的生产中出现了剩余劳动，使得生活资料的生产不仅能够满足当时人们的基本生活需求，还能创造少量剩余和储备。生活资料的剩余为一部分人从事其他的生产活动从而形成最初的分工提供了必要的基础和条件。可见，分工是生产力发展到一定程度下的产物。其次，生产力的发展水平，决定了分工的发展阶段。马克思、恩格斯认为："分工的阶段依赖于当时生产力的发展水平。"[①] 与早期人类社会生产力水平极其低下的状况相对应的，是"自然形成"分工的阶段；与农业生产力获得一定发展的状况相对应的，是农业与手工业之间分工的阶段；与工业生产力获得一定发展的状况相对应的，是工业和商业之间分工的阶段。可以说，只有随着生产力的提升，生产工具日益更新进步，劳动者的素质和能力不断提高，劳动对象的范围逐步扩展，才使得分工的不断扩大和发展成为可能。

总之，在马克思、恩格斯看来，"一个民族的生产力发展的水平，最明显地表现于该民族分工的发展程度。任何新的生产力，只要它不是迄今已知的生产力单纯的量的扩大（例如，开垦土地），都会引起分工的进一步发展"[②]。生产力正是通过推动分工的发展，进而决定了城乡关系的发展的趋势和方向。

（二）生产力是城乡融合发展的决定性因素

马克思、恩格斯认为，生产力的不同发展状况决定了城乡关系的不同发展面貌。每一次生产力的新发展都会使人们改变自己的生产方式，这种生产方式（即谋生方式）的改变，又会促进人们调整和改变包括城乡关系在内的一切社会关系。生产力是城乡融合发展的决定

---

① 《马克思恩格斯选集》第 1 卷，人民出版社 2012 年版，第 215 页。
② 《马克思恩格斯选集》第 1 卷，人民出版社 2012 年版，第 147 页。

性因素。

在《不列颠在印度的统治》和《不列颠在印度统治的未来结果》这两篇文章中，马克思充分论述了生产力对城乡关系发展的巨大影响力。他指出，英国人起初为了向印度倾销纺织品而破坏了印度纺织工业的生产力，直接造成印度纺织工业城市的衰败；后来，英国为了在印度发展工业生产而牟取巨额利润，向印度引入了先进的生产力，从而彻底地改变了印度城乡关系的面貌。马克思指出，在英国对印度实行殖民统治之前，造就了印度无数训练有素的纺工、织工以及手织机和手纺车，是整个印度的社会结构的枢纽。为了将印度的棉织品挤出欧洲市场，然后将英国的纺织品输入印度，"不列颠入侵者打碎了印度的手织机，毁掉了它的手纺车"①。这种对纺织工业生产力的摧毁，直接造成曾以纺织品闻名于世的印度城市的衰败，例如这一时期纺织工业城市达卡的人口就由 15 万锐减到了 2 万。后来，倾销纺织品所带来的利润无法满足英国资本家资本积累的需求。英国的工业资本家发现，印度作为一个生产国对他们来说可以获得更大的好处。为了达到这个目的，他们先供给印度蒸汽机等设备以及国内交往手段，然后修建铁路网络来覆盖整个印度。马克思指出："大家知道，由于印度极端缺乏运输和交换其各种产品的工具，它的生产力陷于瘫痪状态。尽管自然资源丰富，但由于缺乏交换工具而使社会非常穷困，这种情况在印度比世界任何一个地方都要严重。"② 在这种情况下，英国人向印度引入的蒸汽机、铁路等先进生产力所造成的影响是无法估量的。一方面，这种先进生产力所带来的冲击力，使印度种姓制度下的传统分工彻底瓦解和崩溃，从而推动了印度的城乡关系发生了巨大变化。另一方面，这种先进的生产力，使整个印度摆脱了孤立的状态，获得了发展的机会和条件。"蒸汽机使印度能够同欧洲经常地、迅速地交往，把印度的主要港口同整个东南海洋上的港口联系起来，使印

---

① 《马克思恩格斯选集》第 1 卷，人民出版社 2012 年版，第 852 页。
② 《马克思恩格斯选集》第 1 卷，人民出版社 2012 年版，第 858 页。

度摆脱了孤立状态，而孤立状态是它过去处于停滞状态的主要原因。"① 马克思指出："我们知道，农村公社的自治制组织和经济基础已经被破坏了，但是，农村公社的最坏的一个特点，即社会分解为许多固定不变、互不联系的原子的现象，却残留下来。村庄的孤立状态在印度造成了道路的缺少，而道路的缺少又使村庄的孤立状态长久存在下去。在这种情况下，公社就一直处在既有的很低的生活水平上，同其他村庄几乎没有来往，没有推动社会进步所必需的愿望和行动。现在，不列颠人把村庄的这种自给自足的惰性打破了，铁路将造成互相交往和来往的新的需要。"② 这种由于生产力的发展及由其造成的分工发展所带来的新需要，使城市之间、乡村之间、城乡之间的交流和联系不断得到加强，印度的城乡关系也在这个过程中逐渐发生了改变。可见，生产力的进一步发展将会推动城乡关系出现新的变化。

---

① 《马克思恩格斯选集》第 1 卷，人民出版社 2012 年版，第 858 页。
② 《马克思恩格斯选集》第 1 卷，人民出版社 2012 年版，第 859 页。

第五章

马克思主义城乡融合发展
实现的内在机理

实现城乡融合是马克思主义城乡融合发展理论的落脚点。马克思、恩格斯认为城乡融合的实现是一个长期而渐进的社会历史过程，因为城乡对立的消灭，只能在资本主义生产方式向共产主义生产方式过渡的过程中才能得以实现。而"目前'资本和地产的自然规律的自发作用'只有经过新条件的漫长发展过程才能被'自由的联合的劳动的社会经济规律的自发作用'所代替，正如过去'奴隶制经济规律的自发作用'和'农奴制经济规律的自发作用'之被代替一样"①。但同时，马克思、恩格斯也指出消灭城乡对立是社会历史发展的必然趋势和根本要求。"文明在大城市中给我们留下了一种需要花费许多时间和力量才能消除的遗产。但是这种遗产必须被消除而且必将被消除，即使这是一个长期的过程。"② 他们这里所指出的"文明的遗产"也即城乡对立。为了消除这种"遗产"，他们全面地论述了实现城乡融合的前提条件和途径选择。

一 实现城乡融合发展的前提条件

城乡之间的关系是人类社会发展中的一个基本关系，是社会关系

① 《马克思恩格斯选集》第 3 卷，人民出版社 2012 年版，第 144 页。
② 《马克思恩格斯选集》第 3 卷，人民出版社 2012 年版，第 684 页。

整体中的一部分，涉及人类社会发展的经济、政治和文化等各方面，是一个抽象的、复杂的关系。因此，城乡实现融合的前提条件也是多层面的、系统的和复杂的。但在马克思、恩格斯看来，尽管如此，还是能从其中抽象出物质前提、关系前提和主体前提等三个基本前提条件，这三个前提条件在所有的条件中起了关键的、核心的和决定性的作用。只有同时满足这三个前提条件，才能使人类社会发展到城乡融合发展的阶段。

（一）物质前提

马克思、恩格斯指出："消灭城乡之间的对立，是共同体的首要条件之一，这个条件又取决于许多物质前提，而且任何人一看就知道，这个条件单靠意志是不能实现的。"① 这里的物质前提指的是社会生产力的高度发展。当社会生产力发展到一定高度，将在人类的历史上开创性地创造出这样一种可能：在全社会实行合理分工的条件下，劳动者生产出来的产品不仅能够满足全体社会成员丰富的物质需求，还可以产生充足的储备。由此，人类社会便获得了实现城乡融合的物质基础。

建立在这个物质基础之上的是"四个普遍"的实现。一是实现普遍的交往。社会生产力的高度发展将使人们形成普遍的交往。因为，"只有随着生产力的这种普遍发展，人们的普遍交往才能建立起来"②。这种普遍的交往，将突破城市和乡村的界限，形成城乡之间普遍的交流和联系，最终促进城乡融合的实现，同时，普遍的交往也是发挥生产力的最大潜力以推进城乡融合的必要条件。"各个人——他们的力量就是生产力——是分散的和彼此对立的，而另一方面，这些力量只有在这些个人的交往和相互联系中才是真正的力量。"③ 二是普遍的获得文化。在高度发达的生产力条件下，社会生产在满足社

---

① 《马克思恩格斯选集》第 1 卷，人民出版社 2012 年版，第 185 页。
② 《马克思恩格斯选集》第 1 卷，人民出版社 2012 年版，第 166 页。
③ 《马克思恩格斯选集》第 1 卷，人民出版社 2012 年版，第 208 页。

会需求的前提下又能产生充足的储备，进而"使每个人都有充分的闲暇时间去获得历史上遗留下来的文化——科学、艺术、社交方式等等——中一切真正有价值的东西；并且不仅是去获得，而且还要把这一切从统治阶级的独占品变成全社会的共同财富并加以进一步发展"①。这个城乡居民普遍获得文化的过程，既是消除城乡文化差距的过程，又是破除城乡对立和推进城乡融合的过程。三是普遍的参与公共事务。在社会生产力不足的发展阶段，参与实际生产劳动的居民，尤其是农村居民必须占用很大一部分时间来从事自己的必要劳动，没有多余的精力和时间来参与社会的公共事务（劳动管理、国家事务、法律事务、科学和艺术等）。"只有通过大工业所达到的生产力的极大提高，才有可能把劳动无例外地分配给一切社会成员，从而把每个人的劳动时间大大缩短，使一切人都有足够的自由时间来参加社会的公共事务——理论的和实际的公共事务。"② 随着城乡居民普遍地参与社会公共事务的管理，城乡之间的隔阂将被破除，城乡之间的对立也将消融。四是普遍的人的自由全面发展。马克思、恩格斯指出："通过社会生产，不仅可能保证一切社会成员有富足的和一天比一天充裕的物质生活，而且还可能保证他们的体力和智力获得充分的自由的发展和运用，这种可能性现在第一次出现了，但它确实是出现了。"③ 可见，社会生产的高度发展将为人的自由全面发展提供基础和条件。而普遍的交往、普遍的获得文化、普遍的参与公共事务，这些都是人的自由全面发展的实现条件。随着人的自由全面发展的实现，城乡关系的发展将获得强大的动力，从而最终实现城乡融合。

（二）关系前提

关系前提是对社会生产力即物质前提的掌握关系。在马克思、恩格斯看来，城乡融合的实现，"不仅仅决定于生产力的发展，而且还

---

① 《马克思恩格斯选集》第 3 卷，人民出版社 2012 年版，第 199 页。
② 《马克思恩格斯选集》第 3 卷，人民出版社 2012 年版，第 562 页。
③ 《马克思恩格斯选集》第 3 卷，人民出版社 2012 年版，第 814 页。

决定于生产力是否归人民所有。"① "只有在伟大的社会革命支配了资产阶级时代的成果，支配了世界市场和现代生产力，并且使这一切都服从于最先进的民族的共同监督的时候，人类的进步才会不再像可怕的异教神怪那样，只有用被杀害者的头颅做酒杯才能喝下甜美的酒浆。"② 马克思、恩格斯认为，城乡融合的阶段，生产力将由全体社会成员共同掌握，而这一点是建立在生产资料公有制基础之上的。也就是说，关系前提就是私有制的废除。马克思、恩格斯认为："城乡之间的对立只有在私有制的范围内才能存在。"③ 所以，消灭了私有制，也就意味着破除了城乡对立的制度根源和存在条件。在马克思、恩格斯看来，私有制已成为社会生产力进一步发展的桎梏，如同古代小规模的农业生产成为手工业的桎梏、中世纪的行会成为工场手工业发展的桎梏一样，这一点在资本主义生产方式下已经得到了充分的证明。"因为大工业和机器设备、交通工具、世界贸易发展的巨大规模使这一切越来越不可能为个别资本家所利用，因为日益加剧的世界市场危机在这方面提供了最有力的证明，因为现代生产方式和交换方式下的生产力和交换手段日益超出了个人交换和私有财产的范围，总之，因为工业、农业、交换的共同管理将成为工业、农业和交换本身的物质必然性的日子日益逼近，所以，私有财产一定要被废除。"④ 在资本主义生产资料私有制的条件下，许多的生产力在这种条件下都得不到充分的利用，生产力只可能获得片面的发展，他们超出了资产阶级的掌控能力。

私有制的废除将使社会生产取得巨大的发展。一方面，摆脱了私有制制约的工业生产将形成巨大的发展规模，生产出足够的产品以满足全体社会成员的需要；另一方面，在私有制的约束下无法应用于农业的科学技术成果将得到全面应用，并推动农业生产的发展，从而使农业生产能够给社会提供足够的产品。因此，恩格斯认为："消灭城

① 《马克思恩格斯选集》第1卷，人民出版社2012年版，第861页。
② 《马克思恩格斯选集》第1卷，人民出版社2012年版，第862—863页。
③ 《马克思恩格斯选集》第1卷，人民出版社2012年版，第184页。
④ 《马克思恩格斯选集》第1卷，人民出版社2012年版，第291—292页。

乡对立的最重要条件是，不仅使工业生产资料归社会公有，而且使农业生产资料归社会公有。"① 一旦私有制被消灭，包括工业和农业在内的一切领域的生产资料都将归社会公有，由此城乡融合也必将实现。

（三）主体前提

主体前提是指人的自由全面发展。城乡关系是人类社会的一个基本关系。作为人类社会的主体，人也是城乡关系的主体。马克思、恩格斯认为，城乡对立一方面使城市居民被自身用以谋生的手段所奴役，另一方面使农村居民陷入了无知愚昧的状况，从而破坏了城市居民体力发展和农村居民精神发展的基础，造成了他们畸形、片面的发展。要实现城乡融合，必须要以人的自由全面发展为前提条件。

首先，人的自由全面发展是社会生产力高度发展的基础。"要把工业和农业生产提高到上面说过的水平，单靠机械和化学的辅助手段是不够的，还必须相应地发展使用这些手段的人的能力。"② 因为人是社会生产的主体，人的能力决定了社会生产的发展程度。换句话说，要将社会生产扩大到既能满足全体社会成员的丰富的物质需求，又能产生足够的储备，必须实现人的自由全面发展。只有"随着个人的全面发展，他们的生产力也增长起来，而集体财富的一切源泉都充分涌流之后，——只有在那个时候，才能完全超出资产阶级权利的狭隘眼界，社会才能在自己的旗帜上写上：各尽所能，按需分配！"③因此，只有实现人的自由全面发展，才能满足实现城乡融合的物质前提。

其次，人的自由全面发展是全体社会成员共同地、有计划地利用获得高度发展的生产力的必要条件。一方面，推动私有制的消灭需要通过促进人的自由全面发展来实现。马克思、恩格斯指出："私有制

---

① 《马克思恩格斯全集》第 22 卷，人民出版社 1965 年版，第 806 页。
② 《马克思恩格斯选集》第 1 卷，人民出版社 2012 年版，第 307 页。
③ 《马克思恩格斯选集》第 3 卷，人民出版社 2012 年版，第 365 页。

只有在个人得到全面发展的条件下才能消灭，因为现存的交往形式和生产力是全面的，所以只有全面发展的个人才可能占有它们，即才可能使它们变成自己的自由的生活活动。"① 另一方面，只有获得全面自由发展的人才能具备掌握未来社会高度发展的生产力的能力。马克思在《资本论》中强调，人的自由全面发展是未来大工业发展的关键，认为"大工业还使下面这一点成为生死攸关的问题：用适应于不断变动的劳动需求而可以随意支配的人，来代替那些适应于资本的不断变动的剥削需要而处于后备状态的、可供支配的、大量的贫穷工人人口；用那种把不同社会职能当作互相交替的活动方式的全面发展的个人，来代替只是承担一种社会局部职能的局部个人。"② 而随着私有制的消灭的关系前提的实现，全体社会成员都将成为全部生产资料的主人，共同地利用全部的生产力，这就"更加需要才能得到全面发展、能够通晓整个生产系统的人"③。只有实现人的自由全面发展，才能形成对全部社会生产力的合理利用，从而发挥生产力的最大潜力，促进城乡融合的实现。

二　实现城乡融合发展的路径选择

实现城乡融合发展的前提条件是多层面的、系统的、复杂的，所以实现城乡融合发展的途径选择也是多角度的、多层次的、综合的。但从物质前提、关系前提和主体前提出发，可以找到实现城乡融合发展的三条主要途径，即大力发展生产力、逐步废除私有制和促进人的自由全面发展。

（一）大力发展生产力

社会生产力的高度发展是人类社会实现城乡融合发展的物质前

---

① 《马克思恩格斯全集》第 3 卷，人民出版社 1960 年版，第 516 页。
② 《马克思恩格斯选集》第 2 卷，人民出版社 2012 年版，第 232 页。
③ 《马克思恩格斯选集》第 1 卷，人民出版社 2012 年版，第 308 页。

提。大力发展生产力是实现城乡融合发展的根本任务。推动生产力的发展是多领域的，具体到城乡关系的领域，马克思、恩格斯结合当时社会的发展条件，主要强调利用城市和工业的发展优势，发挥其对乡村和农业发展的辐射带动作用，从而促进生产力的全面发展。

1. 充分发挥城市的中心辐射作用

随着工业革命和城市化的发展，资本主义城市已经成为经济、政治和文化的中心，而乡村则处于从属地位。虽然，这种城乡发展上的巨大差距难以在短时期内消除，但在推动城乡融合发展的过程中，可以充分发挥城市在政治、经济和文化等各方面对农村发展的辐射和带动作用，逐步缩小城乡差距，实现城市和乡村的协同发展。

首先，在政治方面要通过建立工农联盟，发挥工人阶级对农民的领导核心作用，从而全面实现城市带动农村的发展。马克思、恩格斯认为，资本主义生产方式使工人阶级和农业无产阶级成为城市和乡村的主体，他们之间的关系，很大程度上影响着城市和乡村之间的关系。在马克思、恩格斯看来，随着城市和乡村的分离，城市居民和农村居民被直接划分为两个对立的阶级，代表着不同利益和需求。长期以来，农村居民受到农业生产方式的制约和束缚。他们分散地居住在广袤而落后的农村地区，生产资料是零星分散的，劳动方式也是孤立的和分散的，几乎没有精神生产和文化活动。"这种普遍缺乏现代生活条件、缺乏现代工业生产方法的情况，自然伴随着差不多同样普遍缺乏现代思想的现象。"[1] 农村居民的固定的职业以及与世隔绝的生活和生产状况，直接导致了他们的愚昧无知和安于现状。恩格斯在《从巴黎到伯尔尼》中描述了他对法国农民的印象："只是因为在两星期中几乎同清一色的农民，同各个地方的农民打交道；只是因为有机会在各外碰到了同样的情形：感觉迟钝，目光短浅，对城市、工业和商业的种种关系毫不了解，对政治盲目无知，对本村以外的一切东西妄下判断，用农民关系的尺度去衡量复杂的历史关系，——总之，只是因为恰好在 1848 年认识了法国农民，我才感觉到这种根深蒂固

---

[1] 《马克思恩格斯选集》第 1 卷，人民出版社 2012 年版，第 571 页。

的迟钝所产生的影响是多么令人抑郁不安。"①

　　这段描述鲜明地展现了农民的愚昧、无知和漠然。由于这些特点，他们在多数人中难以达成一致的意见，难以形成相互之间的联合，"所以他们永远不能胜利地从事独立的运动"②。虽然农业无产阶级既缺乏维护自身利益的主动意识，又缺乏维护自身利益的有效方法和途径，在城乡对立的体制下居于弱势的、无助的地位，但是这个庞大的阶级却凝聚着巨大的能量，是无产阶级的强大的、不可或缺的同盟者。恩格斯在《德国农民战争》一书的序言中指出，一旦这个阶级学会理解和维护自己的切身利益，任何封建的、官僚的或资产阶级的反动政权都将被炸毁和瓦解。如果工人阶级不善于把农民的利益同城市居民的利益联系起来，就会把农民群众排斥在同盟之外，甚至还可能使农民阶级被反革命势力所利用。所以，马克思、恩格斯认为，无产阶级应该利用工人和农民独具的天然联系这一有利条件，建立起工农之间的联盟。一方面，工农联盟的建立，将成为城市带动农村发展的政治保障。城市和乡村之间的隔阂将随着工人和农民的盟友关系的确立而逐渐消除，城乡之间的联系不断加强，工农业也将进一步得到结合发展，这些都将为推动城乡发展、消除城乡矛盾、实现城乡融合发展创造有利的条件。另一方面，工农联盟将使农民阶级的切身利益得到维护。由于孤立和分散而缺乏主动意识的农民，需要思维更加活跃、活动更为集中、思想更为开化的工人阶级的帮助和指导。工农之间的联盟，将"把农村的生产者置于他们所在地区中心城市的精神指导之下，使他们在中心城市有工人作为他们利益的天然代表者"③。

　　其次，在经济方面要注重发挥城市商业、城市工业和城市消费对农村经济的拉动作用。随着城市化的快速推进，资本和人口在城市聚集，城市拥有大量的消费群体和消费需求。这个大量群体的衣食消费将推动乡村和农业获得巨大的发展。在这种庞大的消费和需求的带动

---

① 《马克思恩格斯全集》第 5 卷，人民出版社 1958 年版，第 564 页。
② 《马克思恩格斯选集》第 1 卷，人民出版社 2012 年版，第 572 页。
③ 《马克思恩格斯选集》第 3 卷，人民出版社 2012 年版，第 101 页。

下，资本主义"城市的繁荣也把农业从中世纪的简陋状态中解脱出来了。不仅耕地面积扩大了，而且染料植物以及其他输入的植物品种也种植起来了，这些植物需要比较细心的栽培，对整个农业起了良好的影响。"① 同时，城市的商业也对农村经济的发展产生重要影响。城市商业不仅为农业产品向城市的流通和销售提供了渠道，还负责农村居民基本生活消费品的供应。此外，城市工业向乡村的转移拉动了乡村经济的有效发展。在马克思、恩格斯看来，这种转移将推动生产要素在城乡之间的有效配置，从而推动人口、工业生产和农业生产在全国范围内的均衡分布，为城乡融合的实现创造条件。

再次，从文化方面要充分发挥城市文明对农村文明的号召力和影响力，推动农村文化大发展，实现城乡文化的融合。在资本主义社会城市化的过程中，城市文明的这种号召力和影响力表现得十分突出。一方面，它使流入城市的农民接受现代文明的熏陶，让他们脱离了愚昧无知的状况，并转化为思想开化的工人阶级。另一方面，它使城市文明向乡村中不断渗透，不断转变农村居民的思想和观念，从而促进农村经济和文化的发展。马克思、恩格斯指出，只有随着城市文明向农村文化的渗透和影响，"才能使农村人口从他们数千年来几乎一成不变地在其中受煎熬的那种与世隔绝的和愚昧无知的状态中挣脱出来"②。因此，也只有充分发挥城市文明的巨大影响和积极作用，才能促进农村文化的繁荣和发展，消灭城乡对立，从而奠定实现城乡文化融合的基础。

2. 大力促进工农业结合发展

在《共产党宣言》中，马克思、恩格斯指出："把农业和工业结合起来，促使城乡对立逐步消灭。"③ 他们所指出的工农业的结合包含两个阶段，前一阶段是相对于农业而言，工业的发展具有绝对的优势，此时工农业的结合主要体现工业对农业的带动作用，而后一阶

---

① 《马克思恩格斯全集》第7卷，人民出版社1959年版，第387页。
② 《马克思恩格斯选集》第3卷，人民出版社2012年版，第265页。
③ 《马克思恩格斯选集》第1卷，人民出版社2012年版，第422页。

段，随着农业生产的进步，工业和农业实现了均衡发展，才能"使工业生产和农业生产发生紧密的联系"①。此时工农业的结合才是工业和农业生产、脑力和体力劳动的全面结合，"从事农业和工业的将是同一些人，而不再是两个不同的阶级，单从纯粹物质方面的原因来看，这也是共产主义联合体的必要条件"②。马克思、恩格斯立足于当时的发展现状，主要探讨了前一阶段工业和农业的结合，即利用工业发展优势带动农业生产的发展，主要措施包括两个方面：

一是将在工业生产中运用的科技手段应用于农业生产。马克思、恩格斯高度强调科学技术的作用。"劳动的社会力的日益改进，引起这种改进的是：大规模的生产，资本的积聚，劳动的结合，分工，机器，改良的方法，化学力和其他自然力的应用，利用交通和运输工具而达到时间和空间的缩短，以及其他各种发明，科学就是靠这些发明来驱使自然力为劳动服务。"③ 他们将科学技术视为消灭城乡对立和实现城乡融合的有力杠杆，指出如果说科技手段在最初只是对工业和城市有利的话，那么今后它也必将推动农业和农村取得巨大发展。通过工业革命，马克思、恩格斯看到了科学技术在工业生产中创造的巨大生产力，以及对于工业发展的巨大推动作用。马克思、恩格斯指出："大工业把巨大的自然力和自然科学并入生产过程，必然大大提高劳动生产率，这一点是一目了然的。"④ 然而，科学技术在农业生产中的应用非常有限，所以农业生产还有巨大的潜力可以挖掘。如果把工业生产中先进的科技手段广泛地应用于农业，将促使农业劳动生产率大幅度提高，农业生产将取得巨大发展。当然，科技手段在农业中全面、广泛地应用，建立在社会生产力取得一定发展的基础之上。马克思、恩格斯指出："把每个人的生产力提高到能生产出够两个人、三个人、四个人、五个人或六个人消费的产品；那时，城市工业就能腾出足够的人员，给农业提供同此前完全不同的力量；科学终于也将

---

① 《马克思恩格斯选集》第 3 卷，人民出版社 2012 年版，第 265 页。
② 《马克思恩格斯选集》第 1 卷，人民出版社 2012 年版，第 308 页。
③ 《马克思恩格斯选集》第 2 卷，人民出版社 2012 年版，第 42 页。
④ 《马克思恩格斯选集》第 2 卷，人民出版社 2012 年版，第 218 页。

大规模地、像在工业中一样彻底地应用于农业。"① 一旦科学技术取得在工业和农业中这种大规模的、彻底的应用，工农业协调发展的局面也将形成。

二是将工业生产的大规模经营方式应用于农业生产。传统小规模的农业生产方式严重阻碍了社会分工和生产力的发展。对此，马克思、恩格斯指出，"这种生产方式是以土地和其他生产资料的分散为前提的。它既排斥生产资料的积聚，也排斥协作，排斥同一生产过程内部的分工，排斥对自然的社会统治和社会调节，排斥社会生产力的自由发展。它只同生产和社会的狭隘的自然产生的界限相容。"② 而这个"生产和社会的狭隘的自然产生的界限"指的是城乡之间的界限。也就是说，小规模的农业生产适应于城乡对立的发展阶段。马克思、恩格斯认为，工业生产的大规模经营方式应被农业生产所借鉴。工业生产的大规模经营方式具有两个优势：第一，节约不变资本，由于采用同样建筑物、生产机器、取暖设备和照明设备，用于大规模生产所花的费用明显少于小规模生产；第二，解决可变资本即劳动力，大规模的生产使先进的科学技术手段和管理手段得到应用，生产采用最先进的机器和设备，工人实行合理的协作和分工，大量的劳动力将被节约下来。正是由于这些优点，资本主义农业表现出了向大规模生产发展的趋势："一方面使农业由社会最不发达部分的单凭经验的和刻板沿袭下来的经营方法，在私有制条件下一般能够做到的范围内，转化为农艺学的自觉的科学的应用……一方面使农业合理化，从而才使农业有可能按社会化的方式经营。"③ 因此，发展大规模的农业生产在推进城乡融合的过程中是非常必要的。一是耕种机器、灌溉排水和化肥等现代方法要在农业生产中广泛应用。"我们所具有的科学知识，我们所拥有的耕作技术手段，如机器等，如果不实行大规模的耕作，就不能有效地加以利用。"④ 二是使农业的劳动力大量节约用于

---

① 《马克思恩格斯选集》第4卷，人民出版社2012年版，第460页。
② 《马克思恩格斯选集》第2卷，人民出版社2012年版，第298页。
③ 《马克思恩格斯选集》第2卷，人民出版社2012年版，第605—606页。
④ 《马克思恩格斯选集》第3卷，人民出版社2012年版，第176页。

扩大农业生产或投入其他生产部门，社会生产将因此表现出巨大的发展潜力。"把各小块土地结合起来并且在全部结合起来的土地上进行大规模经营的话，一部分过去使用的劳动力就会变为多余的；劳动的这种节省也就是大规模经营的主要优点之一。"①

（二）逐步废除私有制

废除私有制和建立生产资料公有制是实现城乡融合发展的关系前提。私有制的废除不是一蹴而就的，"正像不能一下子就把现有的生产力扩大到为实行财产公有所必要的程度一样。"② 只有在无产阶级革命的过程中，对社会进行改造，并创造大量的生产生活资料，才能逐步废除私有制。所以，逐步废除私有制，是促进城乡融合的目标和任务，也是无产阶级的历史使命。对此，马克思、恩格斯首先强调了土地的国有化，认为土地的国有化问题是消灭私有制过程中关键的一环，对于城乡融合发展的实现具有重要意义。接着，他们强调无产阶级必须一步一步地从资产阶级手中夺取全部的生产资料，并将其转化为国有财产。当社会成为全部生产资料的主人，私有制也将宣告彻底废除，城乡对立便失去了存在的基础和条件。

1. 土地的国有化

马克思、恩格斯认为，土地是城乡关系的重要载体。在促进城乡融合的过程中必须关注土地的国有化。土地的国有化不仅是大规模农业生产的前提和农业繁荣的基础，而且还关系着城乡关系的发展和城乡融合的实现。他们在《论土地国有化》中指出："地产，即一切财富的原始源泉，现在成了一个大问题，工人阶级的未来将取决于这个问题的解决。"③

在马克思、恩格斯看来，随着经济社会的快速发展、人口数量的急剧增长和消费需求的日益扩大，采用大规模的经营方式已经成为农

---

① 《马克思恩格斯选集》第 4 卷，人民出版社 2012 年版，第 370 页。
② 《马克思恩格斯选集》第 1 卷，人民出版社 2012 年版，第 304 页。
③ 《马克思恩格斯选集》第 3 卷，人民出版社 2012 年版，第 175 页。

业生产发展的必需。为了顺应这种形势，资本主义农场主被迫通过组织集体的和规范化的劳动以及运用农业机器和农艺科技，不断地扩大农业生产的经营规模。这种农业生产规模化的趋势，使得土地的国有化越来越成为一种"社会必然性"。马克思、恩格斯指出，这种"社会的迫切需要将会而且一定会得到满足，社会必然性所要求的变化一定会进行下去，迟早总会使立法适应这些变化的要求"①。因为，如果按照法国的土地所有制，将土地划成小块分给农民耕种，将使实施大规模的农业生产成为空谈，科学知识、耕种技术和农业机器等一切现代农业的改良措施都无法应用到农业生产当中。"在小块土地制度下，土地对于它的所有者来说纯粹是生产工具。但是土地的肥力随着土地被分割的程度而递减。使用机器耕作土地，分工制度，大规模的土壤改良措施，如开凿排水渠和灌溉渠等，都越来越不可能实行，而耕作土地的非生产费用却按照这一生产工具本身被分割的比例而递增。"② 由此，农民只能像以前一样继续从事小规模的、简单的、低效率的农业生产，低效地调节生产和浪费地力。这样一来，不仅使农业生产力遭到破坏和浪费，日益增长的城市消费需求也无法得到满足，而且更重要的是，它还将使农民一如往常，继续束缚在一小块土地之上，过着与世隔绝和愚昧无知的生活。所造成的结果是城乡关系的发展难以获得推进，继续维持在城乡对立的状况之下，甚至城乡差距还将进一步扩大。因此，只有实行土地的国有化，才能使农业的大规模发展成为现实和可能，才能切断农民与小规模农业和愚昧无知状况连接的链条，而这些都是破除城乡对立的基础和条件。马克思、恩格斯强调，无产阶级从资产阶级手中夺取了土地的所有权之后，必须实施土地的国有化。"土地国有化将彻底改变劳动和资本的关系，并最终消灭工业和农业中的资本主义生产方式。只有到那时，阶级差别和各种特权才会随着它们赖以存在的经济基础一同消失。靠他人的劳动而生活将成为往事。与社会相对立的政府或国家政权将不复存在！

① 《马克思恩格斯选集》第3卷，人民出版社2012年版，第176页。
② 《马克思恩格斯选集》第1卷，人民出版社2012年版，第524—525页。

农业、矿业、工业，总之，一切生产部门将用最合理的方式逐渐组织起来。生产资料的全国性的集中将成为由自由平等的生产者的各联合体所构成的社会的全国性的基础，这些生产者将按照共同的合理的计划进行社会劳动。"① 由此，社会生产力将获得大力发展，为消灭城乡对立构建坚实基础。

2. 将全部生产资料转为国有财产

从资产阶级手中夺取生产资料并将其转化为国有财产，是无产阶级逐步废除私有制的现实路径。马克思、恩格斯指出，资本主义生产方式下获得巨大发展的社会生产力，已经超越了资产阶级的控制能力。这种快速发展的生产力，对它自身的资本属性表现出极强的反作用力。面对这种不断增长的压力，资产阶级被迫在资本主义内部允许的限度内越来越把生产力当作社会生产力来看，在社会管理上调整措施。他们一开始采取的措施是以股份公司的形式，将大量的生产资料社会化。然而，"在一定的发展阶段上，这种形式也嫌不够了：资本主义社会的正式代表——国家不得不承担起对它们的管理。这种转化为国家财产的必要性首先表现在大规模的交通机构，即邮政、电报和铁路方面。"② 但是，无论转化为股份公司，还是转化为国有财产，都无法消除生产力的资本属性。资产阶级的这些做法，日益将资本关系推向变革的顶点。这些做法虽不能解决资本关系的冲突，却包含着解决冲突的线索和形式上的手段，它们本身就指明了完成这个变革的道路——全部的生产资料转化为国有财产。马克思、恩格斯指出，要把全部的生产资料转化为国有财产，无产阶级必须采取一系列强制性措施和手段来对资本主义生产关系和生产资料的所有权实施关涉：

"（1）用累进税、高额遗产税、取消旁系亲属（兄弟、侄甥等）继承权、强制公债等来限制私有制。（2）一部分用国家工业竞争的办法，一部分直接用纸币赎买的办法，逐步剥夺土地所有者、工厂主、铁路所有者和船主的财产。（3）没收一切反对大多数人民的流

---

① 《马克思恩格斯选集》第 3 卷，人民出版社 2012 年版，第 178 页。
② 《马克思恩格斯选集》第 3 卷，人民出版社 2012 年版，第 665—666 页。

亡分子和叛乱分子的财产。（4）在国家农场、工厂和作坊中组织劳动或者让无产者就业，这样就会消除工人之间的竞争，并迫使还存在的厂主支付同国家一样高的工资。（5）对社会全体成员实行同样的劳动义务制，直到完全废除私有制为止。成立产业军，特别是在农业方面。（6）通过拥有国家资本的国家银行，把信贷系统和货币经营业集中在国家手里。取消一切私人银行和银行家。（7）随着国家拥有的资本和工人的增加，增加国家工厂、作坊、铁路和船舶，开垦一切荒地，改良已垦土地的土壤。（8）所有的儿童，从能够离开母亲照顾的时候起，都由国家出钱在国家设施中受教育。把教育和生产结合起来。（9）在国有土地上建筑大厦，作为公民公社的公共住宅。公民公社将从事工业生产和农业生产，将把城市和农村生活方式的优点结合起来，避免二者的片面性和缺点。（10）拆毁一切不合卫生条件的、建筑得很坏的住宅和市区。（11）婚生子女和非婚生子女享有同等的继承权。（12）把全部运输业集中在国家手里。"①

马克思、恩格斯指出，以上的这些措施虽然不能立即全部都实行起来，但只要一个接着一个地实行，就会形成足够的推动力动摇私有制的根基。无产阶级将一步一步地从资产阶级手中夺取全部生产资料和全部交换。最后，当全部资本、生产和交易都集中在国家手里的时候，私有制就自行灭亡，生产资料公有制也得以建立，全体社会成员成为全部生产资料的主人。"使社会的每一成员不仅有可能参加社会财富的生产，而且有可能参加社会财富的分配和管理，并通过有计划地经营全部生产，使社会生产力及其成果不断增长，足以保证每个人的一切合理的需要在越来越大的程度上得到满足。"② 这种在私有制废除之后获得巨大发展的社会生产，将成为实现城乡融合的重要保障。

（三）促进人的自由全面发展

人的自由全面发展是实现城乡融合发展的前提。马克思、恩格斯

---

① 《马克思恩格斯选集》第1卷，人民出版社2012年版，第305—306页。
② 《马克思恩格斯选集》第3卷，人民出版社2012年版，第724页。

并没有过多地描绘未来社会人的自由全面发展的特征和状况，而是重点论述了促进人的自由全面发展的途径和措施，指出发展教育是提高人的素质和才能、促进人的自由全面发展的根本途径。马克思、恩格斯也认为消灭旧的分工，并在未来社会建立自由人的联合体，也将为人的自由全面发展创造条件。"代替那存在着阶级和阶级对立的资产阶级旧社会的，将是这样一个联合体，在那里，每个人的自由发展是一切人的自由发展的条件"①。在未来社会，这个自由人的联合体将创造出巨大的社会生产力，推动城乡融合的实现。

1. 充分发挥教育的作用

马克思、恩格斯高度重视教育的重要作用，"教育将使他们摆脱现在这种分工给每个人造成的片面性"②。他们认为通过教育能够使年轻人全面掌握参与工业生产和农业生产的知识和技能，在不同的生产部门之间自由转换和轮流工作，能够很快地熟悉整个的生产系统，使他们能够根据社会的需求和安排以及自己的兴趣和爱好，从而获得脑力和体力全面发展的能力和机会。换句话说，以教育作为途径，能够使人摆脱不合理的分工给自身造成的约束性和片面性，从而促进人的自由全面发展。

马克思、恩格斯主张将劳动和教育结合起来，"生产劳动和教育的早期结合是改造现代社会的最强有力的手段之一"③。这种教育和劳动、理论与实践的结合将最大程度地发挥教育的作用，促进人的全面发展。他们指出，在资本主义社会，工厂法的教育条款就已经证明了智育、体育同体力劳动走向结合的可能性。这种"从工厂制度中萌发出了未来教育的幼芽，未来教育对所有已满一定年龄的儿童来说，就是生产劳动同智育和体育相结合，它不仅是提高社会生产的一种方法，而且是造就全面发展的人的惟一方法"④。然而，这种教育方式在资本主义条件下无法发展，因为资本主义生产方式"是同这种变革

① 《马克思恩格斯选集》第1卷，人民出版社2012年版，第422页。
② 《马克思恩格斯选集》第1卷，人民出版社2012年版，第308页。
③ 《马克思恩格斯选集》第3卷，人民出版社2012年版，第377页。
④ ［德］马克思：《资本论》第1卷，人民出版社2004年版，第556—557页。

酵母及其目的——消灭旧分工——直接矛盾的"①。只有在社会主义社会中，劳动才能真正地和教育结合起来，从而既训练了多方面的技能，又使科学教育的实践基础得到保障。他们强调，工人阶级从资产阶级手中夺取政权之后，必须在学校中推行这种智育、体育同劳动结合起来的教育，从而促进人的自由全面发展和城乡融合的实现。

2. 消灭旧的分工

在城乡对立的情况下，旧的分工必然存在，成为阻碍人的自由全面发展的条件。在恩格斯给鲁·迈耶尔的回信中，就论述了消灭旧的分工对于促进人的自由全面发展和消灭城乡对立的意义。他认为鲁·迈耶尔对倍倍尔的《妇女和社会主义》的批判是站不住脚的，他指出："您对那些一辈子都不适于从事农业劳动的贫苦城市居民的批评意见，可能是完全正确的。我甘愿承认我对耕作、播种、收割以至刨马铃薯是无能的，但是要知道，好在我们德国农村人口这样多，足以使我们在合理组织生产的条件下，一下子就能把每个劳动者的劳动时间大大缩减而仍然会有剩余的劳动力。如果把整个德国变成许多占有二千至三千摩尔根——或多或少，根据自然条件决定——土地的农庄，并采用机器生产和一切现代化装备，那时难道我们在农村居民中间就没有绰绰有余的训练好的工人了吗？到那时，要使这些居民全年都作工，农业劳动就不够分配了。如果我们不把他们用于工业，将有一大批人长期无事干。而如果不给我们的工人提供在新鲜空气中，特别是在农业中从事劳动的机会，他们的体质也将变得虚弱。就算现在的成年人不适于这样，而青年人却可以这样训练。如果男女青年在夏天有活干的时候，接连几年到农村去，那末，是不是还要用很多个学期让他们死啃书本才能取得耕地、除草等等的学位呢？您该不会认为，只有一辈子别的什么都不做，象我们的农民那样干活干得愚钝起来，才能学会农业中的某些有用的东西吧？倍倍尔书里讲的就是这点而不是别的。他说：'生产本身，它也象人们的智力发展和体力发展一样，只有在城乡之间、工农业之间的旧有分工消除之后，才能达到

---

① 《马克思恩格斯选集》第2卷，人民出版社2012年版，第232页。

高级程度。'"①

从这段论述中可以看出，在恩格斯看来，消灭城乡之间、工农业之间的旧的分工有着明显的现实基础。这种旧的分工的消灭，将使脑力劳动和体力劳动互相结合，为人的自由全面发展创造条件。所以，要促进人的自由全面发展，"旧的生产方式必须彻底变革，特别是旧的分工必须消灭"②。在马克思、恩格斯看来，这种旧的分工的特征是工农业之间、城乡之间的分工，由此造成了个人的、分开的劳动。随着旧的分工的消灭，这种个人的、分开的劳动在未来必然会被一种联合的、共同的、有计划的劳动形式所代替。"但是，在过去任何时代，消灭单个分开的经济——这是与消灭私有制分不开的——是不可能的，因为还没有具备这样做的物质条件。"③ 消灭旧的分工，要以私有制的消灭和生产力的高度发展为前提。只有在促进城乡融合的过程中，随着物质前提和关系前提的实现，才逐渐具备了这种可能。马克思、恩格斯还指出："私有制和分工的消灭同时也就是个人在现代生产力和世界交往所建立的基础上的联合。"④ 所以，在旧的分工被消灭之后，取而代之的应该是联合生产组织形式。在这个组织中，一方面，工业生产与农业生产的结合，使每个人都能获得充分发展和全面发挥脑力和体力能力的机会；另一方面，任何个人都不能把自己在生产劳动这个人类生存的自然条件中所应参加的部分推到别人身上。在这种联合生产组织中，劳动成为人的自由全面发展的途径，而不再是人们用以谋生的手段。这种消灭旧的分工后而形成的联合生产组织（即劳动联合体）将为人的自由全面发展创造条件。因为，只有在这种劳动联合体的形式下，"单个人才能摆脱种种民族局限和地域局限而同整个世界的生产（也同精神的生产）发生实际联系，才能获得利用全球的这种全面的生产（人们的创造）的能力"⑤。这个获得这

---

① 《马克思恩格斯全集》第 39 卷，人民出版社 1974 年版，第 100—101 页。
② 《马克思恩格斯选集》第 3 卷，人民出版社 2012 年版，第 681 页。
③ 《马克思恩格斯选集》第 1 卷，人民出版社 2012 年版，第 197 页。
④ 《马克思恩格斯全集》第 3 卷，人民出版社 1960 年版，第 516 页。
⑤ 《马克思恩格斯选集》第 1 卷，人民出版社 2012 年版，第 169 页。

种全面能力并不断提高的过程，就是人的自由全面发展的过程。

马克思、恩格斯认为，只要对资产主义社会的工业关系和农业关系等基础经济关系进行考察，就会发现，它们已经表现出一种由人们的联合活动代替各个人分散进行活动的趋势，即在资本主义社会已经表现出了联合劳动的趋势。在资本主义工业中，大型工厂代替了工场手工业和小作坊，在这种工厂中有数百个工人操纵着由蒸汽推动的复杂机器；巨大的轮船代替了小型的帆船和划桨船；铁轨上的火车代替了公路上的客运马车和货运马车。在农业中也有类似情况，耕种技术和蒸汽机的地位越来越重要，资本家代替了自耕农，雇佣了大量农业工人从事大规模的农业生产活动。总之，联合活动造成了错综复杂的工作过程和互相依赖的工作关系，正在日益取代个人的独立的、分散的活动。在这种趋势下，这种劳动联合体必然将在未来共产主义社会建立起来，并表现出巨大的优越性。因为，"共产主义的组织因利用目前被浪费的劳动力而表现出的优越性还不是最重要的。把个别的力量联合成社会的集体力量，以从前彼此对立的力量的这种集中为基础来安排一切，才是劳动力的最大的节省"①。因此，在未来社会，旧的分工必将消灭而使劳动联合体得以建立，这不仅将为人的自由全面发展提供可能，而且将推动生产力的最大化利用和物质生产的巨大发展，从而促进城乡融合的实现。

---

① 《马克思恩格斯全集》第2卷，人民出版社1957年版，第612页。

第二部分

马克思主义城乡融合发展理论的现实意义

第六章

马克思主义城乡融合发展理论的中国化

中国共产党人在把马克思主义城乡融合发展理论中国化的过程中，不断总结城乡建设的实践经验，并形成了具有中国特色的城乡一体化思想。中华人民共和国成立初期，毛泽东主张实施农业为基础、工农业并举、城乡兼顾的发展战略，从此开启了马克思主义城乡融合发展理论的中国化历程。改革开放以来，邓小平改革城乡关系的举措为马克思主义城乡融合发展理论的中国化提供了政策支持和实践准备。江泽民统筹城乡发展战略促进了马克思主义城乡融合发展理论中国化体系的形成。胡锦涛提出要建立以工促农、以城带乡长效机制，加快形成城乡一体化发展新格局。新时期习近平总书记结合新的实际，把马克思主义城乡融合发展理论不断推向前进。

中国共产党人在把马克思主义城乡融合发展理论中国化的过程中，不断总结城乡建设的实践经验，形成了独具中国特色的城乡融合发展思想。对这一思想进行梳理、研究，将有助于按照中国国情及时代发展的要求，引导推动城乡关系健康发展，并逐步实现城乡经济社会一体化发展新格局。

一 "城乡兼顾、工农并举"的城乡观

中华人民共和国成立初期，城乡关系发展面临着两条道路的选择，一是如何发展农业，解决人民的温饱问题；二是如何为工业化积

累资金，尽快实现国家工业化的问题，而且解决第二个问题是重中之重。关于第一个问题，中共中央和全党高度关注并希望大力发展农业，确立了农业在国民经济中的基础地位。毛泽东在《论十大关系》中指出：虽然"重工业是中国建设的重点"，"但是决不可以因此忽视生活资料尤其是粮食的生产"①。《在省市自治区党委书记会议上的讲话》中又指出："全党一定要重视农业，农业关系国计民生。"周恩来也曾明确指出："我国国民经济的发展，必须以工业为主导，而以农业为基础。"② 这说明中共中央和全党从中国的实际国情出发，虽然工作重心转移到了城市，但是并不否认乡村在革命与建设中的重要地位和作用，不否认农业在整个国民经济中的基础地位，这为新中国城乡关系的健康发展提供了理论支撑和政策支持。

至于第二个问题，中共中央和全党结合中国的实际，提出了具有开拓性的城乡发展战略，包括工农业并举、城乡兼顾等。毛泽东在《关于正确处理人民内部矛盾的问题》一文中指出："中国是一个农业大国，农村人口占全国人口的百分之八十以上，发展工业必须与发展农业同时并举，只有这样工业才有原料和市场，才有可能为建立强大的重工业积累较多的资金。"③ 工农业并举的发展战略表明了在中国城乡关系发展中城市和乡村是同等重要的，在发展城市的同时，也不能抛弃乡村的发展。为此，毛泽东进一步指出："城乡必须兼顾，必须使城市工作和乡村工作，使工业和农业，使工人和农民，紧密地联系起来。决不可以丢掉乡村，仅顾城市，如果这样想，那是完全错误的。"④

总之，无论是以农业为基础，还是工农业并举、城乡兼顾的发展战略，其实质都是以毛泽东同志为核心的中国共产党第一代领导核心，以马克思主义经典作家所创立的城乡融合思想为指导原则，从中

---

① 毛泽东：《论十大关系》，《人民日报》1976 年 12 月 26 日。
② 《周恩来选集》下卷，人民出版社 1984 年版，第 371 页。
③ 毛泽东：《关于正确处理人民内部矛盾的问题》，《人民日报》1957 年 6 月 19 日。
④ 《毛泽东选集》第 4 卷，人民出版社 1991 年版，第 1427 页。

国的实际出发，充分尊重和照顾农民的利益，通过一系列具有开拓性的发展战略，将马克思主义城乡融合发展理论付诸中国城乡建设的实践。虽然有些并未得到全面落实，但为探索具有中国特色的城乡一体化道路提供了开拓性的思路。

二　城乡关系改革思路

党的十一届三中全会前后，对于新中国成立以来指导城乡关系发展的理论与实践，邓小平进行了反思，并提出两方面的要求：一方面要纠正重城轻乡的思想，重新确立城乡同等重要的思想；另一方面要继承并发展毛泽东关于工农并举、城乡兼顾的思想，为具有中国特色的城乡一体化思想的形成提供政策支持和实践准备。

首先，重视城乡、工农业互相促进与支持。1975年，邓小平在国务院讨论《关于加快工业发展的若干问题》时谈道："工业支援农业，促进农业现代化，是工业的重大任务。工业区、工业城市要带动附近农村发展"，同时，"工业支援农业，农业反过来又支援工业"。[①] 1992年，随着改革开放的不断深化，城乡、工农业相互支持和促进的形势也发生了很大变化，面对这种情形，邓小平进一步指出："农业和工业，农村和城市，就是这样相互影响、相互促进。这是一个非常生动、非常有说服力的发展过程。"[②] 这反映了邓小平的城乡、工农业相互支持和促进的思想，为促进生产力在城市与乡村之间的合理分配、充分发挥城市和乡村各自独特的优势提供了理论上的基础。

其次，缩小城乡发展差距也是改革的重要方面。一是缩小城乡发展差距，改革农村经济体制、发展商品经济是不可缺少的。党的十一届四中全会通过的《中共中央关于加快农业发展若干问题的决定》指出："社员自留地、自留畜、家庭副业和农村集市贸易，是

---

① 《邓小平文选》第2卷，人民出版社1994年版，第28—29页。
② 《邓小平文选》第3卷，人民出版社1993年版，第376页。

社会主义经济的附属和补充"，"应当鼓励和扶持农民经营家庭副业"。① 二是缩小城乡发展差距也离不开改革农产品流通体制。1985年1月，中共中央和国务院下达的《关于进一步活跃农村经济的十项政策》规定大部分农产品价格由市场调节，从而结束了实行30年的农产品统购统销制度。三是缩小城乡发展差距需要改革户籍管理制度，允许农民进城务工经商。党的十四届三中全会通过的《中共中央关于完善社会主义市场经济体制若干问题的决定》明确指出："逐步改革小城镇的户籍管理制度，允许农民进入小城镇务工经商，发展农村第三产业，促进农村剩余劳动力的转移。"② 这就从体制机制和政策上为缩小城乡发展差距创造了条件，有利于实现生产要素和资源的合理的配置，加快了城乡经济和社会生活的结合与协调发展的速度，从而为城乡一体化思想的形成提供了政策和理论准备。

三　城乡统筹发展战略

2002年，江泽民提出农村改革的思路，即要向统筹城乡经济社会发展转变。所谓统筹城乡，是指充分发挥城市对农村的辐射和带动作用、工业对农业的支持和反哺作用，建立以工促农、以城带乡的长效机制，促进城乡协调发展。

首先，要把农业放在经济工作的重要位置，同时也要统筹城乡发展。江泽民指出："近几年来我国工业高速增长，农业却明显滞后，工农业发展不协调的情况比较突出。"③ 他认为，这主要是因为农业在商品市场的竞争和经济资源的竞争中处于不利地位。如果这样发展下去，"工业和农业发展速度的差距，城乡居民收入的差距，发达地

---

① 《中共中央关于加快农业发展若干问题的决定》，人民出版社1979年版，第9页。

② 《中共中央关于建立社会主义市场经济体制若干问题的决定》，人民出版社1993年版，第24页。

③ 《十四大以来重要文献选编》（上），中央文献出版社1996年版，第422页。

区与欠发达地区经济发展的差距将会日益拉大"①。因此，他强调"三农"问题即农业、农村、农民问题，始终是关系我们党和国家全局的根本性问题，要"坚定不移地把农业放在经济工作的首位"。党的十六大报告进一步把统筹城乡经济社会发展、发展农村经济，作为建设小康社会的重大任务，彰显了以解决"三农"问题、打破城乡二元结构为根本立足点的城乡协调发展的基本理念，形成了以城乡一体化思想体系为本的政策基础。

其次，工业化发展到一定阶段，要对农业有支持，促进工农业协调发展。江泽民指出："建国初期实行依靠农业积累发展工业的战略是必要的。现在条件不同了，应该调整结构，包括调整基本建设投资、财政预算内资金、信贷资金结构。宁肯暂时少上几个工业项目，也要保证农业发展的紧迫需要。"② 也就是说，发展有重点但不能失衡，要以协调为基调。在工业化初期，应该加强工业的发展，而工业化发展到一定阶段就应该支持农业。1995 年，江泽民在江西考察时进一步指出："我国农业为工业的发展，为初步实现国家的工业化，提供了很大的支撑力量，做出了重要贡献。当工业发展到一定程度和一定阶段后，工业就有个着重和大力支持农业、武装农业的问题。这包括工业要拿出一部分人力、物力、财力来支援农业。"③ 这就明确了现代经济建设中农业和工业的密切联系，促使城乡生产力能够优化分工、合理布局、协调发展，以取得最佳经济效益，为进一步扩充城乡一体化思想体系的内容作了理论准备。

最后，缩小城乡差距的重要途径就是推进乡镇企业发展和小城镇建设。江泽民指出："发展小城镇是一个大战略。城乡差距大，农业人口多，长期制约我国经济良性循环和社会协调发展的重要因素。加快小城镇建设，不仅有利于转移农业富余劳动力，解决农村经济发展的一系列深层次矛盾，而且有利于启动民间投资，带动最终消费，为

---

① 《十四大以来重要文献选编》（上），中央文献出版社 1996 年版，第 422 页。
② 《十四大以来重要文献选编》（上），中央文献出版社 1996 年版，第 425 页。
③ 江泽民：《论社会主义市场经济》，中央文献出版社 2006 年版，第 213—214 页。

下世纪国民经济发展提供广阔的市场空间和持续的增长动力。"① 他要求各地把小城镇建设纳入国民经济和社会发展规划，制定政策切实推进，展现出解决城乡关系的新思路和新思想，为城乡一体化思想的形成奠定了物质基础。

四　城乡一体化发展

进入 21 世纪以后，城乡之间差距越来越大，这已经引起中共中央的高度重视。国家也出台了一系列支农惠农的发展政策，有力地遏制了城乡差距进一步加大的趋势。2002 年，党的十六大把统筹城乡经济社会发展，建设现代农业、增加农民收入、发展农村经济作为全面建设小康社会的重大任务。2004 年，在党的十六届四中全会上，胡锦涛同志提出了"两个趋向"的著名论断，并在中央经济工作会议上进一步指出，中国总体上已经进入"以工促农、以城带乡"发展的新时期。根据对城乡关系的新认识，2005 年 12 月 29 日，中共中央决定废除农业税，由此，中国农民告别了两千多年的"皇粮国税"，这是城乡关系实现历史性转变的突出标志。在这样的大环境下，各地区开始采取新措施，推翻了向农村"汲取"资源的一系列行政措施，并加大了对"三农"的支持力度。新措施主要包括积极探索并建立农村社会保障制度，逐步增加对农村基础设施的财政资金投入，千方百计促进农业增效、农民增收和乡村繁荣，注重在制度上解决农民工的权益保护问题，摒弃"城乡分治"的传统理念和做法，实施城乡"同城化"管理方案，逐年增大对"三农"的财政支持力度，在不同程度上缓和了城乡分割体制与市场机制对城乡二元格局的强化效应，避免了城乡差距的进一步扩大。

2005 年，党的十六届五中全会提出了建设社会主义新农村的战略任务。这是党在新的时期，以科学发展观为指导，矫正城乡失衡，推动农村综合改革，进而策划城乡一体化发展的新起点。2006 年，

---

① 江泽民：《论社会主义市场经济》，中央文献出版社 2006 年版，第 503 页。

党的十六届六中全会提出了构建社会主义和谐社会的问题，更加突出了矫正城乡失衡发展的重要性。2007 年，党的十七大报告进一步明确提出建立以工促农、以城带乡长效机制，加快形成城乡一体化发展新格局的战略任务。2008 年，党的十七届三中全会通过的《中共中央关于推进农村改革发展若干重大问题的决定》提出，要建立促进城乡经济社会发展一体化制度，并对此进行详细部署。这一重要决策，对于推进改革创新、加强农村制度建设、打破城乡二元结构，对于促进农民富裕、加快农村发展、实现全面建设小康社会奋斗目标，具有重大现实意义。此外，2004—2011 年中央连续八个关注"三农"问题的"一号文件"出台，推动了独具中国特色的城乡一体化发展思想的形成和实践的开拓。

五　新时期城乡融合发展模式

2012 年党的十八大在坚持统筹城乡发展的基础上提出"推动城乡发展一体化"，并明确提出在当前情况下要坚持工业反哺农业、城市支持农村和多予少取放活方针，加大强农惠农富农政策力度，让广大农民平等参与现代化进程、共同分享现代化成果。2013 年党的十八届三中全会在对当前国内外形势作出深刻判断的基础上，进一步提出要"健全城乡发展一体化体制机制"，形成"以工促农、以城带乡、工农互惠、城乡一体的新型工农城乡关系，让广大农民平等参与现代化进程、共同分享现代化成果"。从党一贯采取的发展战略来看，统筹城乡发展，推动城乡一体化，构建新型工农城乡关系，是我们党在推进社会主义现代化建设、构建和谐社会的过程中高度关注和重视的全局性问题。目前，中国城乡一体化发展的过程中具体存在着"三农"问题、城市病、不完全城镇化以及城乡差距大等诸多问题，要破除这些发展的问题，离不开马克思主义的城乡融合发展理论的指导，这也体现了中国坚持运用马克思主义基本原理解决实际问题的原则。

从马克思主义城乡融合发展理论的中国化进程来看，我们要充分认识到城乡一体化是一项复杂的系统工程，也是一项长期的战略任务。必须结合中国的实际，坚持以马克思主义城乡一体化思想为指导，建立以工促农、以城带乡长效机制，形成具有中国特色的城乡经济社会发展一体化新格局。

第七章

中国现阶段城乡关系的发展状况

城乡关系是中国经济社会关系中最重要的关系之一，是中国现代化建设中需要解决的一个关键性问题。城乡关系的状况及其处理的好坏直接关系到国家改革、稳定的大局，关系到国家整体经济与社会发展，影响到中国现代化的历史进程和全面建成小康社会目标的实现。中华人民共和国成立以来，中国城乡分割的体制和政策造成的城乡在体制、机制和发展水平方面的巨大差距，成为长期制约中国经济持续增长的根本矛盾症结所在。改革开放以来，虽然中国对不合理的城乡政策进行了一定的调整，并取得了一定的成就，但城乡不协调问题依然存在，城乡二元结构依然是制约经济发展的重要因素。因此，调整城乡关系，是当前中国迫切需要进一步解决的关键性问题。

一 中国城乡建制格局关系的含义

城市和乡村的分离并逐渐作为人类不同聚集形态存在，是社会生产力发展到一定阶段的社会分工所导致的必然结果，城乡关系也就此产生。通俗来讲，城乡关系就是指城市和乡村之间的关系。

目前中国城乡划分使用二分法，即乡村与城镇。对城市的定义为：城市是指经国务院批准设市建制的城市市区，包括不设区的市区和设区的市区，是以非农业产业和非农业人口集聚形成的较大居民点（包括按国家行政建制设立的市、镇）。一般而言，人口较稠密的地区称为城市，包括住宅区、工业区和商业区。城市具备行政管辖功能，城市的行政管辖功能可能涉及较其本身更广泛的区域，其中有楼房、街道、医院、学校、商业卖场、广场、公园等公共设施。城市以外地区划为乡村。乡村是对应于城市的称谓，指农业区，有集镇、村落，以农业产业（自然经济和第一产业）为主，包括各种农场（包括畜牧和水产养殖场）、林场（林业生产区）、园艺和蔬菜生产等。与人口集中的城镇比较，农村地区人口呈散落居住。在进入工业化社会之前，社会中大部分的人口居住在农村。以从事农业生产为主的农业人口居住的地区，是同城市相对应的区域，具有特定的自然景观和社会经济条件，也叫乡村。我国二元户籍制度根据居民长期定居的区域，而不考虑其所从事的职业，把居民划分为城镇居民和农村居民两种类型。凡户籍在市和镇的居民则为城镇居民，否则为农村居民。

城市和乡村是一定区域内共同存在的两个空间实体，是构成社会两个紧密联系的组成部分。城乡关系指的是存在于城市和乡村之间的相互作用以及相互影响的普遍联系，表现在政治、文化、经济等各个方面，其中以经济为核心。政治层面上的城乡关系主要是指城市和乡村在国家政治体系中的地位，表现为乡村依附城市，还是城市统治乡村，或者两者地位平等。经济层面上的城乡关系主要指物质资料的生产、分配、交换、消费等方面发生的种种关系。文化层面上的城乡关系主要指城市文明与乡村文明的关系，城乡居民之间是否相互尊重、支持，流动方面是否受到限制等。

二　我国城乡一体化进程及政策

在中国城乡关系的发展过程中，城乡关系受政策的影响十分显著。改革开放以来，中国城乡关系政策的演变，大体上经历了以下阶段。

（一）1978—2003 年：农村支持城市、农业养育工业

1949 年中华人民共和国成立后，国家制定了工业化发展战略。

为了解决工业化发展所需资金问题，国家又制定了"农村支持城市，农业养育工业"的方针和政策，具体实现形式是"多取少予"。有以下几种途径：一是农村为城市发展提供大量廉价劳动力；二是农村为城市发展提供廉价的土地资源；三是农村为城市发展提供资金支持。由此可见，从改革开放后到 2003 年城乡关系的实质是农业养育工业，农村支持城市。这一政策的实施，在推动城市化、工业化发展的同时，也严重削弱了农业的自我发展和自我积累能力，使城乡之间的发展差距、城乡之间的收入差距在经历 20 世纪 80 年代前期的短暂缩小之后，开始逐渐拉大。这段时期内虽然国家在国民收入分配上作出了一些调整，增加了在农业方面的投入，但总体而言，"农村支持城市，农业养育工业"的政策框架依旧存在，并没有发生实质性的改变，只是在支持形式上作出了调整。

（二）2004—2007 年工业反哺农业城市支持农村

2004 年在党的十六届四中全会上胡锦涛总书记提出了"两个趋向"的重要论断："综观一些工业化国家发展的历程，在工业化初始阶段，农业支持工业、为工业提供积累是带有普遍性的趋向；但在工业化达到相当程度后，工业反哺农业、城市支持农村发展，实现工业与农业、城市与农村协调发展，也是带有普遍性的趋向。"[1] 同时，中共中央还作出了中国已经发展到城市支持农村、工业反哺农业阶段的判断。在对这些重大问题作出科学判断的基础上，中国城乡关系政策开始向工业反哺农业、城市支持农村的政策转变。其标志就是"多予少取"。但是，"多予少取"支持取向的制定，仅仅改变了农业养育工业的支持取向，而工业反哺农业的政策体系还没有完全建立起来。仅从"多予"政策方面来看，城乡二元财政体制开始向一元体制方向转变，但是城乡二元体制还未根除，虽然农业财政支出快速增加，但财政对农业的支持总量还处于较低水平的。而从"少取"政策来看，虽然农业税被取消，但通过农民工低工资、低价征地和农村

---

① 《十六大以来重要文献选编》（中），中央文献出版社 2006 年版，第 311 页。

资金向城市流动等新渠道，"三农"问题更加突出，城乡差距进一步拉大。

（三）2007年党的十七大提出以工补农、以城带乡的长效机制

党的十七大提出要建立以工补农、以城带乡的长效发展机制，逐渐形成城乡经济社会发展一体化格局。这是对统筹城乡经济发展基本方针的坚持与发展；是对建立新型城乡关系、工农关系，对健全完善"三农"工作体制机制提出的更高要求；也为"工业反哺农业，城市支持农村"的提出明确了方向和目标。

其一，大力推进城乡发展规划一体化。把城市和农村当作一个有机整体，在总体规划土地利用的基础上，明确区分城乡功能定位，使城乡发展能够互相促进、互相衔接。这表明中国在打破城乡二元结构，建立新的规划管理制度方面，进入城乡一体规划新时代。其二，大力推进城乡基础设施建设一体化。加大对农村基础设施建设的投入力度，特别要增加对农村道路、通信、水、电和垃圾处理设施等各方面的建设投入，提高完善基础设施的质量与服务功能，并与城市基础设施统筹考虑，实现城乡联网、城乡共建、城乡共享发展模式。其三，大力推进城乡公共服务一体化。加快完善公共财政体制，加大公共财政向公共卫生和农村教育等方面的转移力度。其四，大力推进城乡劳动力就业一体化。把农民就业问题纳入整个社会的就业体系中，逐步把对城镇失业人员培训和再就业等方面的优惠政策落实到农业富余劳动力身上。其五，大力推进城乡社会管理一体化。建立有助于统筹城乡经济发展的政府管理体系，改变一些地方政府重市民、轻农民，重工业、轻农业，重城市、轻农村的做法，充分发挥政府在建立相关制度和协调城乡经济发展方面的作用。

三　我国城乡一体化存在的问题

近年来，中国城乡关系问题尤为突出，主要表现在二者之间的差

距越来越大，城乡和谐发展受到严重阻碍。虽然经过三十几年的经济体制改革，中国已经进入了全面建设小康社会新时期，但是，目前中国仍存在很严重的城乡关系问题，城乡关系问题也引起人们越来越广泛的关注。具体来讲，城乡关系问题主要表现在以下方面。

（一）城乡之间差距不断扩大

长期以来，中国实行优先发展工业的政策，导致农村经济发展水平较大地落后于城市经济发展水平，城乡之间的经济差距在逐步拉大，并逐渐形成一种趋势，先进的更加先进，落后的更加落后。资金、人才等有利资源会被发展条件较好的地区所吸引，会自发地、源源不断地从农村落后地区流向发展较好的城市地区，但城市资源却很少回流到农村，这就形成了生产要素不合理流动格局，也就导致了中国城乡发展差距的进一步扩大。具体表现在以下三个方面：

1. 经济上的城乡差距

城乡之间的经济发展水平不断扩大，城市与农村的生活水平自然也出现明显拉开的趋势。

（1）收入水平差距。中国实行改革开放政策以后，国民经济持续稳定增长，城乡居民收入也得到了很大程度的提高，人民生活水平有了显著的提高，但与此同时，城乡居民人均收入差距也越来越大。

（2）消费水平差距。城乡居民巨大的收入差距自然导致城乡居民消费水平和消费结构的差距，而且两者之间的差距还有明显的扩大趋势。城市居民基本已经达到了国际通行标准的富裕阶段，然而农村居民则处于刚摆脱温饱向小康努力的阶段。

2. 政治上的城乡差距

在政治资源的配置方面城市明显比农村更具有优势。由于农民文化程度比市民低，组织化程度低，缺少参与政治的具体组织形式，农民基本没有机会参与到民主政治中，只能被动地接受现实政治。导致农民的意志难以得到足够的表达，农民的利益难以得到应有的重视。

3. 社会方面的城乡差距

城乡在社会层面的差距主要体现在农村基础设施、医疗保障、教育等方面。由于国家在发展战略上偏向发展城市，农村在基础设施、医疗、教育等各方面的配置都远落后于城市，农村民生的很多方面都得不到满足。

（二）城乡文化冲突

城乡文化冲突指的是在城市化发展过程中两种文化由于差异而引起的文化隔阂与矛盾，冲突的本质是两种文化在交流过程中内在要素的不兼容，主要表现为中心与边缘、现代与传统、强势与弱势文化的冲突。

1. 城乡现代文化与传统文化的冲突

改革开放以来，城市与乡村都得到了快速发展，但是这种发展并不同步，城市文化的现代元素持续增加，而乡村则仍保留着诸多传统文化的内容，带着浓厚的传统色彩。伴随着城乡发展和社会流动性的增强，农村文化所体现出的传统和守旧与城市文化所推崇的开放和创新往往会产生巨大的冲突。

2. 城乡中心文化与边缘文化的冲突

城市作为政治、经济、军事与文化中心，其文化因地理位置和影响力容易成为中心文化。但由于农村大部分都是零散分布在偏僻落后的山村，经济与交通相对比较落后，并且随着城乡间经济差距的不断扩大，城乡间的文化分化差异也在不断加剧，广大农村地区正逐渐被边缘化，农村文化也逐渐沦为边缘文化。

3. 城乡强势文化与弱势文化的冲突

城市文化在城市中处于主流位置，控制着城市的资源。相比较城市文化，农村的传统文化则处于弱势地位，影响力较小。

尽管城乡文化同处于一个系统中，但是由于两者的经济发展水平差距巨大，城市文化和乡村文化在一定程度上成为两个相互分立的体系，或者也可以说二者在一个系统之中，但处于不同的发展阶段。城市文化在追求现代化的过程中不断得到发展，其具有的特征是开放、动态、交流。然而农村文化是在传统的小农经济条件下形成的，处于一种封闭的状态。

（三）城乡居民地位严重不平等

在城乡二元体制下，城乡成员不管是在权利还是在义务上都是不平等的。这种不平等地位最直接地体现在城乡的户籍身份上。主要表现在：第一，对城乡人口流动的不平等对待。城市人口可以进入农村，但是农村人口却不能自由地流入城市，换句话说就是城市居民可以自由地转为农村户口，而农村居民却不能自由地转为城市户口；第二，城乡户口包含的内容不平等。城市户口居民可以享受国家的福利待遇，而农村户口居民却不能享受。农村户口仅是一张身份证明，没有公民平等的实质性权利。农村人口被甩在社会共同发展的环境之外。

城乡关系问题一直是中国现代化建设中急需解决的一个主要问题，它直接涉及中国安定团结的局面，涉及城乡关系中人的发展问题，党和政府一直高度重视城乡关系问题，始终致力于解决城乡二元结构体制问题，推动城乡一体化发展。虽然近些年来，政府在加强农业基础地位，改善城乡关系上做了不少工作，同时也取得了不错的成绩，但是城乡发展水平差距依然较大，农业和农村经济在资源配置与国民收入上仍处于不利的地位，农村居民和城市居民在社会地位和发展机会等很多方面仍然很不平等，城乡二元结构矛盾依旧没有破解，实现城乡一体化发展仍有很长的路要走。

（四）城乡经济联系不顺畅、关联度不够高

党的十七届三中全会明确提出要实施城乡一体化发展战略，各级政府要对城乡统筹发展给予足够的重视，在市场经济体制的引导下，释放农村潜在的生产力，提高城乡资源要素配置效率。随着城乡统筹发展与社会主义新农村战略的实施，城乡之间的联系日趋密切，但是城乡产业发展脱节、缺乏协作、互动不足等问题仍较为严重。城市资源虽然开始部分流向农村，但在市场经济条件下，资源要素自发向高回报、高收益的产业和区域配置，而城镇化、工业化快速推进将进一步推动农村资源流向城市和工业，从整体来看城乡要素的流动仍然主

要以农村流向城市为主，城乡产业要素流动依然受限。而且城乡产业市场体系尚不健全，城乡产业的发展和布局依然缺乏统筹规划。目前，虽然中国城乡经济产业关系逐渐进入到由城乡经济产业分割向城乡经济产业协调发展的关键阶段，但中国城乡经济仍存在市场联系不顺畅、关联度不够高、分割性特点突出和一体化程度比较低的状况。

四 目前我国城乡一体化发展的制约因素

（一）政策偏向性制约城乡一体化发展

新中国成立以后，实施重工业优先发展的偏向战略以及"城市—工业、乡村—农业"的导向模式，国家通过工农业剪刀差等手段剥夺乡村，造成乡村经济发展缓慢，生产水平较落后。加之农产品购销制度、劳动就业制度、户籍制度等一系列城乡二元制度的实施，造成了城乡之间的巨大反差，加固了城乡壁垒。改革开放以后，国家逐渐建立社会主义市场经济制度，但是政府的政策对资源配置影响依然很大。由于政府思想观念落后，对农村发展依然不够重视，虽然最近几年接连出台不少惠农政策，但由于长期形成的城乡二元结构体制的存在，政府依然习惯性地将大量资源配置于工业和城市，而对农业发展与农村的基础建设投入力度不大，农业和农村依然在各方面处于弱势地位。城乡要素市场不统一，户籍制度不同轨，社会保障和享有公共服务权利不均等现象短期内依然难以根本性扭转。

（二）城乡产业布局缺少统筹规划制约城乡一体化发展

城乡一体化发展主要体现为经济一体化发展，而经济一体化发展主要表现为产业一体化发展。由于中国长期实行农业服务工业、农村支持城市的城乡区别对待的发展政策，导致形成了垂直式城乡"二元结构体制"的发展模式。各地政府在竞相发展经济的同时，由于受经济指标、招商引资等各方面的压力，在产业布局和规划上缺乏长期战略眼光，仅顾眼前利益，导致城乡产业在结构上高度同构，形成"乡村工业和农业、城市工业和农业"的双重二元格局。城乡产业在规划方面没有形成合理的分工与协作，在空间布局方面没有形成区别化的"坡度"，这种不合理的城乡规划势必导致城乡各种资源的浪费，造成城乡发展不协调问题更加严重，并形成以工业化为特征的城市经济和以传统农业为特征的农村经济之间相对立的经济社会管理体制，严重制约了城乡一体化发展。

（三）城乡产业要素流动依然受限与产业互动不足制约城乡一体化发展

21 世纪以来，随着城乡统筹发展与社会主义新农村战略的实施，城乡产业之间的联系日趋密切，但是城乡产业发展脱节、缺乏协作、互动不足等问题仍较为严重。首先，中国农业生产效率低、规模小、效益不高等弱质特征明显，为第二、三产业提供高质量原料的能力不足，而且农业生产机械化使用率较低，这都在很大程度上制约了农业和第二、三产业之间的互动发展，也导致对第二、三产业发展的有效需求不足。其次，中国工业带动能力不足。改革开放以来，中国工业化进程速度明显加快，成为全球最具影响力的制造业大国，但是中国先进的工业技术和设备没有充分应用到农业生产领域中，农业现代化发展水平不高。最后，服务业发展整体滞后，难以符合现代农业发展和城乡产业互动发展的要求。随着城乡统筹发展与社会主义新农村战略的实施，城市资源虽然开始部分流向农村，但在市场经济条件下，资源要素自发向高回报、高收益的产业和区域配置，而城镇化、工业化将进一步推动农村资源流向城市和工业。从整体来看城乡要素的流动仍然主要以农村流向城市为主，城乡产业要素流动依然受限。而城乡产业要素流动依然受限与产业互动不足会导致城乡产业一体化发展进程，进而影响城乡经济一体化发展速度，最终会制约城乡一体化发展。

（四）城市对农村带动作用不足制约城乡一体化发展

城乡一体化发展需要借助于城市带动农村发展，但目前我国城市化发展对乡村振兴的带动作用不足。首先，我国城市化推进速度缓慢，城市化水平比较低，城市化缓慢发展影响城市对农村的带动作用。其次，城市化发展质量不高，城市医疗、交通、教育等的基础服务并未跟上城市化发展，造成交通拥挤，看病难，环境污染严重等城市病的出现，城市接受农村人口转移能力不足，阻碍农村人口向城市的流动。城市化发展质量不高导致城市对农村的带动作用不足，城乡差距继续拉大并制约城乡一体化发展。

（五）科教水平与人力因素制约城乡一体化发展

教育是文明的基础，也是文化建设与普通民众相联系的枢纽，我国农村人口数量巨大，农村蕴含着极大的人力资源潜力，而教育就是把庞大的人力资源总量变成丰富人才资源最直接、最有效的手段。但是由于我国长期受"二元结构"经济社会发展模式的影响，农村的教育水平低下，农民接受教育的机会不平等、农民整体文化素质偏低；更重要的是，各级政府在城乡教育上的投入存在巨大的差距。国家对城镇教育足够重视，财政投入力度巨大，而在农村教育发展方面投入力度明显不足，导致城乡教育发展不平衡，农村高素质人才匮乏，而在发展城乡一体化进程中，不管是发展乡村旅游业还是现代农业，或者是城乡二、三产业的对接与合作，都需要大量有文化、会经营、懂技能、善管理的综合型人才。人才匮乏限制城乡一体化政策顺利开展与有效推进，制约我国城乡一体化发展。

第八章

城乡融合发展理论对我国城乡产业一体化发展的启示

马克思、恩格斯的城乡融合发展理论是马克思主义关于未来社会构想的重要内容，也是马克思主义社会发展理论中的核心部分。马克思、恩格斯不仅以深邃眼光动态勾画了实现城乡一体化发展的光辉前景，而且从社会和谐与人的全面发展的高度，生产力与生产关系的角度，为现如今我们协调城乡发展提供了很多有意义的路径安排。即"由社会全体成员组成的共同联合体来共同地和有计划地利用生产力；把生产发展到能够满足社会所有人的需要的规模；结束牺牲一些人的利益来满足另一些人的需要的状况；彻底消灭阶级和阶级对立；通过消除旧的分工，通过产业教育、变换工种、所有人共同享受大家创造出来的福利，通过城乡融合，使社会全体成员的才能得到全面发展，——这就是废除私有制的主要结果"① 等。而当今统筹城乡产业发展，实现城乡产业一体化，以此当作实现城乡一体化发展的基础性探索，这正是马克思主义城乡融合理论的最新诠释。新时期分析借鉴马克思主义城乡融合发展理论，以便于我们结合实践进行深入探索，对于我们实现城乡产业一体化发展具有重要指导意义。

一 优化城乡产业布局

马克思认为资本主义生产方式或者经济发展的扩张受制于原料和

---

① 《马克思恩格斯文集》第 1 卷，人民出版社 2009 年版，第 689 页。

市场，"一旦与大工业相适应的一般生产条件形成起来，这种生产方式就会获得一种弹性，一种突然地跳跃式地扩展的能力，只有原料和销售市场才是它的限制。"① 我国统筹城乡产业发展是对城市与农村市场扩张的内部诉求的正确决策。随着城市工业化水平的提高，更多的厂商需要更大规模的市场和劳动力来满足其生产扩张与资本扩张的需要。城市与农村在市场不同方面的需求，要求改变这种城市与农村分割的市场状态。统筹城乡产业发展从产品、资源、劳动力、科技等生产要素资源配置的角度，通过产业的协调发展，使资源在城市与乡村两大地域达到最优配置状态。

马克思、恩格斯分工理论指出："分工越向前发展，产品就越不是交换手段，于是就需要一种独立于每个人的特殊生产之外的一般交换手段。"② 一个区域和城市的大空间范围内，产业发展只有形成合理的空间布局，并形成具有竞争力的产业链、产业集群，才能促进城市资源要素的集聚并带动郊县、郊区和临近区域产业的科学分工，从而逐步缩小城乡之间、城郊之间的界限与落差。可见，分工是影响市场规模的重要原因。分工与专门化的生产，可以提高农村生产效率，改变农村自给自足的生产方式，促使更多农村剩余产品在市场上进行交换，促进农村机械化水平的提高，使农村中大量剩余劳动力向城市转移。

按照马克思、恩格斯的观点，城乡产业之间实现有效的结合是走向城乡融合的客观要求。结合当前实际，我国要以建设新型城镇化为契机，把城市和乡村当作一个整体来统筹规划城乡产业的发展格局，大力推动城乡产业融合，逐渐形成工农业互动发展的运行机制；优化城乡产业发展空间布局，依据城乡各自资源禀赋的比较优势与产业空间的指向偏好，分别在乡村各圈层梯度、规模化中心镇、城市发展现代服务业或高科技产业、现代农业和现代加工业，推动并引导分散在农村的各乡镇企业向第二圈层即中心城镇的产业园区转移或向工业集中发展区域内集聚，形成城乡产业之间空间集约、合理分工、密切协

---

① ［德］马克思：《资本论》第 1 卷，人民出版社 2004 年版，第 519 页。
② 《马克思恩格斯全集》第 46 卷（上），人民出版社 1979 年版，第 148 页。

作、互惠共兴、功能错位的城乡产业一体化体系。

二　完善农村非农配套措施与设施

在马克思主义城乡融合发展理论中，城市和乡村之间存在着相互依存、相互斗争的关系。城市是在乡村的基础上发展而来的，随着生产力的发展，城乡发展差距被拉大，出现城乡二元经济格局。城市基础设施越来越完善，经济发展速度越来越快，而农村基础设施则同其经济发展水平相对应，发展缓慢，城乡差距进一步被拉大，而城市的发展离不开农村经济的支持，马克思主义城乡融合发展理论要求城乡发展差距保持在合理范围内。根据我国当前情形，政府应当积极克服农村经济发展的制度障碍，从根本上改革当前城乡分割的二元经济体制格局，均衡城乡发展，努力消除限制城乡产业要素双向流动的各种制度障碍；健全和完善公共财政体制，加大在"三农"发展方面的投入；改革城乡不合理的户籍制度；完善农村土地增值利益共享机制；创新和完善城乡社会保障机制体制，完善新农保，推动城乡社会保障制度一体化；促进形成城乡统一的市场体系，特别是劳动力市场、资金市场、土地市场，实现人力流、资金流、物资流等在城乡产业之间的正常循环流动。继续增强对农村基础设施的投入力度，形成城乡一体化的通信、物流、交通等公共设施服务网络，推动城乡公共服务与基础设施建设均等化，以城市与乡村相互依存提供基本的制度与基础设施支持，为城乡产业一体化发展提供良好的软硬件支持。

三　加快城乡产业组织形态创新

马克思、恩格斯认为，生产力的高度发展是走向城乡融合的基础前提。城乡二元分离和对立是由于生产力发展不足，因此消灭城乡对立，需要依靠生产力的发展与物质生产的不断进步才能实现。生产力发展水平最终会体现在产业发展水平上，而我国当前城乡产业组织形态落后，乡村产业层次较低，严重制约了整体产业水平的提高。马克思、恩格斯高度重视创新的作用，他们把创新视为消灭城乡对立与实现城乡融合的重要手段。鉴于我国当前落后的产业组织形态，应加快城乡产业组织形态创新，促进乡村产业层次提高。具体而言，应继续推进农业的产业化经营，创新乡村企业的组织运行机制，大力培育家庭农场、农业企业等各种新型农业经营主体。由于龙头企业和农业专业化合作生产组织具有开拓市场、引导生产、加工增值和提供服务的综合功能，特别是结合龙头企业在中国具有科技含量低、规模小、竞争力较差、带动作用不强的特点，要在政策制定、贷款安排、财政补贴和技术转移等方面进行重点扶持照顾，引导产业龙头企业升级转型，做大做强。并且注重各类公共服务平台搭建，建立和完善农业产业协会、消费者协会、质量协会等一些其他专业协会和质量认证、检验检测等社会中介服务体系。

　　实现马克思主义城乡融合发展就是要逐步消除城乡对立，促进城乡关系融合，其中乡村服务于城市，城市带动乡村发展，逐步缩小城乡差距，并把城市和乡村生活方式的优点结合起来是其必经的一个阶段。城郊区域的农业产业比较容易实现与城市产业的对接合作，但中国幅员广阔、类型多样的农村地区大多数远离中心城市，很难接受中心城市的辐射，更何况偏远地区的农业发展水平更低，很难和城市产业实现良好互动。因此，要推进和提升城乡产业一体化发展水平，就必须持续地提高乡村产业自身的发展水平和乡村产业的发展层次。为此，一是加快农村传统产业的改造与产业结构的优化调整，根据农村资源禀赋优势有针对性地引进新产业、新品种，通过加大投入、先进管理、标准生态、技术改造等一系列手段推动农村产业的改造和结构优化升级，为城乡产业互动提供基础条件。二是充分挖掘农村的特色文化优势与生态资源优势，在发展绿色、生态产业的同时，推动农业向第二、三产业延伸，开发特色产业，提高农村产业的内容、层次和竞争力。三是提高农村产业的科技含量，改善农业经营主体吸收、获取创新技术与新知识的能力，调整乡村产业技术结构，提升城乡产业一体化发展的水平。

四 提升农村人口的整体素质

在马克思、恩格斯看来，人是社会关系的主体，人的发展程度与城乡关系的发展程度之间存在必然的联系。人的早期的、初始的发展，是与城乡同一的阶段联系在一起的；人的畸形的、片面的发展，是与城乡对立的阶段联系在一起的；而人的自由全面发展，是与城乡融合的阶段联系在一起的。城乡二元经济发展结构导致城乡经济发展不平衡，城乡教育投入差别巨大，城乡人口整体素质差别很大。而人才是经济社会发展的重要推动力，在城乡差距逐渐扩大的同时，人才流向城市，农村人才匮乏，限制了农村经济发展，农村产业发展受到人才不足的制约。马克思、恩格斯认为通过教育能够使年轻人全面掌握参与工业生产和农业生产的知识和技能，在不同的生产部门之间自由转换和轮流工作；能够使他们很快地熟悉整个的生产系统，根据社会的需求和安排以及自己的兴趣和爱好，从而获得脑力和体力全面发展的能力和机会。鉴于此，当前阶段我国应认真贯彻党中央关于新增教育经费向农村倾斜流动的要求，加大对农村教育的投入力度，特别是保证农村义务教育经费来源的稳定性，提升农民整体受教育水平；大力推进农村劳动力的职业教育和技能培训，尽快实现农村免费中等职业教育；继续推广实施"新型农民培训""转移培训阳光工程""农民创业培训"等工程，提升农民的文化知识和技能水平，壮大农村实用人才以及各行业经营管理人才队伍，为农村产业发展提供充足的人才保障，促进城乡产业一体化发展，缓和城乡对立关系，逐步走向城乡融合。

第九章

城乡融合发展理论对我国城乡
就业一体化发展的启示

马克思、恩格斯认为，城乡就业一体化的发展过程是遵循某种客观经济规律的，并且在社会发展的不同阶段会展现出不同的特征，各有侧重；雇佣劳动就业方式的城乡一体化是资本主义从产生、发展到最终走向成熟阶段的城乡一体化过程中的一项重要内容，就业内容的城乡一体化从某种角度来讲是作为人类社会发展的最高阶段的重要任务，二者在内容上是各有侧重，在时间上是前后衔接的关系，共同构成了城乡就业一体化的辩证发展过程。他们的城乡就业一体化思想在当时乃至今天都极具深刻意义和科学预见性，对于当下推动城乡就业一体化快速发展具有重要的指导意义。

统筹城乡发展，推进城乡就业一体化，是当前实现全面建设小康社会、共同富裕，最终实现中国梦这一伟大目标的重要一步，也是我们目前亟须研究和解决的重大课题。虽然马克思、恩格斯当初在论述社会主义时并没有明确使用过城乡就业一体化这一概念，但是我们发现还是有相当部分的论述形成了深刻、有内涵、极富先见之明的城乡一体化思想，这对于我们结合实践深入探索并实现城乡就业一体化有着重要的现实指导意义。

一 推进城乡平等就业

就业问题是关乎民生的第一问题，农民工就业难，城乡分离的就业歧视背后折射出城乡二元户籍制度、城乡二元保障制度、不平等的教育制度等弊端。马克思、恩格斯设想的人口平均分布于全国也启示我们要重视城乡劳动力的自由流动，破除影响城乡居民尤其是制约农民就业的一些限制性因素。为此，笔者认为，起到引导作用的政府部门，首先，要花大力气打破城乡户籍分割制度，统一城乡户籍管理制度，使城乡居民享有同等的公民待遇，允许和鼓励城乡居民在条件适宜的范围内自由就业或选择创业。其次，要建立完善的用工制度和社会保障制度，为城乡人民实施最完善的就业保障。再次，要继续完善各种社会制度，确保进城务工人员在子女教育、住房、医疗等方面享受与城市居民同等的待遇，真正使城乡居民利益一致化。最后，政府要加快改革，加快打破阻碍城乡居民统一就业的各种不公平制度和政策。在增加就业的同时要通过各种途径对农民进行技能培训，降低乃至取消农民工进城务工的"门槛"，给农民工以公平的国民待遇。而当前最急需解决的就是彻底消除对农民工的就业歧视，逐步建立完善的用工制度。

要想促进就业一体化顺利推进，政府就必须积极发挥市场和企业都无法替代的权威性引导作用。首先，政府必须扩大其公共服务的范围，并遵循其服务型政府的职能设定，改变以往不合理的管理模式，立足城乡一体化，科学合理规划城乡就业资源。面对当前严峻的就业形势，陡增的大批农村剩余劳动力涌向城市以及城镇新增的失业游民，政府必须发挥好就业服务职能，降低门槛，尤其是放松对地区、性别、行业等的限制，协调各级劳动力市场，搭建就业信息共享平台，营造出一个开放、自由竞争、统一协调、秩序井然的劳动力市场氛围。政府之所以由人民选举出来，代表人民的根本利益，就要担负起向社会提供包括医疗、教育、文化、安全等公共物品。这些具有非排他性、非竞争性的公共物品之所以能够持续有效供给，主要依赖于政府财政的大力支持，因此，政府要想保证城乡就业一体化顺利开展就必须有充足的财政作为资金保障。除此之外，对于政府部门相关行为的监督也是必要的。相关部门要加强规章制度的建设，使得各级政府机构和其工作人员在贯彻落实就业政策时，本着公平、公正、公开的原则，科学规划城乡就业工作，建立目标责任制进行相互监督。其次，要加大对干部的宣传和培训力度，培养政府官员正确的政绩观，将所辖区域的就业率纳入政府官员的考核标准之中，建立并完善一系列强化监督、服务人民、高效工作的相关体制机制。

二　探索推进户籍制度改革

城乡就业不平等，处处有门槛，部分原因在于城乡户籍的差别，因此我们有必要探索新的户籍制度改革。户籍制度的发展具有阶段性特征，在不同的社会时代条件下被赋予不同的含义。曾经有一段时期，户籍制度跟随着福利的分配功能，确实给不少城市市民带来了生活环境的改善，但也随之拉大了城乡之间的差距。之后，人们意识到户籍制度带来的相关就业、养老、医疗保障等福利反而不利于经济均衡发展，于是淡化与户籍制度密切相关的福利分配制度成为户籍制度改革的突破口。户籍制度原本就没有附加的这些福利功能，其原始功能只不过是用来确认公民的身份和统计人口信息，然而现在却被无端利用成为城乡经济差距拉大的罪魁祸首。

户籍制度改革要想顺利进行，必须明确户籍制度改革的目的、改革方式、改革对象以及改革时机的问题，其中主要在于明确改革主体——城市政府对于改革的成本和收益的权衡与度量。其实，中国已经在进行大规模的自由迁徙，农村人口大量涌进城市，只不过这种权利还没有获得法律上的认可和保障。而鉴于户籍制度改革牵涉到一系列与其紧密相关的城市福利问题，户籍制度在短时间内不可能马上废除。我们为了稳中求胜，也不可以操之过急。另外，户籍制度改革过程中伴随着与其相关的配套制度的建设，也需要有政府雄厚的财力支持，如积极发展社会保障、医疗保险和公共服务等。

三　构建信息化就业服务平台

马克思、恩格斯坚信，科技的发展对于消除城乡对立起着不可磨灭的作用。"科技是生产力"，科技促进人类社会发展的同时，也对城乡关系有巨大的影响。蒸汽机的发明和应用，打破了数千年城市和乡村之间相互隔绝的状态，增强了它们之间的联系。同时也使得以英国为首的几个西方资本主义国家的城市化进程大大加快。"这一发现使工业彻底摆脱几乎所有的地方条件的限制，并且使极遥远的水力的利用成为可能，如果说在最初它只是对城市有利，那么到最后它必将成为消除城乡对立的最强有力的杠杆。"① 邓小平把这种作用提升到了更高的层次，认为"科学技术是第一生产力"。现代社会，随着电子科学技术以及互联网的发展，科学技术应用的区域越来越扩大化，它渗透到社会经济的每一个角落，同样，我们要构建和谐的城乡关系也不能忽视科学技术这一重要手段。我们可以利用互联网技术来建立城乡间的就业信息互动平台，交换信息，这样农村就有了更多可供利用和咨询的有效的市场信息来促进发展，以达到缩减城乡差距的目的。因此，我们既要充分发挥利用科学技术对人类社会的积极作用，又要未雨绸缪，管理好科技信息平台，如网络等，对城乡间的就业信息资源进行统一规划，完善和有效整合城乡信息基础，使科技信息对消除城乡差距的作用发挥到最大。

统筹并实现城乡一体的劳动力市场，必须加大对就业信息共享平台的建设和投资，建立城市居民、农村居民、企业、政府部门之间彼此透明的信息网络系统。信息不对称的弊端众所周知。城市已经表明了人口、生产工具、资本、享受和需求的集中这个事实；而乡村则是完全相反的现象：隔绝与分散。不仅信息渠道隔绝，而且产业发展也是隔绝的。中国的劳动力市场起步较晚，加之作为劳动力市场中不可或缺的重要角色——中介机构，大多数是以营利为目的，缺乏其该有的社会责任感和胸怀天下的大局观，鼠目寸光，导致在分配劳动力资源时出于利益考虑背弃道义，造成劳动力市场乌烟瘴气，降低了劳动力市场的可信任度和可靠性。尤其是信息网络发达、道路交通完善的城市与基础设施不健全、信息沟通闭塞的农村相比，使得城乡间的就

---

① 《马克思恩格斯选集》第 4 卷，人民出版社 2012 年版，第 556 页。

业渠道也呈现严重的两极分化趋势。

四　推进农民当地就业

马克思、恩格斯强调了加强工业和农业间的联系对于消除城乡分离，实现城乡融合的重要性。因为，"消灭城乡对立不是空想……消灭这种对立，日益成为工业生产和农业生产的实际要求"①。他们还指出，把工业和农业结合起来是消除城乡对立、实现城乡融合的重要途径，《共产党宣言》明确写道："把农业和工业结合起来"②，马克思、恩格斯还强调，城市工人与农村生产者之间的联合，在农村成立公社体制，使得城市先进的精神成果带动农村的发展，工人和农民结为联盟，这样将更有利于实现城乡融合。马克思、恩格斯指出："乡村农业人口的分散和大城市工业人口的集中，仅仅适应于工农业发展水平还不够高的阶段。"③ 为此，应不断发展生产力，使大工业和其他要素协调发展遍布于全国，使得工农业发生密切联系，城乡距离不断缩小。

除了在设想未来社会时提出的有关城乡就业一体化相关内容外，马克思和恩格斯在特地考察德国、法国和英国等西方国家从15世纪到19世纪中后期的传统农业手工业社会迈向现代化工业社会的过程中，还形成了他们的雇佣劳动就业方式的城乡一体化思想。具体来说，就是工业化推动资本主义雇佣劳动就业方式在城市工业领域确立起统治地位。在18世纪的英国，以蒸汽机的广泛应用为标志的第一次工业革命兴起，促使人们的生活生产方式、社会经济结构方式等都发生了翻天覆地的变化，马克思和恩格斯从这件事情中也充分认识到它的重大意义。他们提出：现代社会是以大工业为基础的社会，任何一个国家，如果没有机械化工业的加入，自己不能满足社会化生产的

---

① 《马克思恩格斯选集》第3卷，人民出版社2012年版，第264页。
② 《马克思恩格斯选集》第1卷，人民出版社2012年版，第422页。
③ 《马克思恩格斯文集》第1卷，人民出版社2009年版，第689页。

需要，那么，它在各文明民族中就不可能占据一定地位。所以说，18世纪机器的引入引发了一场深刻的社会生产方式变革，使农业在国民经济中的基础地位发生动摇，可见农业要想发展强大也需要顺应潮流，引入大机器的使用，进行农业现代化的变革。同时，农业市场化过程也是资本主义雇佣劳动就业方式将其范围扩展到乡村农业领域的过程。

农业现代化发展一方面使农业由社会中最不发达的部分——单纯靠经验和固守传统沿袭下来的经营方式，在私有制条件下一般能做到的范围内，转化为农民丰富实践经验加科学知识引导结合的完美应用；另一方面，农业生产要素市场化，农业变成一种"营业"，丰富了农民的谋生手段，也不自觉地使农民从一个被剥削者变成一个为利润而经营农业的资本家的过程。农业现代化发展的不断推进，不仅深化了农业相关学科的研究，而且培养了一批批有冒险精神、朴实热爱劳动、敬业爱业的农民企业家，带动当地农村经济发展，从根本上改善当地落后面貌，更提供了广阔的就业创业空间，从源头上解决了农民的就业问题。

第十章

城乡融合发展理论对我国城乡文化
一体化发展的启示

马克思、恩格斯的城乡融合发展理论是西方关于城乡一体化发展进程中最具代表性的思想，是马克思主义关于未来社会构想的重要内容，也是马克思主义社会发展理论中的核心部分。改革开放以后，我国城乡区域发展协调性和城镇化水平显著提高，但城乡一体化发展仍面临许多问题。回顾马克思、恩格斯关于城乡融合发展的理论，有助于我们正确处理城乡关系，推动城乡协调发展。城乡文化一体化发展是城乡一体化发展的重要内容，也是实现城乡一体化发展的重要途径，对我们在当代境遇下推进城乡文化一体化建设具有重要的启示价值。

一 坚持社会整体发展理念

城乡融合发展理论是马克思、恩格斯社会整体发展观的具体内容。马克思主义城乡融合发展理论构筑在唯物辩证法的基础上，按照辩证法的观点，整个世界是一个有机联系的整体，不同事物之间的相互作用、相互影响，推动着事物不断向前发展。城乡关系有着明显的辩证逻辑，城乡融合涉及经济关系、文化关系、政治关系等关系的融合。因此，建设城乡文化一体化应该坚持社会整体发展观，必须从社会整体战略高度全方位地认识经济、文化、政治交互作用以及推进城乡文化一体化。首先，要切实解决农村文化建设中"重经济、轻文化"的现象。建设和谐的农村文化，就是要正确把握经济、政治、文化三者之间在新农村建设中的互动关系，坚持农村经济发展与文化发展并重，把农村文化建设纳入经济社会城乡建设规划和发展规划中。其次，还必须从优势互补、城乡联系的视角对文化发展作出科学合理规划。城乡文化一体化是农村文化和城市文化之间扬弃的过程，双方互相吸收先进健康的因素，摒弃落后因素。所以，要坚持城乡互动、城乡并重、共建共荣的总原则，统一规划、部署城乡文化发展战略，促进城乡文化整体协调、优势互补发展。

二　建立以城带乡联动发展机制

马克思、恩格斯指出，只有随着城市文明向农村文化的渗透和影响，"才能使农村人口从他们数千年来几乎一成不变地在其中受煎熬的那种与世隔绝的和愚昧无知的状态中挣脱出来"[1]。因此，也只有充分发挥城市文明对农村文明的号召力和影响力，才能促进农村文化的繁荣和发展，消灭城乡对立，从而奠定实现城乡文化融合的基础。

目前，我国总体上已经进入以城带乡、以工促农的发展阶段，以城带乡，拓宽公共文化服务领域，是促进城乡文化一体化发展的重要手段之一。首先，要树立城市文化与新农村文化和谐共存的理念。它强调城乡文化间应该建立一种和谐共生的新型关系。城乡文化各有其特点和建设主体，它们分别服务于不同群体的精神需要，突出的特色不同，在城乡文化一体化建设过程中应该突出强调两者的差异互补性，意识到两者是相互促进、和谐共存、共同发展的关系。其次，坚持"以城带乡，以城促乡"理念，鼓励城市对农村进行文化扶持。发挥公益性文化单位的主体作用，鼓励博物馆、文化馆、图书馆、体育馆等公益性文化单位面向农村提供流动服务、网点服务；推动媒体办好农村文化板块，切实提高传播内容的有效性、针对性、质量性；

---

① 《马克思恩格斯选集》第 3 卷，人民出版社 2012 年版，第 265 页。

组织文化工作者到农村开展群众性文化培训辅导活动，引导农民自办文化活动，增强农村文化的造血功能；加强对城市农民工的教育培训，尽快把农民工纳入城市公共文化服务体系，使他们成为城乡之间文化互动的有力桥梁。

三 加强农村公共服务能力建设

马克思认为，当生产力发展到一定程度，劳动者生产的产品不仅能够满足全体社会成员的物质要求，还能形成储备，为消灭城乡对立提供了基本条件与物质基础，另外，也使每个人都有充足的闲暇时间去获得历史遗留文化——艺术、科学、社交方式等一切真正有价值的东西。只有这样才能使农村居民从愚昧无知、孤立的状况中解放出来，才能使城乡人口都充分获得体力与精神发展的机会和条件。所以，实现城乡文化一体化发展，首要前提就是大力发展生产力，尤其是发展农村经济，提高农民收入，刺激农村的精神文化消费，逐步缩小城乡文化差距。

要高度重视统筹规划对农村文化建设的支持。一是发挥政府的主导作用。各地坚持"政府主导、统筹规划"的原则，把农村文化发展经费纳入当地财政预算，设立农村文化建设发展专项资金，关心农民群众文化活动的实际需求，逐步加大农村文化基础设施建设。同时加强监督地方政府对农村文化事业的投入，建立严格的考核制度和奖罚措施，确保政府对农村文化事业发展的投入落到实处。二是鼓励社会力量发展文化。充分借助社会力量，通过个人捐助、民间集资和社会投资等形式参与文化建设。可以采用政策导向、物质奖励、社会荣誉等手段，创建有助于社会力量参与农村文化建设的和谐宽松的社会环境，坚持政府带动与社会推动同步，统筹协调城乡文化基础设施建设。

农村文化消费不但需要经济支撑，更需要有高素质的农民为基础。只有农民素质提高了，他们才会从心里产生对精神文化消费的需求，真正发挥文化主体功能。培养高素质农民，一是要加快发展农村义务教育，提高农民的科技文化水平，使农民具有文化知识与智力基础。二是要大力发展农村职业教育，提高农民的职业技能与经营管理能力。三是要培养农民思想政治素质，弘扬社会主义先进文化，增强农民明辨是非的能力。

推进城乡文化一体化发展的关键是培养一批优秀的文化人才和建设一支稳定的基层文化队伍。要积极鼓励和引导城市文化人才向农村转移，鼓励和引导专业文艺工作者深入基层，深入群众；选拔优秀大学生参与从事基层文化工作，打破传统用人观念，大胆使用青年文化人才，为基层文化建设储备人才；要加大城乡文化干部与群众文艺骨干工作者的培训力度，提高文化人才的思想素质和专业素养；要面向农村，挖掘乡土文化人才并大力培养农民文艺骨干，打好农村文化人才的群众基础；要壮大文化志愿者队伍，鼓励社会各界人士参与基础文化建设，在全社会形成关注支持基础文化建设的良好氛围。

马克思提出城乡权利平等，市民和农民平等，城市文化与农村文化本无贵贱优劣之分。但是今天，不管是大众媒体的宣传，还是政府主导的文化建设，都过分宣扬以城市化、现代化为代表的"主流文化"。而城乡文化一体化的实现，需要尊重文化的多样性。需要不同文化的交流互动，才能真正地促进城乡文化繁荣发展。这同时提示我们重新认识农村文化的地位。农村文化和传统文化之间紧密联系，农村文化是传统文化延续的主要载体，农村文化的发展水平一定意义上决定传统文化发展的成熟程度。所以，积极弘扬发展优秀传统文化，大力开发与利用民间文化资源，既是弘扬民族传统文化的需要，也是实现城乡文化交流互动的有效途径。要按照古为今用、推陈出新的原则，挖掘探索农村优秀的有形或无形的文化资源；要对文化资源进行分类筛选，从内容上、形式上赋予时代特色，为农村文化提供亮相的舞台；要积极开发有民族传统与地域特色的文化项目，实施特色文化品牌战略，开发农村文化进城的新渠道，"走出去"与"引进来"相结合，真正实现城乡文化的互动和交融。

第十一章

城乡融合发展理论对我国城乡教育
事业发展的启示

消灭私有制是实现城乡融合的先决条件。"通过消除旧的分工，通过产业教育、变换工种、所有人共同享受大家创造出来的福利，通过城乡的融合，使社会全体成员的才能得到全面发展，——这就是废除私有制的主要结果。"[①] 消灭了私有制，城市和乡村之间的对立也将消失。从事农业和工业的将是同一批人，接受教育和知识的也将是同一批人，而不再是两个不同的阶级。虽然马克思、恩格斯的城乡融合思想是一种包含有教育协同并进的社会整体发展思想，但马克思、恩格斯并没有过多地在著作中赘述具体如何进行教育一体化的发展问题，因此，在我们细细品味马克思、恩格斯著作中所传达的自由平等的精神时，也要将其渗透到我们生活中的各个方面，包括教育。我们在吸收其理论精华、掌握其方法论武器的基础上，将研究的目光投射到社会主义发展过程中需要重视的教育发展问题上，从城乡融合的角度重新审视我国教育中出现的问题，结合马克思主义思想，推动我国城乡教育一体化更好地发展。"百年大计，教育为本"，世界上大多数发达国家一直以来都很重视教育的发展，因为只有培养了大批人才，才能引领国家的政治、经济、军事等整个社会的全方面发展。然而，中国尽管采取了很多措施试图推动城乡教育的发展，但城乡教育

---

① 《马克思恩格斯文集》第 1 卷，人民出版社 2009 年版，第 689 页。

的差距却依然在拉大，这是一个值得我们思考的问题。为此，我们可以借鉴国外在统筹城乡教育发展方面的经验，结合中国城乡发展的实际情况，有选择地汲取部分以应用到中国城乡教育的统筹发展中。

从 19 世纪 40 年代起，马克思和恩格斯的许多著作就提出了马克思主义教育观的初步原理，比如《资本论》第 1 卷，第 13 章；《德意志意识形态》第 1 卷，第 1 部分；《哥达纲领批判》第 4 部分；《共产主义基本原理》，等等。正是在这一基础上逐步形成了较系统的教育理论。十月革命及其对马克思主义教育实践的需要，大大推动了这一理论的发展。实际上，马克思主义的教育理论基本是一种实践的理论。对此作出贡献的一些重要人物有倍倍尔、饶勒斯、蔡特金、李卜克内西、葛兰西、郎之万、瓦伦、塞夫。许多研究者正致力于进一步发展这一理论。该理论的主要组成部分有以下方面。

一　首先要认清教育在人的发展中的作用

城乡教育发展水平的差异，从根源上来说在于城乡居民对教育重视程度的差异，对于以食为天的农村居民来说"书本中看不中用""知识不能当饭吃"的陈旧思想根深蒂固，从根本上导致了农村教育的落后。而按照马克思主义历史唯物论的基本观点，社会存在决定社会意识，经济基础决定上层建筑，但是，社会意识和上层建筑又具有反作用，教育在社会发展和人的发展中具有重要的作用。

在马克思主义产生以前，哲学家和教育家们对人的本质和教育在人的发展中的作用有不同的理解。有的人认为遗传在人的发展中具有决定性的作用，片面强调人的生物属性即自然属性，忽视人的社会属性；还有一些人则认为环境是人的发展的决定性因素，人是环境的产物，否定了人的主观能动性；另外一些人则提出教育万能论，认为教育不仅可以改变一个人，而且可以改变整个社会，夸大了教育的作用。马克思和恩格斯克服了以往关于教育与人的发展的认识上的缺陷，科学地阐明了二者之间的关系，使教育学从此建立在科学的基础之上。马克思主义认为，人不仅是一个生物的人，而且是一个社会的人。人的本质，在其现实性上是一切社会关系的总和。任何人都生活在一定的社会关系之中，并受到这种社会关系的制约。马克思、恩格斯明确指出，人作为有生命的自然存在，具有一定的遗传因素，遗传为人的发展提供了物质前提；人的遗传因素是有差异的，但是，遗传并不是人的发展的决定性因素。同样，马克思主义一方面肯定环境对人的影响，另一方面又认为人在接受环境影响的时候并不是被动的，人类通过自己的生产活动主动地改变着环境和社会，并且改变着人自身。在马克思主义看来，教育是人的发展中的决定性因素。这是因为，人是一切社会关系的总和，是在一定的社会关系和社会活动中得到发展的，教育作为一种社会现象，反映了一定社会的需要，体现了社会关系的要求，社会关系通过教育而制约人的发展，从这个意义上讲，教育在人的发展中起着决定性的作用。历史上的遗传决定论、环境决定论和教育万能论，由于不能正确理解和反映教育与社会的关系，因而也就不能正确认识和把握教育在人的发展中的作用。

二　消灭文化、知识的垄断以及教育的种种特权

"城乡融合"这一概念，直到近几年我国的城市发展拉大城乡间的差距之后，我们才意识到其重要性。然而，一直以追求"人生而平等"为根本理念的西方国家，很早就认识到城乡融合、均衡教育发展的重要性，所以，我们应该大力宣传"城乡融合，均衡教育发展"，利用社会一切力量，尽快消灭文化或知识的垄断，做到人人受教育公平，这是推动城乡教育统筹发展的社会基础。纵观世界上的发达国家，不仅把教育公平看作本国的立国之本、基本国策，而且从立法上保障城乡公民平等的受教育权。中国可能由于之前出于发展经济的考虑，一直实施以发展大城市为重点的城乡二元化战略，结果必然造成城市经济优先发展带来的城市教育的进一步突飞猛进，反而导致农村经济被忽略以及与之密切相关的农村教育的远远落后，造成城乡教育的巨大差别。因此，根深蒂固的二元化发展策略带来的危害要求我们从根本上首先树立统筹城乡、城乡融合的协同发展理念。

一方面，一些地方政府在发展当地教育时总是借口资金不足，然而在进行一个个的"豆腐渣工程""政绩工程"时却又劳民伤财，这显然是某些官员缺乏战略眼光，忽视了教育的重要性的结果；另一方面，城市居民由于潜在的历史上存在的优越感，认为城市居民理应获得比农民更优越的教育资源，甚至觉得农民不需要接受教育，大部分农民也受传统观念影响，认为知识没用不如干活让人踏实。随着近几年大批的农民进城，出现了农民工子女上学难的问题，尽管生活在同一座城市，某些地区仍然存在单独成立农民工子女班的现象，说明二元化的社会心理和社会意识依然是城乡统筹发展的最大障碍。因此，我们有必要加大宣传力度，消除城乡居民心中不平等的芥蒂，树立公平、公正的社会理念，这是解决目前城乡融合大趋势下城乡教育统筹发展的首要问题。

除此之外，我们要注重利用社会上一切可以团结、可以合作的力量，即马克思书中所谓的社会化群体的力量，并将之投入到祖国的教育事业当中。基于此，要想使农村贫困子弟顺利完成学业，我们可以鼓励企业、政府通过多种途径设立教育助学基金，探索非义务教育阶段能够保证学生顺利完成学业的奖学金体制、助学金体制、助学贷款的财政保障制度，或者发放教育彩票筹集资金，尤其是通过为农村山区学生举办大型公益募捐活动，兴办希望学校等方式，为农村学生提供更坚实的物质基础，营造更温馨的学习氛围。

三　教育与物质生产相结合

教育与物质生产相结合，用马克思的话来说，就是把智育、体育和生产劳动结合起来。想要准确把握教育与生产劳动相结合的含义与作用，我们有必要加强马克思主义对教育与生产劳动相结合思想的理解。首先，马克思、恩格斯所指出的"生产劳动"意谓物质生产劳动、现代机器工业工厂劳动，而不是手工劳动，"教育"则是指家庭以外的社会教育，主要是学校教育。教育与生产劳动相结合的含义就是建立在机器大工业生产基础上的现代教育与现代生产劳动的结合。

其次，教育与生产劳动相结合，也是指当时的儿童在参加大工业生产的同时，受到资产阶级的学校教育，使工厂劳动与学校教育相结合，使工人后代一方面用大部分时间从事工厂劳动，另一方面又有在资产阶级学校里学习文化科学知识和生产技术的时间。为此，马克思根据儿童年龄的不同，对男女儿童和少年每天的工作时间进行了特别规定，并且指出："儿童和少年的权利应当得到保护。他们自己没有能力保护自己。因此社会有责任保护他们。"① 再次，教育同生产劳动相结合，包括多方面的内容，正如在《临时中央委员会就若干问题给代表的批示》中所说："我们把教育理解为以下三件事：第一：智育。第二：体育，即体育学校和军事训练所教授的那种东西。第三：技术教育，这种教育要使儿童和少年了解生产各个过程的基本原理，同时使他们获得运用各种生产的最简单的工具的技能。"② 可见，它不仅包括科学知识与生产劳动相结合，而且包括生产劳动要创造精神财富。

马克思、恩格斯把教育与生产劳动相结合的作用看得相当高，把它作为培养全面发展的人的根本途径和唯一方法，甚至认为"生产劳动和教育的早期结合是改造现代社会的最强有力的手段之一"③。随着人类社会实践的发展和社会生产力的提高，特别是社会生产力发展到现代社会，生产劳动所要求的劳动技术和文化知识越来越高，这就使本来属于两个不同社会生产部门的独立系统之间的联系越来越紧密。教育可以使人们获得现代科学知识，懂得现代生产中的科学原理。现代教育起着传递科学知识和生产技术的重要作用，是培养和造就具有知识、技能的劳动者的重要手段，高等教育还是发展社会生产的重要阵地；另外，通过生产劳动，学生获得操作生产工具的技能，得到多方面的技术训练，学会在生产劳动中运用科学原理作指导。把生产劳动同教育结合起来，既可以使教育获得科学实践的基础，使感

---

① 《马克思恩格斯全集》第 16 卷，人民出版社 1964 年版，第 217 页。
② 《马克思恩格斯全集》第 16 卷，人民出版社 1964 年版，第 218 页。
③ 《马克思恩格斯选集》第 3 卷，人民出版社 2012 年版，第 377 页。

性认识和理性认识、理论和实践结合起来，提高教育的质量；又可以使生产劳动受到科学原理和智力活动的指导，在生产中广泛地运用教育和科技发展的成果，促进社会生产力的提高，推动社会物质生产的发展。可见，如果教育与生产劳动达到了良好的结合，便可成为改革社会强有力的手段，特别是在资本主义社会里，它是改变资本主义制度的一种强大力量。实现这种结合，可以抵制资本主义大工业生产与科学的分离，保护工人阶级及其后代的利益，限制父母把儿童出卖给企业主，保护儿童和少年的受教育权、劳动权，也是抵制资本剥削制度和人的片面发展的手段，是造就全面发展的人的唯一方法和根本途径。

"生产劳动同智育和体育相结合，它不仅是提高社会生产的一种方法，而且是造就全面发展的人的唯一方法。"① "没有年轻一代的教育和生产劳动的结合，未来社会的理想是不能想象的：无论是脱离生产劳动的教学和教育，或是没有同时进行教学和教育的生产劳动，都不能达到现代技术水平和科学知识现状所要求的高度。"② "生产劳动和教育的早期结合是改造现代社会的最强有力的手段之一。"③ "一方面，任何个人都不能把自己在生产劳动这个人类生存的必要条件中的所应承担的部分推给别人；另一方面，生产劳动给每一个人提供全面发展和表现自己的全部能力即体能和智能的机会，这样，生产劳动就不再是奴役人的手段，而成了解放人的手段，因此，生产劳动就从一种负担变成一种快乐。"④

简言之，教育与生产劳动相结合不仅是提高社会生产的一种方法，而且是造就全面发展的人的唯一方法，是改造现代社会的最强有力的手段之一。大工业需要多方面发展的工人，这客观上先是要求将生产劳动与教育结合起来，使工人尽可能受到适应劳动职能变更的教育；进而要求将教育与生产劳动相结合，以培养能多方面发展的劳动

① 《马克思恩格斯选集》第 3 卷，人民出版社 2012 年版，第 710 页。
② 《列宁全集》第 2 卷，人民出版社 2013 年版，第 463—464 页。
③ 《马克思恩格斯选集》第 3 卷，人民出版社 2012 年版，第 377 页。
④ 《马克思恩格斯选集》第 3 卷，人民出版社 2012 年版，第 681 页。

者。同时，由于机器大工业生产是建立在现代科学技术基础上的，这就为通过科学这一中介，将教育与生产劳动有机地结合提供了基础。综合技术教育，可以使儿童和少年了解生产各个过程的基本原理，获得运用最简单的生产工具的技能，为教育与生产劳动相结合提供了重要的纽带。

　　尽管近些年来我国更加注重第二、三产业的发展，第一产业比重不断下降，但这并不意味着农业发展在中国地位的削弱。毕竟，我国是人口大国，更是农业大国，我们当下最重要的任务是发展农业经济，培养更多农业方面的人才专家，利用先进技术，在这个越来越稀有的国土上提高农田的生产效率，满足中国人民乃至世界人民的粮食需求。西方国家一直重视对农业人才的培养，不仅从理论上更是在实际应用中重视学生的实际操作能力的培养。然而，放眼国内的教育，在农业理论方面造诣很深的人却往往没真正去过田地的现象比比皆是，根源在于农村教育质量太差。具体来说，中国目前的教育重点多在大城市里。一方面，对于实践接触最多、最有经验的农村学生由于条件限制大多"迈"不进城市，缺乏科学理论的指导；另一方面，大多居住在城市的学生接触的又是"离农性"的学习内容，枯燥无趣，由于没有与实践相结合，他们不能把学到的理论知识融会贯通。这样就使得对农业知识的教育很失败。为此，我们建议相关教育部门可以结合实际情况，在中小学阶段的课程设置中，适当添加部分农业技术教育，从小培养学生的发散性思维和活学活用的能力，培养学生的学习兴趣；注重教育的实用性、经济性，使学生同时具备升学、就业、创业的多种机会，减轻当前最严峻的大学生就业问题。此外，对于一些失学的孩子，应该挖掘其天性，利用其农业实践技能的优势，在其基本知识体系基础上，根据情况开设部分职业教育和技能的培训课程，引导农村学生走向适合其发展的致富路径，同时为社会培养更多的实用人才，为农业教育发展作贡献。通过农业人才的培养，农业教育得到发展，教育与生产劳动密切结合，相互补充，更为农业经济作了贡献，促进城乡更好地融合在一起。

四　推进城乡教育资源分配均衡化

教育与政治经济制度和生产力的发展并非完全同步，这里分为两种情况：一种情况是由于人们的思想意识往往落后于存在，教育的思想和内容也落后于政治经济制度和生产力的发展；另一种情况是由于认识了社会发展的规律，根据社会发展的趋势，预见到教育发展的方向，在旧的政治经济制度下，也可能出现新的教育思想。

为保证教育资源的公平分配，一些发达国家一般采取政府财政转移支付扶持、学校之间的教师学生定期轮换交流、在全国基本实行统一的教学标准和要求，等等。然而在我国，前些年在二元化教育体制下，地方学校开设的各种重点班、奥数班、实验班、普通班的分类处处可见，自然教育资源也随着这些分类趋向不同人群，城市人口与农村人口受教育程度的差别也因此拉得更大。此外，城市一般是名牌学校、重点学校、示范性学校聚集的地方，优秀教师和特级教师自然也只愿意待在城市，大约30%的城市居民却享受着70%的教育资源，这样就形成了城乡之间师资力量的显著差别。随之而来的基础设施的差别自然也是显而易见的。要想解决这些问题，需要我们不断的努力，结合城乡融合的发展趋势，比如：统一城乡办学标准，在最初的时候适当扶持一批农村教育机构的发展，之后以统一标准为基础进行财政投资，首先，保证教育资金的公平分配；其次，采取教师学生在不同地区的定期交流培训，使得师资力量能够均匀分配在城乡的各个角落；最后，加大对农村老师的培训力度，加大对农村学校基础设施的建设，引进先进的教育教学方法，争取使农村教学资源不仅获得量的提高，更有质的发展。通过一系列的制度体系建设，最终达到教育教学资源在城乡的公平公正分配，真正使得城乡融合更好实施。

由于市场调节的原因，大量优秀教师都趋向于城市学校的发展，所以，提高农村教师的待遇水平不失为一条统筹城乡教育发展的好路径。在发达国家，为了发展农村教育，国家给予农村教师更多生活上的保障福利和更高待遇。而中国大多数农村地区的教育制度建立不完善，教师水平参差不齐，教学设施也不健全，农村教师一般依赖县级政府财政支持，然而县级政府经常财政紧缺，就造成了农村教师最基本的工资难以保障，加之生活条件恶劣，严重影响了当地师资队伍的建设和教学质量的提高，城乡教育水平进一步拉大。为弥补这一差距，我们应该借鉴外国的先进经验：建立最基本的统筹教师工资的拨付制度，尤其确保对农村地区教育机构工作者的资金保证；在基本工资的基础上，可以适当加大对农村地区教师的生活补贴，使得其与城市教师相比不相上下，尽量实现城乡师资力量基本均等；在政策倾斜方面给予农村教师一些特殊照顾，比如之前开展的大学生支教边远乡村活动，在其之后的公务员报考、职称评定、职务升迁等方面纳入适当权重的考虑，给予适当的政策照顾，从而吸引更多的教育工作者投身于偏远农村的教育发展中，进一步缩小城乡教育发展的差距。

第十二章

城乡融合发展理论对我国城乡医疗事业发展的启示

　　卫生事业要与经济建设和社会进步协调发展。1980年1月16日，邓小平在中央召集的干部会议上指出，必须搞好农、轻、重的比例关系，不但如此，"还有一个重要的比例，就是经济发展和教育、科学、文化、卫生发展的比例失调，教科文卫的费用太少，不成比例"。"我们非要大力增加教科文卫的费用不可。"① 江泽民同志也要求各级党委和政府要把卫生工作纳入经济和社会发展的总体规划，列入重要的议事日程，"增加对卫生事业的投入，切实保证卫生事业与经济社会的协调发展"②。胡锦涛同志再次强调："全党全社会都要关心和支持医疗卫生工作，积极推动医疗卫生事业与经济社会建设协调发展，共同为提高全民族的健康水平而努力奋斗。"③ 其中，最重要的是达到城市卫生与农村卫生协调发展。在我国这个农民占人口绝大多数的国度里，必须重视农村卫生工作。"毛泽东同志早就指出：'把医疗卫生工作的重点放到农村去。'"④ 新的历史条件下，江泽民同志强调："只有切实搞好农村卫生工作，才能使我国卫生状况在整体上有一个大的改观。"⑤ 与此同时，也要搞好城市卫生工作，做到城乡兼

---

① 《邓小平文选》第2卷，人民出版社1994年版，第250页。
② 《江泽民文选》第1卷，人民出版社2006年版，第600页。
③ 《十六大以来重要文献选编》（下），中央文献出版社2008年版，第739页。
④ 《江泽民文选》第1卷，人民出版社2006年版，第600页。
⑤ 《江泽民文选》第1卷，人民出版社2006年版，第600页。

顾，全面发展。"要加快发展农村医疗卫生事业，巩固和完善农村医疗卫生服务网络，改善农村医疗卫生条件，加强农村卫生人才队伍建设，着力解决部分农村缺医少药的状况。要大力发展城市社区医疗卫生服务，完善社区医疗卫生服务功能。"① 通过种种举措，促进城市卫生与农村卫生协调发展。

马克思、恩格斯城乡融合思想是对未来社会理想状态的设想，由于当时社会、政治、经济、军事等各方面的限制，是不可能在当时顺利实现的。新中国成立以来，中国人民在中国共产党的带领下，在社会生活的各个领域都开展了马克思主义理论的应用和探索创新，经过实践到认识，再由认识到实践的不断反复，在生活的方方面面都取得了卓越成绩，其中也包括城乡医疗事业一体化的快速发展。近几年，中国一直在大力推行新型农村合作医疗制度，它是一种"以政府主要引导、农民自愿参加、社会共同参与"的医疗互助共济制度，是党中央考虑到不同收入层次的城乡居民不同经济状况，以及所处不同医疗环境的情况下，本着以人为本、执政为民的理念，最重要的是解决广大农民面临的"就医难"的问题，所提出的一项以政府财政补贴为主的惠民医疗政策，集中全社会的力量，确保农村合作医疗健康持久地发展。然而，现实中依然有大多数农民群众的受益补偿率低、农民参与积极性不高、医疗机构管理不规范、医疗纠纷不断上演等问题的出现。可见，农村医疗事业的发展依然是抑制城乡一体化发展过程中一个亟待解决的问题，需要我们提出有针对性的解决方案。

一　推动实现城乡医疗卫生服务公平化

从古到今有很多关于公平的问题研究，马克思主义对公平作出了科学的认识。人由于利益的不同必会产生不同的公平观。公平带有一定的主观性，产生价值的冲突。不同的人有不同的公平评价标准，不同的角度评价公平，也会有认识的分歧。马克思主义对待公平也有自

---

① 《解放日报》2006 年 10 月 25 日。

己的原则，公平具有社会历史性，在对抗中发展，发展的过程是否定之否定、螺旋上升的，对于社会生活中的公平问题要科学地面对。马克思主义公平观的内涵是丰富的，是具体的、历史的、阶级的和相对的。公平总和分配联系在一起，公平的性质和内容是由社会的经济基础来决定的，公平和平等之间的关系既有区别又有联系，马克思主义公平观讲究的是人的平等，公平与自由的和谐发展，保障每个人的全面自由发展。马克思主义公平观具有实践的意义，对我国的新农合发展具有指导的意义。我们应从马克思主义公平观的视角来看我国新型农村合作医疗制度实施的现状，包括卫生筹资、受益情况、卫生服务提供利用、参合人健康，对农村和城市这四个方面的公平性状况进行分析，并且对这四个方面存在的问题进行研究分析，从中得出新农合改革的基本思路，对出现的一系列问题作出相应的对策。优化新农合制度在于对公平的追求，政府的目标和职责是实现卫生服务公平，新农合要从马克思主义公平观的角度科学论证制度的可行性，公平是新农合制度的内在要求，也是其持续发展的外在需要。

发达国家的医疗服务发展具有极高的可及性和平等性，这是我们所欠缺的，也是中国城乡医疗发展差距产生的根本原因。中国的医疗保障体系被分成不同地区不同管理系统的多个体系，是一种多部门、零散化的医疗卫生管理制度，不利于社会内部医疗机构的协调统筹发展，也不利于筹资的集中性和持续性，削弱了中国医疗卫生管理制度的公平性。因此，中国立足于城乡一体化发展战略布局，有必要在追求效率的同时兼顾公平性，同时鉴于农村地区发展落后的状况，还要优先集中部分资金提高农村地区的医疗卫生服务能力。注重公平性，就要求不论地区、不分城乡、不论经济状况，将每个人均等纳入医疗卫生服务的覆盖范围。在缴费水平标准的设立上，考虑到地区间经济水平的差异尽量实现标准化，其他方面如硬件设施、筹集资金、服务质量、接受待遇等也应进行标准化设置、统一实施，最终保障城乡医疗发展的公平性，推动城乡一体化协同发展。

发达国家的医疗保险制度一直以城乡一体化均衡发展为核心内容，尽管城乡发展的具体情况不同，但各国政府能够立足本国国情，承担起自己的责任，保障城乡医疗覆盖城乡的不同地区，保证城乡一体化全面发展。比如由政府主导建立的相关制度保证、政府财政补贴扶持、协调相关部门的专门组织的设立、控制医药费用的相关条例的出台等措施。中国地域广阔，城乡经济发展差距较大，导致城乡医疗服务水平也是参差不齐，尤其是农村的医疗保障水平偏低，甚至存在农村居民无处就医的现象。因此在实现城乡医疗水平统筹发展的过程中，政府要首先承担起主要的引导作用和支撑作用。毕竟，中国人口基数大，农村人口所占比例大，近几年又出现大量的农民工子弟进城务工的现象，农村劳动力涌进城市为大城市的建设作出贡献，对农村居民基本医疗的保障却被忽略。政府应本着城乡医疗公平发展的原则，制定相关的政策优惠和补偿机制，吸引社会资本流入，加快基层医疗服务机构的建设，提高医疗服务质量和效率，并制定一系列严格的规章制度约束医疗机构和患者的行为。

二　创新基本医疗卫生制度

马克思主义卫生理论创新是实践探索与理论创新携手并进的过程。马克思主义卫生理论创新应根据卫生事业改革发展实践的探索而不断创新发展。党的十七大报告明确指出：健康是人全面发展的基础，关系千家万户幸福。创新基本医疗卫生制度是对马克思人的全面发展学说的新发展，是马克思主义卫生理论中国化的最新理论成果。新时期，深化医疗卫生服务改革需要注重理论创新，形成新时期有中国特色的"基本医疗卫生制度"，健康既是发展的动力，也是发展的手段，不能以牺牲人民健康换取一时；体现了医疗卫生领域和一般竞争性领域的本质区别、医疗机构和企业的运行机制、管理方式的本质区别、患者的医疗行为和消费者的普通购物行为的本质区别；在改革的基本原则上，明确强调坚持公平与效率的统一。从医疗保障的模式上看，"基本医疗卫生制度"体现了保障模式的创新，实现了服务保障和财务保障的并重，即通常所说的"补供方"和"补需方"并重。有观点认为，政府只需要举办社会医疗保险，就可以实现对居民的医疗保障。但这只是实现了"得病有保障"，实践表明，如果不通过增加投入和加强管理等措施完善医疗卫生服务体系，就无法实现"看病更方便"、"治病少花钱"。"基本医疗卫生制度"明确把基本医疗服务和基本医疗保障并列起来，体现了对这两者关系的正确认识，同时也是根据我国当前医疗保障和医疗服务体系发展现状作出的创新。

三　创新城乡一体化医疗救助制度

我国新农合与新医疗改革取得的成就，是党顺应时代潮流、实现人民大众新期待、学习借鉴世界医学科技文化有益成果，也是推进中国特色社会主义卫生事业不断创新发展的结果。新时期，推进中国特色社会主义卫生事业创新发展，必须弘扬以改革创新为核心的时代精神，把握世界卫生事业与医疗改革形势发展变化，确保新农合和新医改持续健康发展。为此，广大卫生工作者必须在工作中坚持马克思主义立场、观点和方法，为人民健康服务，以促进社会和谐稳定。

发达国家之所以能够保证城乡一体化医疗保障覆盖全面，不仅在于有政府相关制度保证实施，更重要的在于城乡一体化医疗救助制度作为辅助，对于迫切需要帮助的病患能够及时启动应急救助措施，保证城乡居民都能获得最及时的医疗服务。其实，城乡医疗救助制度是医疗保障体系必不可少的组成部分，中国虽然确实建立了城乡医疗救助制度，但目前还不健全，缺少有效筹资机制，人员素质不高，救助标准低，城乡医疗救助制度差异大。鉴于此种情况，我们可以借鉴国际上的医疗救助制度先进经验，根据中国具体情况，改进中国现存的医疗救助制度。如鼓励低收入农村居民参与医疗保险，加大对农村居民的保险意识宣传，号召全民参险，为医疗救助提供更多资金支持；对于虽然参加医疗保障计划但无力支付医疗费用的农村居民予以救助，实现医疗救助与医疗保险的无缝衔接。在有限的医疗资金的支持下，提高资金的有效利用率，同时提高医疗服务的针对性和及时性，促进城乡医疗一体化健康发展。

第十三章

城乡融合发展理论对我国城乡基础设施建设的启示

马克思、恩格斯认为，消灭城乡对立，只有随着生产力的发展和物质生产的不断进步才能实现。当社会生产力发展到一定高度，将为旧的分工的消灭、私有制的废除、人的全面自由发展创造更好的条件，城乡关系也会随即走向融合。然而要想保证社会生产力的不断发展，首先要保证为其生产发展创造良好环境的基础设施建设能够逐步完善。同时，在城乡融合理论的指导下，中国正加快城乡一体化的发展步伐，力图保证城市经济不断向前发展的同时扶持并推动农村经济更快更好发展，以达到尽快缩小城乡间发展差距的目的。因此在这个过程中，作为城乡建设重中之重的基础设施的发展对于推动城乡发展一体化进程就显得尤为关键，城乡一体化发展水平主要通过当地的基础设施建设水平来体现，当地基础设施的落后会抑制整体经济的发展，并且基础设施区域形态与整体一体化经济进程几乎是同步进行的，基础设施在促进城乡一体化发展过程中主要发挥着引导、配套、支撑、渗透的作用，如：天然气管道的疏通、供电供水设施的架设，特别是连接城乡沟通的道路桥梁的建设等，不仅为农村建设提供物质保障、资金支持、技术经验指导，而且使得城乡资源配置更合理，从而实现城乡经济一体化快速发展。所以说，城乡基础设施建设必须作为城乡一体化发展中关键的一环。

但是，城乡基础设施一体化并不意味着通过规划使得农村基础设施的建设达到与城市一样的水平，而是在于根据农村当地具体情况，为农村经济的发展找到适合其基础设施的标准和模式。在中国，基础设施的发展模式根据与其对应的经济发展水平，可以分为超前型、同步型、滞后型三种模式。显然，对于经济发展水平较高的大中型城市，其基础设施的发展就属于超前型，至少是同步型。因为其经济发展带来充足的资金能够投资于当地基础设施的建设，甚至重复建设或者更高档次的建设水平。相反，对于经济发展落后的农村来说，受到资金的限制，基础设施只能落后于当地的经济发展水平，然而经济的发展也需要基础设施建设的支持，所以贫困地区的基础设施建设陷入了恶性循环中。立足于中国国家整体发展，城乡融合理论的提出显得尤为迫切，而其中的基础设施建设的推动更为重要。毕竟，城乡基础设施建设水平的差距拉大，会造成城乡间矛盾激增，城乡资源难以协调发展。因此，当前我们必须探索出能够兼顾城乡不同地区发展的模式，将不同地区的自然条件、资源情况、人文环境、经济状况综合考虑，因地制宜、有针对性地采取不同建设发展模式，并建立能够相互协调统一管理的机制体制，促使城乡基础设施发展能够提供给当地居民、企业、政府最优生活质量和生产条件的生存环境。

一　加快推进城乡基础设施一体化

马克思、恩格斯认为国家及政府在加强农业公共基础设施建设、缩小城乡差别方面起着重要的作用。当前我国城乡关系的不和谐最直接的表现就是城乡基础设施以及城乡面貌上的不和谐，城市高楼耸立，科技发达，交通便利，舒服便利的居住条件，而农村则贫穷落后，交通闭塞，居民居住条件简陋。要构建和谐的城乡关系，必须从基础设施建设开始，这就要求我们在加大对乡村基础面貌建设的同时缩减城乡间的差距。农村基础设施的落后一直制约着农村生活水平的提高，因此应该把固定资产投资特别是基础设施建设的重点由城市转向农村。加快农村基础设施建设，是建设社会主义新农村，加快农村发展，促进城乡区域共同发展，共享改革开放发展成果的重要体现。首先，政府干部应该转变观念，摒弃急功近利、短期见效的"政绩观"，真正做到为民负责，建议把农村基础设施的建设状况、各个地方、区域间城乡发展的协调程度纳入考核内容中，争取使农村的基础设施建设真正落到实处。

　　针对本地区基础设施建设的部分，需要立足整体区域规划布局，考虑长远发展，因地制宜，作出合理规划，探究其基础设施建设的开发策略。通过仔细甄选适合本地区发展的基础设施建设方案，选择能够使得资源最优化配置的其中一项进行开发建设。比如对交通设施开发建设的规划如下：第一，从第一产业、第二产业、第三产业等需求方面考虑，在对交通设施需求方面高的地区，以及交通设施极差的偏远山区，通过技术改造、资金投入等手段架桥通路，疏通区域之间的交通渠道，最大程度地利用当地地理环境特点，构建安全便捷的交通道路。而对于山区学生上学经过的搭索道、攀悬崖等不安全的交通设施，要及时进行改造整治，为村民提供一个安全舒适的生存空间。第二，协调不同交通运输方式之间的合作关系，使得"村村通"能够与城市间的高速路统一起来，为农村居民真正"走出来"和城市居民"走进去"提供方便，从而更好地实现城乡间互联互通，城乡资源更好地融合到一起。第三，科学合理地建设交通道路。现在有许多市政工程由于当初的规划不合理，不断重复建设修整，给居民出行带来麻烦，更浪费了社会资源。此外，考虑到"大城市病"的问题，现在更多的高端人群反而更愿意住在郊区，因此，发展城市外围的道路交通建设，挖掘农村资源，密切城乡一体化联系，就需要把乡村道路的建设同时纳入城市道路的建设考虑中，科学合理规划整个区域的交通设施建设，通过共同投资—利益共享的方式实现投资收益的均衡，实现城乡一体化的均衡发展。

二　加强城乡生态网络建设

　　传统的发展观将当代与未来割裂开来，认为发展即满足当代人的需求，没有辩证地看待人类对自然界的利用和保护、索取与补偿的关系。马克思主义生态观则强调要坚持经济发展与保护环境相协调，其中关于人与自然的和谐同人与人和谐的内在统一思想为可持续发展战略提供了思想前提。人与自然是一个有机统一体，人是发展的主体，但不是发展的主人，人的发展应该建立在自然发展的基础之上，并受自然发展的约束。从而，人与自然形成均衡、和谐的共生局面。发达国家和发展中国家，尤其是对于像我国这样的发展中国家来说可持续发展的战略选择是非常必要的。改革开放以来，我国进入经济高速发展时期，人口的膨胀、经济的增长与有限的生态资源之间的矛盾日益尖锐。造成当前日益严峻的资源和能源相对短缺、气候变暖、水土流失等环境问题的原因在于人类活动超出了自然界的承载极限。我们如果不合理使用资源、保护生态环境，经济增长也将难以持续下去，更不用说为后代创造可持续发展的条件。要解决环境问题，解决人与自然之间的矛盾，就必须调整、控制人的活动。社会的持续发展只有人与自然相和谐是远远不够的，还需要人与人之间相容、协同、合作。因此，我们要以马克思主义为指导，坚持可持续发展，不断推动人与自然的和谐。

马克思主义的生态观启示我们，关于城乡融合的基础设施建设方面，在最初的建设阶段就要始终贯彻可持续发展的理念，利用生态学原理发展基础设施建设，这样就使基础设施在供应人们的日常生活的同时，能够通过一些生态技术的应用对人们生产生活中产生的废弃物进行资源再处理，也达到分解生活环境中具有威胁性的化学制品的目的。

第一，从源头开始处理。随着不可再生资源能源的开发殆尽，可再生能源的应用越来越被社会所接纳，并且立足人类长远可持续发展的角度来看，我们有必要利用当地的一些自然资源优势，积极发展一些太阳能、风能、水能等清洁可再生能源。其中，在紫外线照射强度大的地区，特别是西北地区或者植被覆盖较少的山区，由于当地可用资源稀缺，政府部门可以引导居民使用清洁能源，同时对此进行政策性优惠和补贴作为辅助，充分发挥农村地区自然资源的优势，不仅可以节约传统资源的消耗，而且可大量减少污染气体的排放，起到保护城乡环境的作用。

第二，在过程中好好处理。在生态农业的号召下，许多地区根据地方特色创新了各种不同的生态农业模式，包括"四位一体"生态农业模式、"三结合"生态庭院模式、"五配套"生态农业模式、"蓄—沼—果"生态农业模式等，其原理就是利用沼气、秸秆、粪便等丰富的天然可再生资源，通过生态学技术进行循环重复利用，产生的能源最终用于生产生活的厨房照明、做饭取暖、灌溉养殖等，实现全过程无污染、不浪费、原生态。如现在提倡的建设"海绵城市"，就是通过完善供水系统，科学设计排水系统，并对产生的污水进行处理后循环重复再利用。

第三，在结果中好好处理。主要是指对于粪便、垃圾进行无污染的处理，之前城市垃圾处理一般采取填埋的方式，其结果就是造成土地的持久性破坏，现如今，考虑到地下水、地质、地形等相关因素，应采取垃圾分类处理，尽量使可利用资源能够科学处理、重复利用。

三　创新城市管理体制机制

马克思、恩格斯认为国家及政府在缩小城乡差别方面起着重要的作用。他们认为农村公共基础设施建设对于农业和农村地区发展极为重要，同时也非常强调政府在这方面应发挥积极的职能。马克思、恩格斯指出，"铁路的敷设可以很容易地用来为农业服务，例如在建筑路堤需要取土的地方修水库，给铁路沿线地区供水。这样一来，作为东方农业的必要条件的水利事业就会大大发展，常常因为缺水而造成的地区性饥荒就可以避免"①，"农业的第一个条件是人工灌溉，而这是村社、省或中央政府的事"②。他们认为，国家应致力于改善交通

---

① 《马克思恩格斯选集》第1卷，人民出版社2012年版，第858—859页。
② 《马克思恩格斯文集》第10卷，人民出版社2009年版，第113页。

和灌溉条件来促进农业改良，增加农业长期固定资本投资。同时政府还应对农村居民提供个人信贷减轻抵押债务利息，实行普遍的国民免费教育。总之，政府可以通过采取一些积极措施来缩小城乡差别，促进城乡融合。

基础设施的建设具有牵涉范围广的特点，甚至是跨行政区域进行，因此首先要在当地最高行政机构的带领下，成立相关机构组织，专职于基础设施的跨行政区域规划建设的协调，实现各地区共同发展，共同受益。其次，由于基础设施正的社会外部性大，且需要的资金雄厚，对于资金密集的城市来说不是问题，但是对于资金缺乏的农村地区来说很难实施。基于此，我们应该通过政策的优惠，建立利益分享与补偿机制，吸引大批外来投资者，增加对农村地区基础设施的建设力度，最终使得城乡基础设施建设的投资也能够均等化发展。再次，相关的土地资源、水资源、电力资源在运用的过程中也要考虑到城乡间的协调关系，在城乡基础设施建设发展的过程中，根据其建设的内容和特点，以及资源要素的禀赋，确定城乡区域间协调的内容及措施，科学合理制定相关的空间发展规划、土地利用规划、城镇体系规划等。最后，就是监督体系的完善，毕竟基础设施建设关系到每家每户的日常生活安全及健康问题，是社会生活中最值得关注的问题，基础设施建设的完善直接关系到整体经济发展状况，且基础设施建设过程牵涉到许多专业性问题，我们有必要建立一套集聚专业性、责任感、安全意识的督查体系，来监督基础设施的建设实施过程。最终达到城乡间统筹协调发展。

第十四章

城乡融合发展理论对解决我国城乡规划与农村住房问题的启示

马克思在设计未来社会主义时，谈到过要从文化和生活条件上实现城乡融合，马克思在《德意志意识形态》中对城乡异步的产生做了如下阐述："物质劳动和精神劳动的最大的一次分工，就是城市和乡村的分离。"[①] 只有乡村居民和城市居民在文化和生活条件上日益接近，才能把"城市和农村生活方式的优点结合起来，避免二者的片面性和缺点"[②]，才能使这些宝藏成为全体人民都能享受的财富。因此，除了前面提到的文化、教育方面的发展外，我们要着重强调农村居民的物质生活条件的提高，然而物质生活条件中最基本的问题，就是保障农村居民的住房建设。于是，在城乡融合发展的理论指导下，建设社会主义新农村成为党中央按照科学发展观的要求作出的重大战略部署，它不仅提高了农村居民生活的基本物质保障，改善了农村新形象，而且是建设美丽中国、和谐社会、实现中国梦的必然要求和重要基础，是实现国民经济均衡又好又快发展的重要支撑，更是国家实现全面建设小康社会愿望中关键的一步，也是当前实现农村现代化建设中的重要任务。在城乡发展差距不断拉大的今天，实现新农村建设的任务显得尤为迫切。因此，在西部不发达的山区以及一些偏远的农村，我们要按照"生产发展、生活富裕、乡风文明、村容整洁、管理

---

① 《马克思恩格斯文集》第 1 卷，人民出版社 2009 年版，第 556 页。
② 《马克思恩格斯文集》第 1 卷，人民出版社 2009 年版，第 686 页。

民主"的基本要求逐步落实，推进农村建设的现代化发展。以下，我们立足于城乡一体化视角，针对新农村的住宅建设问题进行更深层次的探讨。

一　中国不宜走土地私有化之路

农村土地包括种植养殖的生产用地和用于居住的农村宅基地及其配套建设用地，中国农村生产用地可以承包和租赁的方式转移，承包权可流转，流转期限可以达到30年，农用地流转以市场价格为指导，可有效支撑产业集约化规模化发展的需要，农村生产用地所有权归集体所有不改变，保障了农村集体的经济利益，从提高生产效率和保障农民利益两方面看，已经没有实施农村生产用地私有化的制度性需要。就农村建设用地而言，中国是一个人口众多建设用地极为紧缺的国家，农村建设用地不仅是生产要素，更是大量农村人口安居的基本保障，在目前中国存在较大收入差距和城乡分割的状况下，如果实行农村建设用地私有化，势必造成大量建设用地集中在高收入阶层手中，而大量农民会丧失基本的生活条件和环境。由于农民收入低也无法在城市实现稳定居住，很有可能造成大量人口的不稳定流动，影响社会安定和大众创业就业。

二　重视城乡规划的引导作用

马克思指出，从事交换价值的生产是资本主义生产区别于前资本主义生产的主要标志，其生产的最终目的在于获取高额利润。资本主义制度下城市化进程的城市空间塑造动力仍源于资本对利益的追求。资本主义条件下的城市空间塑造是利益驱使下交换价值的生产，以此为驱动的资本主义城市规划由于忽视城市主体诉求，往往会出现一系列问题。以韩国为例，韩国为解决大型城市人口过于密集的问题，建设了许多短期性、无规划的应急型城市，这些应急型城市由于缺乏系统的、长期的规划，造成了诸多不良影响，如工作区与住宅区分离，造成城际交通混乱；郊区公寓群密集，绿地空间、休闲娱乐空间严重缺乏，居住环境日趋恶化等。社会主义制度下的城市空间规划是以满足人的需求为主的使用价值的生产。改革开放之后，在市场经济的催化下，我国的城镇化也呈现出"交换价值"优于"使用价值"的现象。为招商引资、发展区域经济，我国的城镇空间规划被迫纳入世界资本循环的大潮中，在一定程度上丧失了对城镇规划的自主权，缺少了对居民需求的关注。在新型城镇化的推进过程中，我们势必要回归到城镇空间塑造的使用价值生产及城镇规划的人本追求上。

城乡发展差距之所以不断拉大，大部分原因在于地理位置的差别。大中型城市多建于河流中下游的平原地带，土壤肥沃、交通便利、人员密集等，然而落后的农村一般多建在山区、山谷、山上等地质结构复杂、交通闭塞的地区。住房建设最讲究的也是地理位置的优劣，因此要想发展农村住房建设，就要利用当地的地质结构特点，根据当地的具体情况，因地制宜，适当进行住房改建。考虑到不同地方的情况各异，新农村的住房建设一般会在原有基础上修缮加固或原地重建，保持山区原始面貌，将仅有的原住居民安置到山下，将处于地震灾害带的附近居民安置到其他安全地区，考虑城乡整体发展，拆迁棚户区居民，安置到新的社区等一系列的旧村改造或新村建设。在整个住房建设中，要全面考虑到当地经济发展状况、城乡之间协调关系、长远的发展规划以及当地更新改造过程中难以解决的困难，等等，综合考虑，妥善安置，确定一条适合自己的住房改造建设路径。

三 加强城乡规划对城乡空间的科学管控

城乡规划的概念首先出现在欧洲，西方主要发达国家在 19 世纪中叶到 20 世纪初期进入快速发展的工业化阶段，人口与财富向城市和工矿区涌进，一些国家为了充分利用城乡空间资源，进行了城乡规划的理论研究和实践探索。我国城乡规划工作引入了西方先进的科学理论，然而，由于中国历史和社会文化背景等方面都与西方国家有着显著差异，因此，在进行城乡规划工作时要从中国国情出发，借鉴发达国家先进的空间规划技术，构建符合中国实际情况的城乡规划技术模式。

城乡二元经济结构是我国农村从土改以后就按照计划经济体制的要求，把农民组织到高级农业合作社、人民公社的体系里，逐步形成了城乡二元经济社会结构体制的结果。这种城乡二元结构体制下形成了土地制度的二元结构，是为计划经济服务的。然而随着经济的发展，这种土地制度已经严重地阻碍了经济的发展。同时一些农村土地整治中出现大拆大建、大填大挖，破坏了自然景观和传统风貌，而且造成地面固化、湿地萎缩、林地减少、生物多样化下降等问题，应予以纠正。因此，城乡规划工作应该与时俱进，要从人口、资源、环境与发展的全方位来考虑，促进资源可持续发展、生产力合理布局。城乡规划要在国家层面上控制生态与资源容量，引导城乡一体化的推进和实施。坚持以人为本，全面、协调、可持续的城乡发展观，以此为指导，促进生态环境与经济和谐可持续发展。城乡规划是因地制宜实施生态环境保护的重要措施，是城乡资源合理开发利用与保护的有效途径。城乡规划应从长远和宏观的角度安排土地和空间的用途，严格限制自然保留土地和生态环境敏感区内的土地利用活动和类型。

四　加大对农村住房建设的资金扶持力度

在马克思看来，农业的现代化发展需要借助资本化的运作以及企业化的经营。单纯自给自足的小农经济是不可能独自发展壮大的，必须要有相当一笔数额的资本投入，才能带动农业迈向现代化发展。城市作为一个资金、人才密集的地方，随处可见高楼大厦，而农村进行住房改造建设的时候却捉襟见肘。显然，政府作为负责人的角色需要主动承担一部分责任，在政府作为带头人的引导下，号召社会企业、金融机构主动积极参与到农村的住房改造建设中来。因此，首先，政府除了相关政策的优惠，主要在财政方面给予农村地区建设的重大支持。县财政部门每年安排一笔资金专项用于旧村改造建设项目，专款专用，同时提高农村土地复垦指标费等相关的政府补贴经费，由于复垦节约新增的建设用地指标可以预先提供给改造建设中的无房户以及家庭贫困的困难户，还有结余的建设用地可以由地方政府按照市场价格进行统一调剂，其调剂所得收益全额返还到乡镇部门，之后再用于村落的改造建设补贴和拆迁安置补助，等等。其次，整合"百十"工程、下山脱贫、村民救助、万户避险、生态建设等多项涉农资金，之后集中用于农村的住房建设用途。并且已确定为农村住房建设对象的，可以规定对其免收大部分的行政事业性费用，减免其不必要的负担，提高资金的有效利用率。除此之外，相关政策性金融机构可以响应党的号召，给予地方政府一些贷款业务的优惠，创新贷款模式和方式，鼓励农村居民通过联保贷款、林权抵押贷款等形式筹集资金，进行贷款方式多样化、安全化、简便化的创新，同时适当放宽对农民改造建设住房的贷款期限和优惠的贷款利率，积极推行适合农民的小额信贷服务，最终由政府出面统筹各方资源形成工作合力，确保农村住房建设资金的准确、及时到位。最后，一定要强化资金的监督管理力度。通过由专业人员设立的相关政府监督机构，加强对资金的监管和详细费用进出账的公开透明程度，通过专业知识鉴别资金用途的合理性和有效性，避免资金浪费，实现专款专用、专账核算、专项审批和资金直拨制，在资金投入农村住房建设用途前，加强事前的资金规划合理性，充分论证资金投向的科学性，保证资金的高效性，最终为农村住房建设提供充足的资金保障。

参考文献

《马克思恩格斯全集》，人民出版社 1956—1982 年版。

《马克思恩格斯选集》（第 1—4 卷），人民出版社 2012 年版。

［德］马克思：《资本论》（第 1—3 卷），人民出版社 2004 年版。

《毛泽东选集》第 1—4 卷，人民出版社 1991 年版。

《邓小平文选》第 1—3 卷，人民出版社 1993—1994 年版。

《邓小平西南工作文集》，重庆出版社 2007 年版。

《江泽民文选》第 1 卷，人民出版社 2006 年版。

白雪瑞：《中国城乡关系与经济发展》，《北方论丛》2007 年第 2 期。

蔡中兴：《十九世纪初的空想社会主义》，上海人民出版社 1976
年版。

岑乾明、宋卫琴：《分工理论：理解马克思主义城乡观的钥匙》，《求
索》2010 年第 9 期。

常宗耀：《乡村城市化：马克思的理论及其启示》，《北方论丛》2010
年第 3 期。

陈明生：《马克思主义经典作家论城乡统筹发展》，《当代经济研究》
2005 年第 3 期。

陈睿：《马克思恩格斯的城乡关系理论及其对当代的启示》，《中共福
建省委党校学报》2006 年第 5 期。

陈伟东、张大维：《马克思恩格斯的城乡统筹发展思想研究》，《当代
世界与社会主义》2009 年第 3 期。

崔越：《马克思、恩格斯城乡融合理论的现实启示》，《经济与社会发
展》2009 年第 2 期。

党国英：《关于城乡经济社会一体化的若干认识问题》，《理论探讨》
2009 年第 6 期。

凡丽、赵金元：《统筹城乡发展是对马克思主义城乡发展观的新发
展》，《大理学院学报》2008 年第 9 期。

费利群、滕翠华：《城乡产业一体化：马克思主义城乡融合思想的当
代视界》，《理论学刊》2010 年第 1 期。

费孝通：《论中国小城镇的发展》，《中国农村经济》1996 年第 3 期。

高鉴国：《马克思恩格斯城市思想探讨》，《山东大学学报》（哲学社
会科学版）2000 年第 3 期。

高鉴国：《新马克思主义城市理论》，商务印书馆 2006 年版。

郭彩琴：《马克思主义城乡融合思想与我国城乡教育一体化发展》，
《马克思主义研究》2010 年第 3 期。

郭建军：《我国城乡统筹发展的现状、问题和政策建议》，《经济研究
参考》2007 年第 1 期。

韩长赋：《正确把握和处理新阶段的城乡关系》，《求是》2009 年第
19 期。

韩俊：《中国城乡关系演变 60 年：回顾与展望》，《改革》2009 年第
11 期。

何增科：《马克思、恩格斯关于农业和农民问题的基本观点述要》，
《马克思主义与现实》2005 年第 5 期。

贾兆义：《马克思恩格斯城乡关系思想对构建和谐城乡关系的启示》，
《山东农业大学学报》（社会科学版）2010 年第 4 期。

江俊伟：《马克思主义城乡关系理论的两个维度及其当代启示》，《黑
龙江史志》2009 年第 4 期。

李保民：《马克思和恩格斯论城乡就业一体化》，《经济学家》2008 年
第 2 期。

李明超：《马克思和恩格斯的城市思想论要》，《中共天津市委党校学
报》2009 年第 2 期。

李明超、高江：《马克思和恩格斯的"城市性"思想初探》，《云南农
业大学学报》（社会科学版）2007 年第 1 期。

李泉：《中国城乡关系：协调机制与支撑体系》，《广东社会科学》
2007 年第 2 期。

刘美平：《马克思主义人口城市化理论》，《人口学刊》2002 年第
3 期。

《欧文选集》（上、下卷），商务印书馆 1965 年版。

罗峰：《从分治到统筹：城乡关系阶段性转型》，《社会主义研究》
2008 年第 3 期。

罗敏、祝小宁：《马克思城乡统筹思想的三个基本要素探析》，《西华
师范大学学报》（哲学社会科学版）2009 年第 5 期。

马军显：《城乡关系：从二元分割到一体化发展》，中共中央党校博
士学位论文，2008 年。

马远军等：《我国城乡关系研究动向及其地理视角》，《地理与地理信
息科学》2006 年第 3 期。

孟祥林：《马克思主义城市发展思想分析》，《金融教学与研究》2007
年第 5 期。

屈愿：《马克思主义城乡发展理论对我国解决"三农问题"的启示》，
《经营管理者》2011 年第 10 期。

《傅立叶选集》（第 3 卷），商务印书馆 1964 年版。

石玉顶：《马克思恩格斯关于城乡统筹发展的思想及其启示》，《经济
学家》2005 年第 6 期。

苏明：《我国中长期正确处理城乡关系的思路和政策建议》，《财会研
究》2003 年第 6 期

孙成军：《马克思主义城乡关系理论与我们党城乡统筹发展的战略选
择》，《马克思主义研究》2006 年第 4 期。

孙加秀：《二元结构背景下城乡环境保护统筹与协调发展研究》，西
南财经大学博士学位论文，2009 年。

孙久文、肖春梅、施晓丽：《我国城乡发展的成就、问题及未来选
择》，《社会科学辑刊》2009 年第 4 期。

孙志刚：《论马克思主义的城市观》，《江汉论坛》1998 年第 7 期。

托马斯·莫尔：《乌托邦》，戴镏龄译，商务印书馆 1982 年版。

汪巽人：《初探马克思主义的城乡融合学说》，《福建论坛》1983 年第 3 期。

王建兵：《城镇化建设是统筹城乡关系的有效途径》》，《甘肃社会科学》2004 年第 3 期。

王琰琰：《浅析马克思恩格斯城乡关系思想的理论基础》，《中小企业管理与科技》2011 年第 1 期。

韦廷柴、陈志波：《马克思主义视阈下我国城乡关系理论与实践的演进》，《广西社会科学》2011 年第 1 期。

吴承基：《马克思主义的城市理论与我国城市发展战略》，《马克思主义研究》1988 年第 3 期。

吴学凡：《马克思、恩格斯的城乡差别思想》，《西北师范大学学报》（社会科学版）2008 年第 4 期。

吴学凡：《马克思恩格斯消灭城乡差别思想及其现实意蕴》，《社会主义研究》2008 年第 1 期。

武力：《论改革开放以来中国城乡关系的两次转变》，《教学与研究》2008 年第 10 期。

奚建武、唐亚林：《复合型二元结构：考察城乡关系的新视角》，《社会主义研究》2008 年第 5 期。

夏道玉、左雪松：《城乡的分野与融合——马克思恩格斯城乡观的探析》，《宜宾学院学报》2008 年第 5 期。

徐芹：《列宁早期城乡关系思想探析——关于俄国资本主义发展过程中的城乡对立问题》，《江汉论坛》2009 年第 12 期。

徐勇：《马克思恩格斯有关城乡关系问题的思想及其现实意义》，《社会主义研究》1991 年第 6 期。

鄢淦五、刘象森：《学习马克思、恩格斯关于城市的论述——发挥城市在我国经济建设中的作用》，《天津社会科学》1982 年第 5 期。

杨洛、廖元和：《毛泽东对马克思主义城乡关系理论的运用和发展》，《社会科学研究》1984 年第 1 期。

杨艺：《城乡统筹视域下的中国二元经济结构转换研究》，吉林大学博士学位论文，2010 年。

叶昌友、张量:《论马克思、恩格斯的城乡融合思想》,《求索》2009
年第 12 期。

叶南客、李芸:《现代城市文明的理论基石——马克思主义城市观的
四重理论述略》,《社会科学战线》1992 年第 3 期。

易召:《我国城乡关系与城市的中心作用》,《城市问题》1989 年第
5 期。

于霞:《马克思恩格斯城乡关系理论的当代价值》,《大连海事大学学
报》(社会科学版)2010 年第 5 期。

曾长秋、赵剑芳:《马克思主义城乡关系理论及其在我国的应用》,
《大连干部学刊》2007 年第 9 期。

詹卉:《从马克思主义城乡融合理论看中国城乡统筹》,《重庆工商大
学学报》2006 年第 5 期。

张晓雯:《马克思恩格斯的城乡发展理论及其现实意义》,《理论与改
革》2009 年第 3 期。

张秀隆:《正确处理城乡关系是全面建设小康社会的关键》,《科学社
会主义》2004 年第 3 期。

张学忠:《努力构建新型的工农城乡关系》,《求是》2006 年第 11 期。

张应祥、蔡禾:《资本主义城市社会的政治经济学分析——新马克思
主义城市理论述评》,《国外社会科学》2009 年第 1 期。

张永岳:《我国城乡一体化面临的问题与发展思路》,《华东师范大学
学报》(哲学社会科学版)2011 年第 1 期。

赵彩云:《我国城乡统筹发展及其影响要素研究》,中国农业科学院
博士学位论文,2008 年。

赵卯生:《马克思的物质变换断裂理论及其对城乡建设的启示》,《北
京行政学院学报》2010 年第 1 期。

赵洋:《近 30 年来国内关于马克思恩格斯城乡关系思想研究综述》,
《理论与改革》2010 年第 4 期。

郑国、叶裕民:《中国城乡关系的阶段性与统筹发展模式研究》,《中
国人民大学学报》2009 年第 6 期。

郑有贵:《构建新型工农、城乡关系的目标与政策》,《教学与研究》

2010 年第 4 期。

中共安徽省委组织部课题组：《关于正确认识和处理新形势下我国工农关系、城乡关系问题的调查报告》，《马克思主义与现实》2001年第 2 期。

钟荣魁：《必须发展马克思主义的城乡理论》，《社会》1990 年第4 期。

周志山：《从分离与对立到统筹与融合——马克思的城乡观及其现实意义》，《哲学研究》2007 年第 10 期。

朱海龙：《中国城市化过程中城乡关系问题探究》，《甘肃社会科学》2005 年第 3 期。

祝小宁、罗敏：《对马克思恩格斯城乡统筹发展理论体系的当代解读》，《西华师范大学学报》（哲学社会科学版）2008 年第 5 期。

附录

《马克思恩格斯全集》关于城乡
关系问题的述评

一 关于城乡分离和城乡对立的起源的述评

马克思指出："某一民族内部的分工，首先引起工商业劳动和农业劳动的分离，从而也引起城乡的分离和城乡利益的对立。分工的进一步发展导致商业劳动和工业劳动的分离。同时，由于这些不同部门内部的分工，在某一劳动部门共同劳动的个人之间的分工也愈来愈细致了。这些种种细致的分工的相互关系是由农业劳动、工业劳动和商业劳动的经营方式（父权制、奴隶制、等级、阶级）决定的。在交往比较发达的情况下，同样的关系也会在各民族间的相互关系中出现。"①

除此之外，马克思以社会所有制形式为切入点，在第二种所有制形式——"古代公社所有制和国家所有制"中进一步阐述了城乡对立的完全产生。即"第二种所有制形式是古代公社所有制和国家所有制。这种所有制是由于几个部落通过契约或征服联合为一个城市而产生的。在这种所有制下仍然保存着奴隶制。除公社所有制以外，动产的私有制以及后来不动产的私有制已经开始发展起来，但它们是作为

---

① 《马克思恩格斯全集》第3卷，人民出版社1960年版，第24—25页。

一种反常的、从属于公社所有制的形式发展起来的。公民仅仅共同占有自己的那些做工的奴隶，因此就被公社所有制的形式联系在一起。这是积极公民的一种共同私有制，他们在奴隶面前不得不保存这种自发产生的联合形式。因此，建筑在这个基础上的整个社会结构，以及与之相联系的人民权力，随着不动产私有制的发展而逐渐趋向衰落。分工已经比较发达。城乡之间的对立已经产生，国家之间的对立也相继出现。这些国家当中有一些代表城市利益，另一些则代表乡村利益"①。

马克思在第三种形式的所有制中，也同样论述了城乡对立的产生："第三种形式是封建的或等级的所有制。古代的起点是城市及其狭小的领地。而中世纪的起点则是乡村。地广人稀，居住分散，而征服者的入侵也没有使人口大量增加，——这种情况决定了起点作这样的转移。因此，与希腊和罗马相反，封建制度的发展是在一个宽广得多的地盘上开始的，而这个地盘是由罗马的征服以及起初与此有关的农业的普及所准备好了的。趋于衰落的罗马帝国的最后几个世纪和蛮族对它的征服，使得生产力遭到了极大的破坏；农业衰落了，工业由于缺乏销路而一蹶不振了，商业停顿或被迫中断了，城乡居民减少了。在日耳曼人的军事制度的影响下，现存关系以及受其制约的实现征服的方式发展了封建所有制。这种所有制与部落所有制和公社所有制一样，也是以某种共同体为基础的。但是作为直接进行生产的阶级而与这种共同体对立的，已经不是古代世界的奴隶，而是小农奴。随着封建制度的充分发展，也产生了与城市对立的现象。土地占有的等级结构以及与之有关的武装扈从制度使贵族掌握了支配农奴的权力。这种封建结构同古代的公社所有制一样，是一种联合，其目的在于对付被统治的生产阶级，只是联合的形式和对于直接生产者的关系有所不同，因为出现了不同的生产条件。"②

封建制度中社会分工的不发达，成为封建社会中城乡分离的先决

① 《马克思恩格斯全集》第 3 卷，人民出版社 1960 年版，第 25—26 页。
② 《马克思恩格斯全集》第 3 卷，人民出版社 1960 年版，第 27 页。

条件。对此，马克思论述说："封建时代的所有制的主要形式，一方面是地产和束缚于地产上的农奴劳动，另一方面是拥有少量资本并支配着帮工劳动的自身劳动。这两种所有制的结构都是由狭隘的生产关系——粗陋原始的土地耕作和手工业式的工业所决定的。在封建制度繁荣时代，分工不大发达。每一个国家都存在着城乡之间的对立；虽然等级结构表现得非常鲜明，但是除了在乡村里有王公、贵族、僧侣和农民的划分，在城市里有师傅、帮工、学徒以及后来的平民—短工的划分之外，就再没有什么大的分工了。"① "物质劳动和精神劳动的最大的一次分工，就是城市和乡村的分离。城乡之间的对立是随着野蛮向文明的过渡、部落制度向国家的过渡、地方局限性向民族的过渡而开始的，它贯穿着全部文明的历史并一直延续到现在。"②

马克思还指出："随着城市的出现也就需要有行政机关、警察、赋税等等，一句话，就是需要有公共的政治机构，也就是说需要一般政治。在这里居民第一次划分为两大阶级，这种划分直接以分工和生产工具为基础。城市本身表明了人口、生产工具、资本、享乐和需求的集中；而在乡村里所看到的却是完全相反的情况：孤立和分散。城乡之间的对立只有在私有制的范围内才能存在。这种对立鲜明地反映出个人屈从于分工、屈从于他被迫从事的某种活动，这种屈从现象把一部分人变为受局限的城市动物，把另一部分人变为受局限的乡村动物，并且每天都不断地产生他们利益之间的对立。在这里劳动仍然是最主要的，它是凌驾于个人之上的力量；只要这种力量还存在，私有制也就必然会存在下去。消灭城乡之间的对立，是社会统一的首要条件之一，这个条件又取决于许多物质前提，而且一看就知道，这个条件单靠意志是不能实现的（这些条件还须详加探讨）。城市和乡村的分离还可以看作是资本和地产的分离，看作是资本不依赖于地产而存在和发展的开始，也就是仅仅以劳动和交换为基础的所有制的

---

① 《马克思恩格斯全集》第3卷，人民出版社1960年版，第28页。
② 《马克思恩格斯全集》第3卷，人民出版社1960年版，第56—57页。

开始。"①

法国历史上曾出现过农村反抗城市、对立城市的历史事件，对此，马克思论述如下：

"波拿巴王朝所代表的不是革命的农民，而是保守的农民；不是力求摆脱由小块土地所决定的社会生存条件的农民，而是想巩固这些条件和这种小块土地的农民；不是力求联合城市并以自己的力量去推翻旧制度的农村居民，而是愚蠢地拘守这个旧制度并期待帝国的幽灵来拯救他们和他们的小块土地并赐给他们以特权地位的农村居民。波拿巴王朝所代表的不是农民的开化，而是农民的迷信；不是农民的理智，而是农民的偏见；不是农民的未来，而是农民的过去；不是农民的现代的塞文，而是农民的现代的万第。议会制共和国的三年的严酷统治，使一部分法国农民摆脱了对于拿破仑的幻想，并使他们（虽然还只是表面上）革命化了；可是，每当他们发动起来的时候，资产阶级就用暴力把他们打回去。在议会制共和国下，法国农民的意识中发生了新思想和传统的斗争；这一过程是在教师和教士的不断斗争的形式下进行的，结果总是资产阶级压服了教师。农民第一次力图对政府的行动采取独立的态度；这表现在地方长官和行政官之间的不断冲突上，结果总是资产阶级撤换了地方长官。最后，法国各地农民在议会制共和国时期曾起来反对他们自己的产物，即军队，结果总是资产阶级用宣布戒严和死刑惩罚了他们。这个资产阶级现在却公然叫喊什么群众愚钝，说这些 vile multitude〔可鄙的群氓〕愚钝，仿佛这些群众把它出卖给波拿巴了。它自己曾以暴力加强了农民阶级对帝国的信赖，它曾热心地把构成这种农民信仰的出生地的状态保留下来。当群众墨守成规的时候，资产阶级害怕群众的愚昧，而在群众刚有点革命性的时候，它又害怕起群众的觉悟了。"②

马克思以小块土地所有制为切入点，阐述了城市和农村对立关系的产生："小块土地所有制的经济发展根本改变了农民对社会其他阶

---

① 《马克思恩格斯全集》第3卷，人民出版社1960年版，第57页。
② 《马克思恩格斯全集》第8卷，人民出版社1961年版，第218—219页。

级的关系。在拿破仑统治时期，农村地产的零星分散状态补充了城市中的自由竞争和正在兴起的大工业。农民阶级是对刚被推翻的土地贵族的普遍抗议。小块土地所有制在法国土地上扎下的根剥夺了封建制度的一切营养物。小块土地的界线成为资产阶级抵抗其旧日统治者的一切攻击的自然堡垒。但是在十九世纪内，封建领主已由城市高利贷者所代替；土地上的封建义务已由抵押制所代替；贵族的地产已由资产阶级的资本所代替。农民的小块土地现在只是使资本家从土地上榨取利润、利息和地租，而让土地耕作者自己随便怎样去挣自己的工资的一个借口。法国土地所负担的抵押债务每年从法国农民身上取得的利息，等于英国全部公债每年债息的总额。受到资本这样奴役的小块土地所有制（而它的发展不可避免地要招致这样的奴役）使法国的一大半国民变成了原始人。一千六百万农民（包括妇女和儿童）居住在洞穴中，大部分的洞穴只有一个小窗，有的有两个小窗，最好的也只有三个小窗。而窗户之于住房，正如五官之于脑袋一样。资产阶级制度在本世纪初曾让国家守卫新产生的小块土地，并且尽量加以赞扬，现在却变成了吸血鬼来吸吮它的心血和脑髓并把它投入资本的炼金炉中去。Code Napoléon〔拿破仑法典〕现在至多也不过是一个执行法庭判决、查封财产和强制拍卖的法典。在法国，除了官方计算的四百万（包括儿童等等）乞丐、流浪者、犯人和妓女之外，还有五百万人濒于死亡，他们或者是居住在本地农村里，或者是带着他们的破烂和孩子到处流浪，从农村到城市，又从城市到农村。一句话，农民的利益已不像拿破仑统治时期那样和资产阶级的利益、和资本相协调，而是和它们不可调和地相对立了。因此，农民就把负有推翻资产阶级制度使命的城市无产阶级看作自己的天然同盟者和领导者。可是，强有力的和不受限制的政府（这是第二个拿破仑应该实现的第二个《idée napoléonienne》〔'拿破仑观念'〕）应该用强力来保卫这种'物质的'制度。的确，这种《ordre matériel》〔'物质制度'〕正是波拿巴反对造反农民的一切文告中的主要用语。"①

---

① 《马克思恩格斯全集》第 8 卷，人民出版社 1961 年版，第 220—221 页。

通过马克思 1852 年的一篇《选举的结果》我们可以从选举结果的比例中看到城市与农村之间的对立："现在让我们来看看最近这次大选的结果。如果我们把辉格党、自由贸易派和皮尔派合在一起总称之为'反对党'而把它们同托利党相对立，那我们就可以看到，关于新议会的统计资料，清楚地反映出我们在过去的一篇文章中已经指出的那种巨大的对立，即城市和农村之间的对立。在英格兰，城市选出了一百零四名内阁的拥护者和二百一十五名反对党的拥护者，而各郡则选出了一百零九名内阁的拥护者，反对党的代表只有三十二名。从作为托利党的堡垒的各郡中，应当除去最富庶和影响最大的地方——约克郡的西区、南郎卡郡、密多塞克斯、东萨雷等；把派遣代表参加议会的城市除开不算，这些地方包括了居住在各郡的一千万居民中的四百万人。在威尔士，如果把城市的选举和农村的选举对照一下就可以看到，选举结果恰恰相反。这里的城市选出了十名反对党的拥护者和三名内阁的拥护者，而各郡则选出了十一名内阁的拥护者和三名反对党的代表。在苏格兰，这种对立表现得最为明显。在城市中当选的有二十五名反对党的代表，而没有一个内阁的拥护者。各郡则选出了十四名内阁的拥护者和十三名反对党的代表。在爱尔兰，对比关系不同于大不列颠。爱尔兰的民族政党在农村地区有很大势力，这里的居民更直接地受天主教僧侣的影响，而在北方城市中占优势的是英格兰人和新教徒。所以在这里农村是反对党的真正的中心，虽然在现行的选举制度下，这一点不能够清楚地显示出来。在爱尔兰，城市选出了十四名内阁的拥护者和二十五名反对党的代表，各郡则选出了二十四名内阁的拥护者和三十五名反对党的代表。"①

马克思在《强迫移民。——科苏特和马志尼。——流亡者问题》这篇文章中，通过强迫移民这一概念，进一步揭露了城市和农村的对立："现代的强迫移民，情况则完全不同。现在，人口的过剩完全不是由于生产力的不足而造成的；相反，正是生产力的增长要求减少人口，借助于饥饿或移民来消除过剩的人口。现在，不是人口压迫生产

---

① 《马克思恩格斯全集》第 8 卷，人民出版社 1961 年版，第 405—406 页。

力，而是生产力压迫人口。我既不同意李嘉图的见解，也不同意西斯蒙第的意见。李嘉图把'纯收入'看做摩洛赫，认为大批大批的居民应该心甘情愿地做它的牺牲品；西斯蒙第则从他那悲天悯人的慈善心肠出发，企图用强力来保持已经过时的农业经营方法，并把科学从工业中驱逐出去，就像柏拉图把诗人从他的共和国中驱逐出去一样。社会上正在进行着无声的革命，这种革命使一切都得服从它，它不考虑成为它的牺牲品的人的生命，正像地震毫不考虑被它破坏的房屋一样。无力适应新的生活条件的阶级和民族，只有遭到灭亡。但是，有一些经济学家竟当真以为，这种悲惨的过渡状态的意义就只是要使社会适应资本家（地主和金融巨头）的食欲，还有什么能比这种看法更幼稚更浅薄的呢？在大不列颠，这一过程表现得最为明显。由于在生产中运用现代科学方法，居民被从农业地区驱逐出去，同时人口在工业城市集中起来。"①

　　"工人是不可能自己出钱移居海外的，而工业资产阶级又不会在这方面帮助他们。这会造成什么结果呢？农业人口这种现代社会中最稳定最保守的因素正在消失，同时工业无产阶级，正是由于现代生产方式的发展而在聚集着巨大生产力的大城市集中起来，而这些巨大的生产力的创造史到现在为止总是劳动者的殉难史。谁能阻挡他们再前进一步去支配这些到现在还支配着他们的力量呢？有什么力量能抗拒他们呢？没有这种力量！到那时，乞灵于'所有权'是没有用的。资产阶级经济学家们自己也承认，目前生产方式中的变化摧毁了过时的社会制度及其占有方式。这些变化剥夺了苏格兰的氏施的成员，爱尔兰的短工和佃农，英格兰的自耕农、手工织工、无数的手工业者以及整代整代的工厂童工和女工；总有一天他们也将剥夺地主和棉纺大王。"②

　　关于城市与农村的对立，马克思还谈道："米兰所有的大贵族在洛美利纳都有大块的领地。他们是皮蒙特人，在内心里仇恨奥地利

---

①《马克思恩格斯全集》第 8 卷，人民出版社 1961 年版，第 619—620 页。
②《马克思恩格斯全集》第 8 卷，人民出版社 1961 年版，第 620 页。

人；但是这一省的农民，由于同这些贵族对立，所以比较倾向于奥地利。奥军在洛美利纳所遇到的热忱的接待就证实了这一点，同时奥军的征集物资和摊派捐税看来也是尽量只限于贵族和那些意大利爱国运动中心的城市，而对农民则尽可能地豁免。这是奥地利所特有的政策，它从 1846 年以来便一直奉行这样的政策。这一政策完全说明了为什么奥军征集物资虽然归根到底并未超过一般认为是现代战争中正常征集的规模，也还没有达到法军通常征集的程度，但是皮蒙特报刊却已对此议论纷纷。"①

关于城乡对立与冲突，马克思、恩格斯认为："引起资产阶级民主派与工人发生冲突的第一个问题，将是消灭封建制度的问题。正如在第一次法国革命时期一样，小资产者将把封建地产交给农民作为他们自由支配的财产，就是说，他们将力求继续保存农村无产阶级并造成一个农民小资产阶级，这个农民小资产阶级一定会象法国农民现在的处境一样经受一贫如洗和债台高筑的痛苦。工人为了农村无产阶级的利益和自己本身的利益，一定要反对这种意图。他们必须要求把没收下来的封建地产变为国家财产，变成工人农场，由联合起来的农村无产阶级利用大规模农业的一切优点来进行耕种。这样，在资产阶级所有制关系发生动摇的情况下，公有制的原则立刻就会获得巩固的基础。正如现在民主派与农民联合起来那样，工人也应当与农村无产阶级联合起来。其次，民主派或是直接力求建立一个联邦共和国，或是当他们无力反对建立一个统一而不可分割的共和国的时候，他们至少也要设法赋予各个乡镇和各个省区以尽量大的独立自主权，借以使中央政府陷于瘫痪状态。工人应该反对这种意图，不仅要坚持建立统一而不可分割的德意志共和国，并且还要坚决使这个共和国的一切权力集中于国家政权掌握之下。他们不应甘受民主派空谈乡镇自由、空谈自治等等的花言巧语所迷惑。在象德国这样一个还需要铲除许许多多的中世纪残余，还必须打破很多地方性的和省区性的偏狭习俗的国家里，无论如何也不能容许每一村庄、每一城市和每一省都弄出一些新

----

① 《马克思恩格斯全集》第 13 卷，人民出版社 1962 年版，第 388 页。

的障碍来阻挠革命活动，因为革命活动只有在集中的条件下才能发挥自己的全部力量。——决不能容许现今这种状况复活起来，因为现今这种状况使德国人民为了同一个前进步骤都不免要在每个城市和每个省区里进行单独的斗争。决不能容许利用所谓自由地方自治来永远保存乡镇所有制，这种所有制比现代私有制更为落后，并且是到处都陷于解体而必然要转变为现代私有制，——因而也就不能容许永远保存各个贫穷乡镇与富足乡镇在这种所有制基础上发生的争执，以及那与全国民法并存的乡镇民法及其各种反对工人的诡谲办法。也如1793年在法国那样，目前在德国实行最严格的中央集权制是真正革命党的任务。"①

"大工业消灭了工场手工业和手工业的 mysteries〔秘密〕和传统的凝固性，它把生产过程变为对自然力的有意识的应用。因此，和以前的一切形式相比，只有大工业是革命的（第479页）。但是，它作为资本主义的形式，仍然使工人保持凝固了的分工。而由于它每天变革着分工的基础，所以使工人陷于毁灭的境地。另一方面，正是由于同一个工人有改变活动的必要，就要求工人必须尽可能多方面发展，并且有了社会革命的可能。（第480、481页）把工厂立法推行于一切非工厂方式经营的部门的必要（第482页及以下各页）。1867年的法律（第485页）。矿业（注释，第486页及以下各页）。工厂法的集中影响，工厂经营的普遍化，资本主义生产的典型形态的普遍化，资本主义生产的固有矛盾的尖锐化，推翻旧社会的因素和建立新社会的因素成熟起来。（第488—493页）农业。在这里机器排挤工人的情形更为剧烈。雇佣工人代替农民。农村家庭制造业的消灭。城乡对立的尖锐化。农村工人分散和软弱，而城市工人集中，因此，农业工人的工资降到最低限度。同时掠夺土地——资本主义生产方式的最高峰，破坏一切财富的源泉：土地和工人（第493—496页）。"②

关于城市和乡村的分离，马克思以与杜林的论战为战场，在《反

---

① 《马克思恩格斯全集》第7卷，人民出版社1959年版，第297—298页。
② 《马克思恩格斯全集》第16卷，人民出版社1964年版，第324—325页。

杜林论》中首先承认了第一次社会大分工导致城市和农村的分离，同时也进一步阐述了这种分工给社会带来的不良作用："到目前为止的一切生产的基本形式是分工，一方面是社会内部的分工，另一方面是每个生产机构内部的分工。杜林的'共同社会'是怎样看待分工的呢？"① 第一次社会大分工是城市和乡村的分离，照杜林的说法，这个对抗按事物的本性来说是不可避免的。但是，"如果以为农业和工业之间的鸿沟……是不可能填平的，这倒是值得怀疑的。实际上，它们之间已经存在着一定程度的连续过渡，这种连续过渡在将来还可望大大增长"②。现在侵入农业和农村经济中的，已经有两种工业："第一、酿酒业，第二、甜菜制糖业……酒精生产具有这样大的意义，以致容易被人估计过低，而不会被人估计过高。"③ 如果由于"某些发现而能形成更大的工业的范围，使生产管理必须在农村中实行地方化，并且直接依靠于原料的生产"④，那么城市和乡村之间的对立就可以因此减弱，而"文明发展的最广泛的基础就可以获得"⑤。但是，"同样的事情还可以由别种方法产生。除技术上的必需外，社会需要的问题将愈来愈多地被提出，当社会需要成为人类活动的分类的标准时，就不能再忽视农村中的职业和技术加工工作之间的有系统的紧密联系所产生的好处了"⑥。

"而在经济公社中正好存在着社会需要的问题，这样，公社会不急于充分利用上述的农业和工业联合的好处吗？关于经济公社在这个问题上所采取的立场，杜林先生不会不用他所喜爱的冗长文字把他的'更确切的理解'告诉我们吧？如果读者相信他会这样做，那就要受骗。上面那些贫乏的、吞吞吐吐的、又是在施行普鲁士邦法的酿酒区和制糖区内流传的老生常谈，就是杜林先生关于现在和将来的城市和

---

① 《马克思恩格斯全集》第 20 卷，人民出版社 1971 年版，第 314 页。
② 《马克思恩格斯全集》第 20 卷，人民出版社 1971 年版，第 314 页。
③ 《马克思恩格斯全集》第 20 卷，人民出版社 1971 年版，第 314 页。
④ 《马克思恩格斯全集》第 20 卷，人民出版社 1971 年版，第 314—315 页。
⑤ 《马克思恩格斯全集》第 20 卷，人民出版社 1971 年版，第 315 页。
⑥ 《马克思恩格斯全集》第 20 卷，人民出版社 1971 年版，第 315 页。

乡村的对立所能告诉我们的一切。让我们来详细地谈谈分工吧。在这里，杜林先生已经多少'确切些'了。他谈到'应该专门投身于一种职业的人'。如果说到建立一个新的生产部门，'那末问题只是在于：能否以某种方法造成致力于生产某一种物品的一定数量的人，以及为他们所需要的消费〈！〉'。在共同社会中，任何一个生产部门，都'不需要许多居民'。在共同社会中，也会有'根据生活方式而区分的'人的'经济变种'。"①

进而，马克思进一步批判了"错误的分工"，他认为："至于分工本身的问题，我们已经在上面说过，只要注意到各种不同的自然状况和个人能力，它就可以说是解决了。"②"促使人们去从事那种需要有更多能力和事先训练的活动的刺激，将完全基于对有关行业的爱好，以及对从事于恰恰这一种事物而不是别种事物〈从事于一种事物！〉的乐趣。"③

但是，这样一来在共同社会中就将引起一种竞争心，而且"生产本身获得了兴趣，而把生产仅仅看做获利手段的愚蠢的经营，将不再是一切社会关系的占支配地位的特性"④。

马克思进一步揭露了以上社会分工（本文所指即城市和乡村分离）的恶果——它"使农村人口陷于数千年的愚昧状况，使城市居民受到各自的专门手艺的奴役"，不仅如此，人们为了适应这种分工，被强迫训练某种单一活动，导致其他一切肉体的和精神的能力都成了牺牲品。它使人的个性被极大程度地压抑：在生产自发地发展起来的一切社会中（今天的社会也属于这样的社会），不是生产者支配生产资料，而是生产资料支配生产者。在这样的社会中，每一种新的生产杠杆都必然地转变为生产资料奴役生产者的新手段。这首先是大工业建立以前的最强有力的生产杠杆——分工的特点。第一次大分工，即城市和乡村的分离，立即使农村人口陷于数千年的愚昧状况，使城市

---

① 《马克思恩格斯全集》第20卷，人民出版社1971年版，第315页。
② 《马克思恩格斯全集》第20卷，人民出版社1971年版，第315页。
③ 《马克思恩格斯全集》第20卷，人民出版社1971年版，第315—316页。
④ 《马克思恩格斯全集》第20卷，人民出版社1971年版，第316页。

居民受到各自的专门手艺的奴役。它破坏了农村居民的精神发展的基础和城市居民的体力发展的基础。如果说，农民占有土地，城市居民占有手艺，那末，土地就同样地占有农民，手艺同样地占有手工业者。由于劳动被分成几部分，人自己也随着被分成几部分。为了训练某种单一的活动，其他一切肉体的和精神的能力都成了牺牲品。人的这种畸形发展和分工齐头并进，分工在工场手工业中达到了最高的发展。工场手工业把一种手艺分成各种精细的工序，把每种工序分给个别工人，作为终生的职业，从而使他一生束缚于一定的操作和一定的工具之上"。"工场手工业把工人变成畸形物，它压抑工人全面的生产志趣和才能，人为地培植工人片面的技巧……个体本身也被分割开来，成为某种局部劳动的自动的工具。"①

欧文和傅立叶等空想社会主义者也提出了消灭城市和乡村之间对立的主张，并由此提出了一些空想措施："空想主义者已经充分地了解到分工所造成的结果，了解一方面是工人的畸形发展，另一方面是劳动活动本身的畸形发展，这种劳动活动局限于单调地机械地终身重复同一的动作。"② 对此，马克思认为："欧文和傅立叶都要求消灭城市和乡村之间的对立，作为消灭整个旧的分工的第一个基本条件。他们两人都主张人口应该分成一千六百人到三千人的集团，分布于全国；每个集团居住在他们那个地区中央的一个巨大的宫殿中，共同管理家务。虽然傅立叶在有些地方也提到城市，但是这些城市本身又只是由四个到五个这种相互毗连的宫殿组成的。根据这两个空想主义者的意见，每个社会成员都既从事农业，又从事工业；在傅立叶看来，手艺和工场手工业在工业中起着最主要的作用，相反地，在欧文看来，大工业已经起着最主要的作用，而且认为在家务劳动中也应该应用蒸汽力和机器。但是他们两人都要求每个人在农业上和工业上也尽可能多地调换工种，并且相应地训练青年从事尽可能全面的技术活动。在他们两人看来，人应当通过全面的实践活动获得全面的发展；

---

① 《马克思恩格斯全集》第 20 卷，人民出版社 1971 年版，第 316 页。
② 《马克思恩格斯全集》第 20 卷，人民出版社 1971 年版，第 317 页。

劳动应当重新获得它由于分工而丧失的那种吸引人的力量，这首先是通过经常调换工种和相应地使劳动的每一'会期'（用傅立叶的话说）不过长的办法来实现。他们两人都远远地超出了杜林先生所承袭的剥削阶级的思维方式。这种思维方式认为城市和乡村的对立按事物的本性来说是不可避免的；它拘泥于这样的狭隘的观念，似乎一定数量的'人'无论如何必然被命定生产某一种物品；它要使根据生活方式而区分的人的'经济变种'永世长存，这些人，对从事于恰恰这一种事物而不是别种事物感到乐趣，就是说，他们落到了竟然乐于自身被奴役和片面发展的地步。即使和'白痴'傅立叶的最狂勇的幻想所包含的基本思想相比较，即使和'粗糙、无力而贫乏'的欧文的最贫乏的观念相比较，自身还完全被分工所奴役的杜林先生也还是一个妄自尊大的侏儒。"[①]

"大工业告诉我们，为了技术上的目的，把或多或少地到处都可以制造出来的分子运动转变为质量运动，这样大工业在很大程度上使工业生产摆脱地方的局限性。水力是受地方局限的，蒸汽力却是自由的。如果说水力必然地带有乡村的性质，那末蒸汽力绝不是必然地带有城市的性质。只有它的资本主义的应用才使它主要地集中于城市，并把工厂乡村转变为工厂城市。但是，这样一来它就同时破坏了它自己的活动的条件。蒸汽机的第一需要和大工业中差不多一切生产部门的主要需要，都是比较纯洁的水。但是工厂城市把一切水都变成臭气冲天的污水。因此，虽然向城市集中是资本主义生产的基本条件，但是每个工业资本家又总是力图离开资本主义生产所必然造成的大城市，而迁移到农村地区去经营。对于郎卡郡和约克郡的纺织工业地区的这一过程，可以详细地研究一下；在那些地方，资本主义大工业不断地从城市迁往农村，因而不断地造成新的大城市。在金属加工工业地区也有类似的情形，在那里，一部分另外的原因造成同样的结果。"[②]

---

① 《马克思恩格斯全集》第 20 卷，人民出版社 1971 年版，第 317—318 页。
② 《马克思恩格斯全集》第 20 卷，人民出版社 1971 年版，第 320 页。

马克思还说："要消灭这种新的恶性循环，要消灭这个不断重新产生的现代工业的矛盾，又只有消灭工业的资本主义性质才有可能。只有按照统一的总计划协调地安排自己的生产力的那种社会，才能允许工业按照最适合于它自己的发展和其他生产要素的保持或发展的原则分布于全国。"①

马克思、恩格斯得出了消灭城市和乡村之间对立并不是不可能的结论，不仅如此，马克思还向世人列举了几方面对立消除后生活改善的状况："因此，城市和乡村的对立的消灭不仅是可能的。它已经成为工业生产本身的直接需要，正如它已经成为农业生产和公共卫生事业的需要一样。只有通过城市和乡村的融合，现在的空气、水和土地的污毒才能排除，只有通过这种融合，才能使现在城市中日益病弱的群众的粪便不致引起疾病，而是用来作为植物的肥料。"②

如何消灭城市和乡村的分离，马克思提出了"大工业在全国的尽可能平衡的分布"的措施："大工业在全国的尽可能平衡的分布，是消灭城市和乡村的分离的条件，所以从这方面来说，消灭城市和乡村的分离，这也不是什么空想。的确，文明在大城市中给我们留下了一种需要花费许多时间和努力才能消除的遗产。但是这种遗产必须被消除而且必将被消除，即使这是一个长期的过程。无论普鲁士民族的德意志帝国可能遭受怎样的命运，俾斯麦总可以高傲地进入坟墓了，因为他的宿愿——大城市的毁灭，肯定是会实现的。"③"现在可以察看一下杜林先生的下述的幼稚观念：无需从根本上变革旧的生产方式，首先是无需废除旧的分工，社会就可以占有全部生产资料；只要'注意到……自然状况和个人能力'，就一切都解决了。而与此同时整批的人却依旧为生产某一种物品所奴役，整批的'居民'依旧被要求就业于一个生产部门，而人类却依旧和从前一样，分成一定数目的不同的畸形发展的'经济变种'，就象现在的'推小车者'和'建筑

---

① 《马克思恩格斯全集》第20卷，人民出版社1971年版，第320页。
② 《马克思恩格斯全集》第20卷，人民出版社1971年版，第321页。
③ 《马克思恩格斯全集》第20卷，人民出版社1971年版，第321页。

师’一样。社会应该成为全部生产资料的主人，从而让每一个人依旧做自己的生产资料的奴隶，而仅仅有选择哪一种生产资料的权利。同样可以察看一下，杜林先生怎样把城市和乡村的分离看做‘按事物的本性来说是不可避免的’，并且只能在酿酒业和甜菜制糖业这两个按其结合来说是纯粹普鲁士的生产部门中发现一点小小的缓和剂；他怎样使工业在全国的分布取决于将来的某些发现以及生产必需直接依靠原料的开采——这些原料，现在已被用于离开原产地愈来愈远的地方了！——他在结束时又怎样力图用下面的保证来遮掩尾巴：社会的需要终究要使农业和工业结合起来，即使这违反经济上的考虑，就是说，似乎这样做会造成经济上的牺牲！”①

马克思、恩格斯认为，在现代大工业生产条件下，消灭城乡分离的革命因素已慢慢发酵，城乡融合是社会发展的大趋势，也是社会发展最终会达成的目标：“诚然，要看到那些将要消灭旧的分工以及城市和乡村的分离并且将使全部生产发生变革的革命因素已经在现代大工业的生产条件中处于萌芽状态，要看到这些因素在自己的发展中受到现今的资本主义生产方式的阻碍，必须具有比施行普鲁士邦法的地区稍为广阔一些的眼界，在那里，烧酒和甜菜糖是主要的工业产品，而商业危机可以根据书籍市场上的状况来研究。为此，必须从大工业的历史发展中，从它目前的现实状况中，特别是从那个成为大工业发源地并唯一地使大工业获得标准发展的国家中，去了解真正的大工业；这样就不会想到把现代科学社会主义庸俗化，并使它堕落为杜林先生的特殊普鲁士的社会主义。”②

关于文明时代开始后城市与乡村的对立，马克思、恩格斯认为：“这样，我们就走到文明时代的门槛了。它是由分工方面的一个新的进步开始的。在野蛮时代低级阶段，人们只是直接为了自身的消费而生产；间或发生的交换行为也是个别的，只限于偶然留下的剩余物。在野蛮时代中级阶段，我们看到游牧民族已有牲畜作为财产，这种财

---

① 《马克思恩格斯全集》第 20 卷，人民出版社 1971 年版，第 321—322 页。
② 《马克思恩格斯全集》第 20 卷，人民出版社 1971 年版，第 322 页。

产，到了成为相当数量的畜群的时候，就可以经常提供超出自身消费的若干余剩；同时，我们也看到了游牧民族和没有畜群的落后部落之间的分工，从而看到了两个并列的不同的生产阶段，从而也就看到了进行经常交换的条件。在野蛮时代高级阶段，进一步发生了农业和手工业之间的分工，从而发生了直接为了交换的、日益增加的一部分劳动产品的生产，从而使单个生产者之间的交换变成了社会的迫切需要。文明时代巩固并加强了所有这些在它以前发生的各次分工，特别是通过加剧城市和乡村的对立（或者是像古代那样，城市在经济上统治乡村，或者是像中世纪那样，乡村在经济上统治城市）而使之巩固和加强，此外它又加上了一个第三次的、它所特有的、有决定意义的重要分工：它创造了一个不从事生产而只从事产品交换的阶级——商人。在此以前阶级的形成的一切发端，都只是与生产相联系的；它们把从事生产的人分成了领导者和执行者，或者分成了较大规模的和较小规模的生产者。这里首次出现一个阶级，它根本不参予生产，但完全夺取了生产的领导权，并在经济上使生产者服从自己，它成了每两个生产者之间的不可缺少的中间人，并对他们两者进行剥削。在可以使生产者免除交换的辛劳和风险，可以使他们的产品的销路一直扩展到遥远的市场，从而可以使自己成为一个似乎最有用的居民阶级的借口下，一个寄生阶级，真正的社会寄生虫阶级形成了，它从国内和国外的生产上榨取油水，作为对自己的实际上非常有限的贡献的报酬，它很快就获得了大量的财富和相应的社会影响，正因为如此，它在文明时期便取得了愈来愈荣誉的地位和对生产的愈来愈大的统治权，直到最后它自己也生产出自己的产品——周期性的商业危机为止。"①

马克思、恩格斯认为，城市和乡村的对立作为文明时代的特征而出现，"文明时代所由以开始的商品生产阶段，在经济上有下列特征：（1）出现了金属货币，从而出现了货币资本、利息和高利贷；（2）出现了作为生产者之间的中介阶级的商人；（3）出现了土地私有制

---

① 《马克思恩格斯全集》第 21 卷，人民出版社 1965 年版，第 188—189 页。

和抵押制；（4）出现了作为占统治地位的生产形式的奴隶劳动。与文明时代相适应并随着它而彻底确立了自己的统治地位的家庭形式是一夫一妻制、男子对妇女的统治，以及作为社会经济单位的个体家庭。国家是文明社会的概括，它在一切典型的时期毫无例外地都是统治阶级的国家，并且在一切场合在本质上都是镇压被压迫被剥削阶级的机器。此外，文明时代还有如下的特征：一方面，是把城市和乡村的对立作为整个社会分工的基础固定下来；另一方面，是实行所有者甚至在死后也能够据以处理自己财产的遗嘱制度。这种同古代氏族制度直接冲突的制度，在雅典直到梭伦时代之前还没有过；在罗马，它很早就已经实行了，究竟在什么时候我们不知道；在德意志人中间，这种制度是由教士引入的，为的是使诚实的德意志人能够毫无阻碍地将自己的遗产遗赠给教会"①。

二 城乡关系

马克思以英国的城乡关系为例，分析了商业城市在社会发展过程中的重要地位和作用。他说："大工业通过普遍的竞争迫使所有人的全部精力极度紧张起来。只要可能，它就消灭意识形态、宗教、道德等等，而当它不能做到这一点时，它就把它们变成赤裸裸的谎言。它首次开创了世界历史，因为它使每个文明国家以及这些国家中的每一个人的需要的满足都依赖于整个世界，因为它消灭了以往自然形成的各国的孤立状态。它使自然科学从属于资本，并使分工丧失了自然性质的最后一点痕迹。它把自然形成的关系一概消灭掉（只要这一点在劳动范围内可能做到的话）；它把这些关系变成金钱的关系。它建立了现代化大工业城市（它们像闪电般迅速地成长起来）来代替从前自然成长起来的城市。凡是它所渗入的地方，它就破坏了手工业和工业的一切旧阶段。它使商业城市最终战胜了乡村。［它的第一个前提］是自动化体系。［它的发展］造成了大量的生产力，对于这些生

---

① 《马克思恩格斯全集》第 21 卷，人民出版社 1965 年版，第 200—201 页。

产力说来，私人［所有制］成了它们发展的桎梏，正如行会制度成为工场手工业的桎梏和小规模的乡村生产成为日益发展的手工业的桎梏一样。"①

恩格斯在《德国的制宪问题》一文中，在论述德国的现状时，提到德国当时城市与农村的关系时说："法国和英国是城市统治着乡村，而德国却是乡村统治着城市，农业统治着商业和工业……随着农业不再成为国家的决定性生产部门，随着（农业阶级之外）从事工业的阶级的形成和（乡村之外）城市的产生，封建制度到处趋于衰落。"②

马克思认为，资本主义的地租的概念将城市与乡村的联系明显化。在《贫困的哲学》一文中指出："李嘉图所说的地租就是把宗法式的农业变成商业性的企业，把经营资本投入土地，使城市资产阶级移到乡村。地租并不把人束缚于自然，它只是把土地的经营同竞争联在一起。土地所有权一旦构成了地租的来源，它本身就成为竞争的结果，因为从这时起土地所有权就依附于农产品的市场价值。作为地租，土地所有权丧失了不动产的性质，变成一种交易品。只有在城市工业的发展和由此产生的社会组织迫使土地所有者只去追求商业利润，只去追求农产品给他带来的货币收入，教他把自己的土地所有权看成仅仅是一架为他铸造货币的机器以后，才可能有地租。地租使土地所有者脱离土地，脱离自然，他甚至可以完全不了解自己的领地，正像在英国那样。至于土地经营者，资本主义企业家和农业工人，他们不束缚在他们取得收入的土地上，正如厂主和工厂工人不束缚在他们加工的棉花或羊毛上一样。他们或到切身有关的只是他们的产品价格和货币收入。因此反动势力便发出悲叹，祈求回到封建主义，回到美好的宗法式生活里，恢复我们祖先的淳朴的风尚和伟大的德行。土地也服从于支配任何其他实业的那些规律，这就是而且也永远是私利哀悼的对象。因此，可以说，地租是将田园生活卷入历史运动的

---

① 《马克思恩格斯全集》第 3 卷，人民出版社 1960 年版，第 68 页。
② 《马克思恩格斯全集》第 4 卷，人民出版社 1958 年版，第 50—51 页。

动力。"①

　　随着 1846 年废除谷物法的实施，英国市民社会中城市与乡村的从属关系也有了相应的变化："在不祥的 1846 年谷物法被废除时，托利党人叫苦连天，这就证明了他们正是地租的狂热的拥护者，同时也揭露了他们之所以对旧英国政治制度和宗教制度恋恋不舍的秘密。原来，这些制度正是最适合于大土地所有制的，他们（土地贵族）一直依靠这些制度统治着英国，而且直到现在还企图以此保持自己的统治。1846 年赤裸裸地暴露了构成托利党的现实基础的物质的阶级利益。1846 年从托利党身上撕下了一直用来掩盖它的阶级利益的那张为传统所尊崇的狮子皮。1846 年使托利党变成了保护关税派。'托利党'是个神圣的名字，'保护关税派'则是个凡俗的称呼；'托利党'听起来是政治上的战斗的呐喊，'保护关税派'听起来却是经济上的绝望的哀鸣；'托利党'似乎标志着一种思想、一种原则，'保护关税派'则代表着物质利益。这些保护关税派所保护的是什么呢？是他们自己的收入，是他们自己的地租。可见，托利党人归根到底是和其他资产者一样的资产者；难道世界上还有不保护自己钱袋的资产者吗？托利党人和其他资产者的区别，也就等于地租和工商业利润的区别。地租是保守的，利润是进步的；地租是民族性的，利润是世界性的；地租信奉国教，利润则是天生的非国教徒。1846 年废除谷物法，只是承认了一并既成的事实，承认英国市民社会的成分中早已发生的变化，这就是：土地占有的利益服从于金融集团的利益，地产服从于商业，农业服从于工业，乡村服从于城市。当英国农村和城市人口的比例已经是一比三的时候，还怎么能够不肯定上述这个事实呢？托利党实力的物质基础就是地租。地租是由食物的价格来调节的，而食物的价格又是靠谷物法人为地保持在高度水平上的。谷物法的废除降低了食物的价格，食物价格的降低又使地租下降，而随着地租的下降，托利党的政治力量所依靠的实力也就被破坏了。"②

---

① 《马克思恩格斯全集》第 4 卷，人民出版社 1958 年版，第 185—186 页。
② 《马克思恩格斯全集》第 8 卷，人民出版社 1961 年版，第 382—383 页。

关于城乡关系的改变，马克思、恩格斯认为："当然，把事物归结为蒲鲁东先生的范畴，那未免把它们看得太简单了。历史的进程并不象范畴那样死板绝对。德国为了建立城乡分离这第一次大分工，整整用了三个世纪。城乡关系的面貌一改变，整个社会的面貌也跟着改变。"①

关于城市与农村的依附关系，马克思、恩格斯认为："在农民战争以前，平民反对派在政治斗争中不是作为一个党派出现，而只是作为市民反对派的尾巴出现。他们吵吵嚷嚷，一心只想攫取财物，为了得到几桶葡萄酒就可以供人驱使，就是这样做着市民反对派的尾巴。农民的起义才把他们造成党派，而在这时候他们每有举动以及提出要求时又几乎总是视农民为转移——这正是当时城市还深深依附着农村的一个明显的证据。一旦他们以独立姿态出现的时候，他们就要求建立城市对农村的手工业垄断，他们就不愿意废除郊区的封建负担而使城市收入减少，以及其他等等。总而言之，随着他们的独立程度他们越来越成为反动的了，他们屈服于他们本身的小资产阶级成分，为最近3年来现代小资产阶级在民主招牌下演出的悲喜剧提供了典型的序幕。"②

关于革命失败的原因，马克思提出了一个深刻的思想："如果革命的政党不善于把农民的利益同城市居民的利益结合起来，就是把农民群众排斥在革命之外，从而使农民有可能被反革命势力利用。缩小运动的社会基础以及与此相联系的革命市民的依赖军队——军队是'对利用他们的人有危险……的工具'（见本卷第671页）—— 也就是革命失败的主要原因。"③他还写到："1820—1823年革命的失败是容易解释的。这是资产阶级革命，更确切地说，是城市革命。而无知懒散、崇尚豪华的礼拜仪式的农村居民，只是这种他们实在不理解的党派斗争的消极的旁观者。在少数省

---

① 《马克思恩格斯全集》第4卷，人民出版社1958年版，第159页。
② 《马克思恩格斯全集》第7卷，人民出版社1959年版，第396页。
③ 《马克思恩格斯全集》第10卷，人民出版社1962年版，第XXV页。

份，农村居民破例积极参加了斗争，但是他们往往站在反革命一方——这个事实在西班牙这个'古旧风俗的仓库，保存着别处早已遗忘和废弃的一切东西的储藏所'是不足为奇的。这个国家在独立战争时期，农民还带着从阿尔汉布拉宫的军火库中取来的马刺，并且使用远在 15 世纪战争时使用的精美的古式的戟和矛。此外，西班牙的特点就是，每一个农民只要自己那可怜的茅舍门上方有一块石刻的贵族徽记，就自命是贵族，因此一般的农村居民虽然一贫如洗、屡遭掠夺，却从没感到那种使封建欧洲其他各国农民甚为愤慨的强烈的屈辱之情。在革命中起过重要作用的两个人——莫里略将军和圣米格尔都承认革命派不懂得如何把农民的利益和城市的运动联系起来。对革命确实怀有同情的莫里略从加利西亚写信给昂古莱姆公爵说：'如果议会批准封建主权利法，从而剥夺大贵族的领地以利民众，殿下就会遇到为数众多的具有爱国情绪的大军，他们将会自己组织起来，就像在同样情况下法国发生过的情形那样。'另一方面，圣米格尔（见他的'西班牙内战'1836 年马德里版）说：'自由派的最大的错误，是他们没有估计到大多数人民对新法律所抱的态度是冷漠的或敌对的。议会所颁布的许多旨在改善人民物质状况的法令，不能像客观形势所要求的那样迅速奏效。无论减少一半什一税，或者变卖寺院的田产，都无助于改善下层农民的物质状况。相反，后一个措施由于把土地从能宽容体察的僧侣手里转到精打细算的资本家手中，引起了地租的提高，倒使老佃农的状况恶化。因此，已经因神圣的教会财产的转让而感到痛心的这个人数众多的阶级的迷信观念，在物质利益受到损害的影响下就更加严重了。'革命的市民们既然这样脱离了广大的人民群众，便不得不在反对大贵族、农村僧侣、宗教势力和代表所有这些社会腐朽分子的国王的斗争中，完全依靠军队和他们的领导人。军队在革命阵营中这样僭取来的地位本身，加上这个军队脱离群众，就已经把他们变成一种对利用他们的人有危险而对他们本应打击的敌人无害的工具。最后，上层资产阶级，即所谓的温和派，不久便对革命事业冷淡了，后来也就背叛了革命事业，他们幻想可以凭借法国的干涉而取得政权,从而不费什么努力,不让平民染指,独享新社会的成果。"①

在讨论到剩余价值时,恩格斯再次提出:"一切发达的、以商品交换为媒介的分工的基础,都是城乡的分离。"②

马克思、恩格斯还以超额利润转化为切入点,阐述城乡关系:"平均利润和由它调节的生产价格,是在农村关系之外,在城市商业和工业的范围内形成的。有交租义务的农民的利润,不会进入利润平均化的过程,因为他和土地所有者的关系,不是资本主义的关系。当他赚到利润,也就是说,当他靠自己的劳动,或靠剥削别人的劳动,而实现一个超过本人必要生活资料的余额时,这件事是在正常的关系背后发生的,在其他条件相同的情况下,这个利润的量并不决定地租,相反地,它本身是由作为它的界限的地租决定的。中世纪的高利润率,不只是由于资本的构成很低,即其中投在工资上的可变要素占优势造成的。这种高利润率是由于在农村中盛行的欺诈,由于土地所有者的地租及其隶属农民的收入的一部分被人占有造成的。如果在中世纪,在封建制度没有象意大利那样被例外的城市发展破坏的地方,到处都是农村在政治上剥削城市,那末,无论什么地方都没有例外地是城市通过它的垄断价格,它的赋税制度,它的行会,它的直接的商业诈骗和它的高利贷在经济上剥削农村。"③

在讲到价格费用理论时,恩格斯以批判亚当·斯密为切入点,进一步说明了城市和农村之间的关系。同时也揭露了城乡分离的实质,表明了分工的不利之处:"城市工商业居民的每一个集团〈在实行行会制度的城市内〉由于实行这种规约,当然不得不付出略高于没有规约时的价格,向城市其他集团的商人和手工业者购买他们需要的商品。但是,为了弥补这一点,他们也可以按同样较高的价格出卖自己的商品。结果是正如一般所说,贵买贵卖,横竖一样。在城市内各个

---

① 《马克思恩格斯全集》第 13 卷,人民出版社 1998 年版,第 581—583 页。
② 《马克思恩格斯全集》第 23 卷,人民出版社 1972 年版,第 390 页。
③ 《马克思恩格斯全集》第 25 卷,人民出版社 1974 年版,第 902 页。

集团之间进行交易时，他们都不会因这种规约而蒙受任何损失。但在与农村进行交易时，他们却都会得到很大的利益，而城市赖以维持和富裕起来的商业，也就是后面这种交易。每一个城市都从农村取得它的全部粮食和全部工业原料。对这些东西，它主要用以下两种办法来支付：第一，把这种原料的一部分加工以后运回农村，在这种场合，原料的价格中增加了工人的工资和他们的主人或者说直接雇用者的利润；第二，从城市把外国进口或由本国遥远地区运来的原产品或工业品运往农村，在这种场合，这些商品的原来价格中同样要增加水陆运输工人的工资和雇用他们的商人的利润。由第一类商业赚到的钱，构成城市从工业得到的全部利益。由第二类商业赚到的钱，构成城市从国内外贸易得到的全部利益。工人的工资和雇主的利润，构成从这两个部门赚到的钱的全部。因此，目的是要把这些工资和利润提高到它们的自然水平以上的一切规约，其作用就是使城市能够以自己较小量的劳动购买农村较大量劳动的产品。"① "如果城市和农村相互交换的商品的价格是代表等量劳动，那末商品的价格就等于商品的价值。因此，不论哪一方面的利润和工资都不能决定这些价值，倒是这些价值的分配决定利润和工资。因此，斯密也发现，以较小量劳动交换农村较大量劳动的城市，在同农村的交往中会取得超额利润和超额工资。如果城市不是把自己的商品高于其价值卖给农村，这种情况就不会发生。那样的话，'利润和工资'就不会提高到'它们的自然水平以上'。所以，如果利润和工资处于'它们的自然水平'，那就不是由它们决定商品价值，而是它们自己由商品价值决定。那时，利润和工资就只能从既定的、作为它们前提的商品价值的分配中产生；但是这个价值不能由利润和工资决定，不能从作为价值本身的前提的利润和工资得出来。'这种规约，造成了城市的商人和手工业者对农村的土地所有者、租地农场主和农业工人的优势地位，并且破坏了城乡贸易中没有这种规约时存在的自然平衡。现有社会的全年劳动总产品，每年都是在这两部分不同的居民之间分配的。由于有这种〈城市的〉

----

① 《马克思恩格斯全集》第26卷（Ⅱ），人民出版社1973年版，第257—258页。

规约，城市居民就会得到比没有这种规约时较大的一部分产品，农村居民则得到较小的一部分。城市每年为输入的粮食和原料实际支付的价格，也就是城市每年输出的工业品和其他商品的量。后者卖得越贵，前者就买得越便宜。因此，城市的实业活动就变得比较有利，农村的实业活动则变得比较不利。'这样，按照斯密本人对问题的解释，如果城市和农村的商品都按这些商品各自包含的劳动量出卖，那它们就是按照自己的价值出卖，因而，两方面的利润和工资都不能决定这些价值，倒是利润和工资由商品的价值决定。关于因资本有机构成不同而有所不同的利润的平均化，在这里和我们无关；因为它不仅不会造成利润的差别，反而会使利润趋于同一水平。［559］'城市的居民，由于集中在一个地方，彼此间容易交往和达成协议。因此，城市中甚至最无关紧要的行业，也几乎到处都组成了行会……'（第261页）'农村的居民，由于居住分散，彼此距离较远，就不那么容易结合起来。他们不仅从来没有组织过行会，甚至连行会精神也从来没有在他们中间盛行过。人们从未认为，为了使人能够从事农业这种农村的主要行业，有必要建立学徒制度。'（第262页）在这里，斯密还谈到了'分工'的不利方面。农民的劳动，比受分工支配的制造业工人的劳动，具有更大程度的脑力性质：'从事那种必需随着气候的每一变化和其他许多情况的变化而变化的工作，比从事那种同一的或者差不多同一的操作，要求更高得多的判断力和预见性。'（第263页）分工使劳动的社会生产力，或者说，社会劳动的生产力获得发展，但这是靠牺牲工人的一般生产能力来实现的。所以，社会生产力的提高不是作为工人的劳动的生产力的提高，而是作为支配工人的权力即资本的生产力的提高而同工人相对立。如果说城市工人比农村工人发展，这只是由于他的劳动方式使他生活在社会之中，而土地耕种者的劳动方式则使他直接和自然打交道。"①

关于中世纪城市与农村之间的竞争关系，马克思认为："因此，在中世纪城市禁止农村从事尽可能多的职业。其目的不仅是为了排除

---

① 《马克思恩格斯全集》第26卷（II），人民出版社1973年版，第258—260页。

竞争，──亚·斯密在这里只看到这一点，──而且是为了给自己开辟市场。"①

在《拒绝纳税和农村》中，马克思谈到了城市和农村、中央和地方，也就是工人和农民联合起来进行斗争的重要性，指出："柏林只有靠外省的革命毅力才能保全，外省的大城市，尤其是各个省会只有靠农村的革命毅力才能保全。拒绝纳税（不论直接税或间接税）就能使农村有大好机会来为革命作出重大贡献。"②

关于城市与乡村的历史关系，马克思、恩格斯认为："日耳曼的公社并不集中在城市中；而单是由于这种集中（即集中在作为乡村生活的中心、作为农民的居住地、同样也作为军事指挥中心的城市中），公社本身这时便具有同单个人的存在不同的外部存在。古典古代的历史是城市的历史，不过这是以土地财产和农业为基础的城市；亚细亚的历史是城市和乡村无差别的统一（真正的大城市在这里只能干脆看作王公的营垒，看作真正的经济结构上的赘疣）；中世纪（日耳曼时代）是从乡村这个历史的舞台出发的，然后，它的进一步发展是在城市和乡村的对立中进行的；现代的历史是乡村城市化，而不象在古代那样，是城市乡村化。"③

三　城乡对立的消灭途径

马克思和恩格斯在《德意志意识形态》中揭示了城乡之间的对立以及脑力劳动和体力劳动之间的对立的产生和发展的原因，并指出这些对立将在通过无产阶级革命来改造社会的过程中被消灭掉。他们指出："由社会全体成员组成的共同联合体来共同而有计划地尽量利用生产力；把生产发展到能够满足全体成员需要的规模；消灭牺牲一些人的利益来满足另一些人的需要的情况；彻底消灭阶级和阶级对立；

---

① 《马克思恩格斯全集》第26卷（Ⅲ），人民出版社1974年版，第296—297页。
② 《马克思恩格斯全集》第43卷，人民出版社1982年版，第45—46页。
③ 《马克思恩格斯全集》第46卷（上），人民出版社1979年版，第479—480页。

通过消除旧的分工，进行生产教育、变换工种、共同享受大家创造出来的福利，以及城乡的融合，使社会全体成员的才能能得到全面的发展；——这一切都将是废除私有制的最主要的结果。"[1] "把农业同工业结合起来，促使城乡之间的差别逐步消灭。"[2] "……城乡居民的分布不管有怎样的弊病，也不会马上取消……"[3]

在《共产主义原理》的相关章节中，马克思针对"彻底废除私有制以后将产生什么结果"这一问题，进行了以下论证："由于社会将剥夺私人资本家对一切生产力和交往工具的支配权，也将剥夺他们对产品的交换和分配权，由于社会将按照根据实有资源和整个社会需要而制定的计划来支配这一切东西，所以同现在实行的大工业制度相联系的一切有害的后果，将首先被消灭。经济危机将终止，扩大的生产在现今的社会制度下引起生产过剩，并且是产生贫困的极重要的原因；但是到那时候，这种生产就会显得十分不够，并一定要大大扩大。超出社会当前需要的生产余额不但不会引起贫困，而且将保证满足社会全体成员的需要，将引起新的需要，同时将创造出满足这种新需要的手段。这种生产余额将是进一步前进的条件和刺激，它会实现这种进步，同时也不会因此（象过去那样）而造成整个社会秩序的周期性混乱。摆脱了私有制束缚的大工业将来的发展规模十分宏伟，相形之下，目前的工业状况将显得非常渺小，正象手工工场和我们这个时代的大工业相比一样。工业的这种发展将给社会提供足够的产品以满足它的全体成员的需要。现在由于私有制的压迫和土地的分散而很难运用现有的改良和科学成就的农业，将来同样也会进入繁荣的新时代，并将给社会提供足够的产品。这样一来，社会就将生产出足够的产品，可以组织分配以满足全体成员的需要。这么一来，社会划分为各个不同的相互敌对的阶级也就是多余的了；这种划分不仅是多余

---

① 《马克思恩格斯全集》第 4 卷，人民出版社 1958 年版，第 371 页。
② 《马克思恩格斯全集》第 4 卷，人民出版社 1958 年版，第 490 页。
③ 《马克思恩格斯全集》第 4 卷，人民出版社 1958 年版，第 114 页。

的，甚至是和新的社会制度互不相容的。阶级的存在是由分工引起的，到那时现在这种分工也将完全消失，因为要把工业和农业生产提高到上述的那种水平，单靠机械的和化学的辅助工具是不够的，还必须相应地发展运用这些工具的人的能力。当 18 世纪的农民和手工工场工人被吸引到大工业中以后，他们改变了自己的整个生活方式而完全成为另一种人，同样，用整个社会的力量来共同经营生产和由此而引起的生产的新发展，也需要一种全新的人，并将创造出这种新人来。生产的社会管理不能由现在这种人来进行，因为他们每一个人都只隶属于某一个生产部门，受它束缚，听它剥削，在这里，每一个人都只能发展自己能力的一方面而偏废了其他各方面，只熟悉整个生产中的某一个部门或者某一个部门的一部分。就是现在的工业也渐渐不能使用这样的人了。由整个社会共同地和有计划地来经营的工业，就更加需要各方面都有能力的人，即能通晓整个生产系统的人。因此现在已被机器动摇了的分工，即把一个人变成农民、把另外一个人变成鞋匠、把第三个人变成工厂工人、把第四个人变成交易所投机者的这种分工，将要完全消失。教育可使年轻人很快就能够熟悉整个生产系统，它可使他们根据社会的需要或他们自己的爱好，轮流从一个生产部门转到另一个生产部门。因此，教育就会使他们摆脱现代这种分工为每个人造成的片面性。这样一来，根据共产主义原则组织起来的社会，将使自己的成员能够全面地发挥他们各方面的才能，而同时各个不同的阶级也就必然消失。因此，根据共产主义原则组织起来的社会一方面不容许阶级继续存在，另一方面这个社会的建立本身便给消灭阶级差别提供了条件。由此可见，城市和乡村之间的对立也将消失。从事农业和工业劳动的将是同样的一些人，而不再是两个不同的阶级。单从物质方面的原因来看，这已经是共产主义联合体的必要条件了。乡村农业人口的分散和大城市工业人口的集中只是工农业发展水平还不够高的表现，它是进一步发展的阻碍，这种阻碍在目前已经深深地感到了。由社会全体成员组成的共同联合体来共同而有计划地尽量利用生产力；把生产发展到能够满足全体成员需要的规模；消灭牺牲一些人的利益来满足另一些人的需要的情况；彻底消灭阶级和阶级对立；通过消除旧的分工，进行生产教育、变换工种、共同享受大家创造出来的福利，以及城乡的融合，使社会全体成员的才能得到全面的发展；——这一切都将是废除私有制的最主要的结果。"① 从而得出随着私有制的彻底废除，城市和乡村之间的对立也将完全消失的结论。

关于消除城乡差异，马克思、恩格斯写到："也许国民议会中的多数派议员或者少数派议员是这样想的。可是，在这里起决定作用的不是协商派的意见，而是国民议会所处的实际历史情况，这种情况是由于欧洲革命和因此而引起的三月革命所形成的。这里所发生的不是在一个社会基础上的两个派别之间的政治冲突——这是两个社会之间的冲突，具有政治形式的社会冲突，——这是旧的封建官僚社会和现代资产阶级社会之间的斗争，是自由竞争的社会和行会制度的社会之间的斗争，是土地占有的社会和工业的社会之间的斗争，是信仰的社会和知识的社会之间的斗争。旧社会的相应的政治表现是天赋国王、监护一切的官僚和独立的军队。这一套旧政权机构的相应的社会基础是享有特权的贵族土地占有制及其农奴和半农奴、小规模的宗法式的或者在行会基础上组织起来的工业、彼此隔绝的等级、城市和乡村之间的尖锐对立，而首先是乡村对城市的统治。旧的政权机构——天赋国王、监护一切的官僚和独立的军队——感到：一旦侵犯了旧社会的基础，即享有特权的贵族土地占有制、贵族本身、乡村对城市的统治、乡村居民的依附地位以及和这一切生活条件相适应的法律，如市政条例，刑事立法等等，它自己的物质基础就会从它的脚下消失。而国民议会就是实行了这种侵犯。另一方面，这个旧社会感到：一旦国王、官僚和军队丧失了封建特权，政治权力就会从它手中滑掉。而国民议会就是想消灭这些特权。因此，军队、官僚和贵族联合起来唆使国王实行政变，就没有什么奇怪的了。国王知道，他自己的利益是和旧的封建官僚社会最密切地联系在一起的，因而他也允许别人推动他去实行政变，也就没有什么奇怪的了。国王是封建贵族社会的代表，

---

① 《马克思恩格斯全集》第 4 卷，人民出版社 1958 年版，第 369—371 页。

正像国民议会是现代资产阶级社会的代表一样。现代资产阶级社会的生存条件，要求把官僚和军队，把这些过去的商业和工业的统治者降低为商业和工业的工具，变成资产阶级交换的简单机构。资产阶级社会不能容忍农业受封建特权的限制，工业受官僚监护的限制。这是同它的自由竞争的生活原则相矛盾的。它不能容忍对外贸易的条件不受国民生产的利益的调节，而受宫庭对国际政策的考虑的调节。它必须使财政管理服从于生产的需要，可是，旧国家却必须使生产服从于天赋国王的需要，使它成为给那些作为王权堡垒和王权社会支柱的人们缝缀的补丁。正像现代工业实际上消灭了一切差异一样，现代社会也必须消灭城乡之间在法律上和政治上的一切壁障。在这个社会中还存在着阶级，可是已不再有等级了。它的发展就在于这些阶级的斗争，可是这些阶级却联合起来反对等级及其天赋王权。"①

关于消除城乡对立的途径，"恩格斯在给'社会民主党人报'编辑的信中，指出电能对进一步发展工业和最终消灭城乡对立的巨大意义"②。恩格斯提出消灭城乡对立的最重要条件是"不仅使工业生产资料归社会公有，而且使农业生产资料归社会公有"③。

关于消灭城市对乡村压制现象的手段，马克思、恩格斯认为："社团以及由社团成长起来的工会，不仅作为组织工人阶级对资产阶级进行斗争的手段，是极其重要的——这种重要性，例如，表现在下面这件事实上：甚至有选举权和共和国的美国工人也还是少不了工会——而且在普鲁士和整个德国，联合权除此而外还是警察统治和官僚制度的一个缺口，它可以摧毁奴仆规约和贵族对农村的控制，总之，这是使'臣民'变为享有充分权利的公民的一种手段，这种手段，进步党，也就是说普鲁士的任何资产阶级反对党，只要没有发疯，都会比普鲁士政府，尤其是比俾斯麦政府快一百倍地表示同意！与此相反，普鲁士王国政府对合作社的帮助——凡是

---

① 《马克思恩格斯全集》第6卷，人民出版社1961年版，第301—302页。
② 《马克思恩格斯全集》第19卷，人民出版社1963年版，第696页。
③ 《马克思恩格斯全集》第22卷，人民出版社1965年版，第804页。

了解普鲁士情况的人，都预料得到，帮助的规模必然是很小的——作为经济措施，完全等于零，同时这种帮助将会扩大监护制，收买工人阶级中的一部分人，并使运动受到阉割。普鲁士的资产阶级政党由于深信随着'新纪元'的到来政权会因摄政王的恩典而落在自己手里，才使自己出了丑并且落到了目前这步田地，同样，工人政党如果幻想在俾斯麦时代或任何其他普鲁士时代金苹果会因国王的恩典而落到自己嘴里，那就要出更大的丑。毫无疑问，拉萨尔关于普鲁士政府会实行'社会主义'干涉的不幸幻想将使人大失所望。事物的逻辑必然如此。但是，工人政党的荣誉要求它自己甚至在幻想被经验驳倒以前，就抛弃这种空中楼阁。工人阶级要不是革命的，就什么也不是。"①

电工技术革命的发生，使社会生产力得到大幅提升，马克思断言其会成为消除城乡对立的最强有力的杠杆："菲勒克就电工技术革命掀起了一阵喧嚷，却丝毫不理解这件事的意义，这种喧嚷只不过是为他出版的小册子做广告。但是这实际上是一次巨大的革命。蒸汽机教我们把热变成机械运动，而电的利用将为我们开辟一条道路，使一切形式的能——热、机械运动、电、磁、光——互相转化，并在工业中加以利用。循环完成了。德普勒的最新发现，在于能够把高压电流在能量损失较小的情况下通过普通电线输送到迄今连想也不敢想的远距离，并在那一端加以利用——这件事还只是处于萌芽状态——，这一发现使工业几乎彻底摆脱地方条件所规定的一切界限，并且使极遥远的水力的利用成为可能，如果在最初它只是对城市有利，那末到最后它终将成为消除城乡对立的最强有力的杠杆。但是非常明显的是，生产力将因此得到极大的发展，以致于资产阶级对生产力的管理愈来愈不能胜任。笨蛋菲勒克只是从这里看到了自己特别喜爱的国有化的新论据：资产阶级所不能做的事，应当由俾斯麦来做。"②

---

① 《马克思恩格斯全集》第31卷（上），人民出版社1972年版，第77—78页。
② 《马克思恩格斯全集》第35卷，人民出版社1971年版，第445—446页。

四 关于维护城市和农村权利平等,反对城乡分离

　　"科隆11月7日。在探讨区乡制度改革的问题时,我们并不认为考虑省内报纸,特别是《科隆日报》发表的有关报道是合适的。如果我们举一个例子来看看那些希望维护城市的区和农村的乡分开的人的论据大致有多大分量,我们就不难证明上述看法是正确的。""但是,在把其他赞成和反对城市的区和农村的乡分开的两种权威性意见加以比较的时候,用来作为装饰品的同样值得赞赏的公正态度却消失不见了。据报道,1833年省议会曾经反对这种分开方案,当时省议会还为一个权势很大的人物所左右,因此,反对分开的只是这么一个人物,而整个1827年省议会除一票之外,都赞成分开的方案。……其次,如果举出科隆、亚琛和科布伦茨的请愿作为拥护把城市的区和农村的乡分开的请愿,因为这些请愿局限于科隆、亚琛和科布伦茨,那么这最多不过证明这些请愿的局限性,但绝不能证明它们的合理性。然而,尽管这些城市起初在仓促之际不大理解问题的一般性质,没有充分考虑全省的利益,它们也没有以它们的特殊改革对抗一般改革。这些城市请愿只是为了自己的利益,决不是反对全省。""有人不仅要把城市同农村分开,而且要把各个城市彼此分开,把城市同省分开,要把省同它自己的理性分开。个别地方不可能成为全省的喉舌吗?不错,个别地方不应该成为整个喉舌,但是它应该是这个喉舌的一部分,因此对它这一部分来说也应该是代表全部和普遍利益的喉舌。难道这种意见不是使哪怕个别的城区条例的制订都没有任何可能了吗?如果个别地方不能成为全省的喉舌,难道个别市民就可以成为整个城市的喉舌吗?因此,根据上述推论,这个市民的要求只能代表他个人,但不能代表全市,而因为整个城市只是由一个个市民组成的,所以,决不能有代表整个城市的要求了。《概述》最后得出的结论,同城市和农村分开——如果它前后一贯的话——一般所必然得出的结论是一样的,即它不但使城市,不但使省,而且甚至使国家本身都不可能存在了。既然有人断言局部的东西是同一般的东西相敌对的对立面,那么他就必然要得出结论,使所有政治的和

社会的形式在最后的、不可分的局部面前,在具有种种物质欲望和目的的个人面前消失。那些被《概述》强迫出征去保卫它的军队,除少数人外,都会像福斯泰夫的新兵一样。他们只配以思想尸体去填战壕而已。""假如《科隆日报》的报道一开始就讲事情本身,就讲事实,即《莱茵报》要求制定城市和农村平等的区乡条例,并且在所引文章中明确指出这种平等就是'城市的区和农村的乡的权利平等',那么上述对共产主义梦想的狡猾的讥讽就会不可能出现,同样,对我们的非共产主义倾向的宽宏大量的假定也会没有必要。""如果说政府将主张城市和农村分开的区乡条例提交莱茵代表审议,那么,从这个简单事实就可以得出结论,政府根本没有什么秘密的预谋,而宁可说是完全相信这样分开并不破坏莱茵的权利平等。如果说莱茵报界这个莱茵省的喉舌确信本省持截然相反的看法,那么由此可以同样简单地得出结论:报界必须证明,制定城市和农村共同的区乡条例是莱茵省权利平等的必然结果;报界不仅要撇开个别人的特殊意见来表达人民的信念,而且要证明这种信念的内容是合理的,难道这不是报界对政府的责任吗?""最后,关于'城市和农村分开'再说几句话。甚至撇开一般理由不说,法律只能是现实在观念上的有意识的反映,只能是实际生命力在理论上的自我独立的表现。在莱茵省,城市和农村实际上并没有分开。因此,除非法律宣布它自己无效,否则,它便不能颁布这种分开的法令。"①

　　以维护城市和农村权利平等为内容的区乡制度改革运动,是莱茵省的一场重要政治斗争。普鲁士政府企图利用地方行政机构改革的机会,废除原来的城市的区和农村的乡在法律上权利平等的制度,而实行普鲁士的等级制度,扩大封建贵族的特权。在《区乡制度改革和〈科隆日报〉》和《〈科隆日报〉的一个通讯员和〈莱茵报〉》中,马克思维护了城市和农村权利平等的进步原则,用民主主义观点阐述了法国大革命的口号——"人人平等,市民和农民平等"。同时他提出法律的合理性在于同现实的一致性,这就使他的法律观点具有了更实际的因素。他说:"法律只能是现实在观念上的有意识的反映,只能

---

　　① 《马克思恩格斯全集》第1卷,人民出版社1995年版,第307—314页。

是实际生命力在理论上的自我独立的表现。"①

关于消灭城乡对立的空想理论，马克思、恩格斯认为："但是，这些社会主义的和共产主义的著作也包含有批判的成分。这些著作抨击现存社会的全部基础。因此，它们提供了启发工人意识的极为宝贵的材料。它们关于未来社会的一些积极的结论，例如消灭城乡之间的对立，消灭家庭，消灭私人发财制度，消灭雇佣劳动制，提倡社会和谐，把国家变成单纯的管理生产的机关等，——所有这些原理无非都是表明消灭阶级对立的必要，但是由于这种阶级对立在当时还刚刚开始发展，它们当时所知道的只是这种对立的最初的无定形的模糊表现。因此，这些原理也就还带有完全空想的性质。"②

关于在选举方面城乡平等的观念，马克思、恩格斯认为："约翰·罗素打算开给英国人吃的改革药丸的伟大秘密终于揭晓了。他建议：一、取消议员的财产资格限制（这种限制早就名存实亡了）；二、重新划分选区，办法是废除城市若干小选区，另成立较大的选区；三、在农村选区把财产资格限制由20英镑降低到10英镑，即降低到城市选区现行限制的水平。但是他拒绝提出第四条关于把选举的财产资格限制降低到5英镑的建议，因为，用'泰晤士报'的话来说，这样做的结果，'现在的选民们实际上就会被剥夺投票的权利，因为被准许参加投票的那个阶级在人数上大大超过所有其他阶级的总和，这个阶级只要团结一致就足以占上风了'。"③

恩格斯在1859年5月份致斐·拉萨尔的文章中，以批判的眼光从历史角度反复提到了农民运动的重要意义及与农村联合的重要性："至于谈到历史内容，那末您以鲜明的笔调和对以后的发展的正确提示描述了您最关心的当时的运动的两个方面：济金根所代表的贵族的国民运动和人道主义理论运动及其在神学和教会领域中的进一步发展，即宗教改革。在这里我最喜欢济金根和皇帝之间，教皇使节和特

---

① 《马克思恩格斯全集》第1卷，人民出版社1995年版，第314页。
② 《马克思恩格斯全集》第4卷，人民出版社1958年版，第501页。
③ 《马克思恩格斯全集》第9卷，人民出版社1961年版，第576页。

利尔大主教之间的几场戏（在这里，您把世俗的受过美学和古典文学教育的、在政治上和理论上有远见的使节同目光短浅的德国僧侣诸侯加以对比，从而成功地直接根据这两个人物的有代表性的性格作出了卓越的个性刻画）；在济金根和查理的那场戏中对性格的描绘也是很动人的。您对胡登的自传（您公正地承认它的内容是本质的东西）的确采取了一种令人失望的做法，您把这种内容放到剧本中去了。第五幕里的巴尔塔扎尔和弗兰茨的对话也非常重要，在这段对话里前者向自己的主人说明他应当遵循的真正革命的政策。在这里，真正悲剧的因素出现了；而且正是由于这种意义，我认为在第三幕里应当对这方面更强调一些，在那里是有很多机会这样做的。但是，我现在又回到次要问题上来了。——那个时期的城市和诸侯的态度在许多场合都是描写得非常清楚的，因此那时的运动中的所谓官方分子差不多被您描写得淋漓尽致了。但是，我认为对非官方的平民分子和农民分子，以及他们的随之而来的理论上的代表人物没有给予应有的注意。农民运动象贵族运动一样，也是一种国民运动，也是反对诸侯的运动，遭到了失败的农民运动的那种斗争的巨大规模，与抛弃了济金根的贵族甘心扮演宫廷侍臣的历史角色的那种轻率举动，正是一个鲜明的对照。因此，在我看来，即使就您对戏剧的观点（您大概已经知道，您的观点在我看来是非常抽象而又不够现实的）而言，农民运动也是值得进一步研究的；那个有约斯 弗里茨出现的农民场面的确有它的独到之处，而且这个'蛊惑者'的个性也描绘得很正确，只是同贵族运动比起来，它却没有充分表现出农民运动在当时已经达到的高潮。我认为，我们不应该为了观念的东西而忘掉现实主义的东西，为了席勒而忘掉莎士比亚，根据我对戏剧的这种看法，介绍那时的五光十色的平民社会，会提供完全不同的材料使剧本生动起来，会给在前台表演的贵族的国民运动提供一幅十分宝贵的背景，只有在这种情况下，才会使这个运动本身显出本来的面目。在这个封建关系解体的时期，我们从那些流浪的叫化子般的国王、无衣无食的雇佣兵和形形色色的冒险家身上，什么惊人的独特的形象不能发现呢！这幅福斯泰夫式的背景在这种类型的历史剧中必然会比在莎士比亚那里有更大的效果。

此外，我觉得，由于您把农民运动放到了次要的地位，所以您在一个方面对贵族的国民运动作了不正确的描写，同时也就忽视了在济金根命运中的真正悲剧的因素。据我看来，当时广大的皇室贵族并没有想到要同农民结成联盟；他们必须压榨农民才能获得收入这样一种情况，不容许这种事情发生。同城市结成联盟的可能性倒是大一些；但是这种联盟并没有出现或者只是小部分地出现了。而贵族的国民革命只有同城市和农民结成联盟，特别是同后者结成联盟才能实现；据我看来，悲剧的因素正是在于：同农民结成联盟这个基本条件是不可能的；因此贵族的政策必然是无足轻重的；当贵族想取得国民运动的领导权的时候，国民大众即农民，就起来反对他们的领导，于是他们就不可避免地要垮台。您假定济金根和农民确实有某种联系，这究竟有多少历史根据，我无法判断，而这个问题也是完全无关紧要的。此外，就我的记忆所及，在向农民呼吁的文件中胡登只是微微地触及这个和贵族有关的麻烦问题，而且企图把农民的愤怒都特别集中到僧侣身上去。但是我丝毫不想否认您有权把济金根和胡登看做是打算解放农民的。但这样一来马上就产生了这样一个悲剧性的矛盾：一方面是坚决反对过解放农民的贵族，另一方面是农民，而这两个人却被置于这两方面之间。在我看来，这就构成了历史的必然要求和这个要求的实际上不可能实现之间的悲剧性的冲突。您忽略了这一因素，而把这个悲剧性的冲突缩小到极其有限的范围之内：使济金根不立即向皇帝和帝国宣战，而只向一个诸侯宣战（这里虽然您也非常恰当地把农民引进来），并且使他仅仅由于贵族的冷漠和胆怯就遭到了灭亡。但是，如果您在此以前就先比较有力地强调了气势凶猛的农民运动以及由于先前的'鞋会'和'穷康拉德'而必然变得更加保守的贵族的心情，那末这一点就会得到完全不同的论证。然而这一切都不过是可以把农民运动和平民运动写入戏剧的一种方法而已；此外至少还有十种同样好的或者更好的其他的方法。"①

在《市政改革和〈科伦日报〉》一文中，马克思以与《概述》的

① 《马克思恩格斯全集》第29卷，人民出版社1972年版，第584—586页。

论战为切入点，揭露了《概述》提出城乡分离的实质是"它们不仅要把城市同乡村分开，而且要把各个城市之间以及城市同省分开，要把省同它自己的智慧分开"①。马克思进一步提出了认为城乡分离甚至是城市与城市之间的分离是极其不合理的观点，他认为城市与乡村都应成为社会的组成部分，代表自己范围内的全体的和普遍的利益："据报道说：赞成城乡分开的还有'莱茵省的其他城市，这些城市的请愿内容还不清楚，但是它们的要求当然只能代表他们自己，因为个别居民点不可能成为代表全省的喉舌'。这样，不仅某报刊文章一般说来是权威的意见，而且连某些无疑是平凡的字眼'当然只能'也可以解答其他城市的还不清楚的请愿内容。特利尔市的请愿就证明了那个名叫'当然只能'的先知原来是个伪先知。在《概述》的结尾泄露了作为要求城乡分开的真正重要理由的内部理由。它们不仅要把城市同乡村分开，而且要把各个城市之间以及城市同省分开，要把省同它自己的智慧分开。据说个别居民点不可能成为代表全省的喉舌！不错，个别居民点不应该成为整个喉舌，但是它应该是这个喉舌的一部分，因此也应该是代表它自己范围内的全体的和普遍的利益的喉舌。难道这种意见不是使哪怕个别城市的市政机构的建立都没有任何可能性了吗？如果个别居民点不能成为全省的喉舌，难道个别市民就可以成为全市的喉舌吗？根据上述推论，这个市民的要求因此只能代表他个人，但不能代表全市，而因为整个城市完全是由一个个市民组成的，所以，决不能有代表整个城市的要求了。《概述》归根到底所达到的，正是——如果它前后一贯的话——城乡分开一般所必然达到的结果：它不但使城市，不但使省，而且甚至使国家本身都变成不可能的了。既然断言个别的东西是同普遍的东西对抗的，那么势必最终迫使所有政治的社会的形式在最后不可再分的个别面前，在具有种种物质奢望和目的的个人面前消失。那些被《概述》强迫出征去保卫它的战士，除少数外，都象福斯泰夫的新兵一样。他们只配以思想尸

① 《马克思恩格斯全集》第40卷，人民出版社1982年版，第302页。

体去填战壕而已。掘墓人的手艺真到家了！"①

　　在《市政改革和〈科伦日报〉》中，马克思对当时社会舆论所争论的最重要问题——市政改革的性质和形式问题发表了自己的见解。他以反对城乡分离为切入点与《科伦日报》进行了新一轮的交锋。当时围绕这个问题所展开的争论，反映了进步的资产阶级和人民群众的利益同反动的封建贵族的利益的冲突。马克思支持激进资产阶级的要求，但他是从更彻底更坚定的革命民主主义立场出发的，维护了"人人平等，市民和农民平等"的基本原则："我们向莱茵各'省报'发出的关于市政改革问题的呼吁并不是毫无结果的。《科伦日报》认为自己必须一反平常的暧昧态度，在它11月11日这一号报上作一番假说明，并且承认城乡权利应该平等，虽然承认时怀着无法掩饰的不满、犹豫不定和有所保留，而且疑心重重地瞻前顾后和故意模棱两可。今天我们再次利用这个机会让《科伦日报》意识到它的精神状态，而且不妨愉快地、虽然是异想天开地希望它一旦认清自己的观点，就会放弃这种观点。《科伦日报》在今天文章的结尾中写道：'此外，对于如此吸引公众的普遍兴趣的市政机构问题，《科伦日报》编辑部认为有必要声明，它在这方面也遵循权利平等的原则，不过它认为自己的职责是提供尽可能广泛的园地来进行关于形式的讨论，而这些形式可以使目前完全不自由的、所有派别都认为再也不能容忍的状况得到改善。'迄今《科伦日报》还没有发表过一篇关于在严格遵循权利平等的原则下实现市政改革的形式的文章。因此我们不能够同不存在的敌人进行战斗。也许《科伦日报》认为'城乡分开'——即该报许多文章中建议通过分开的市政机构依法确定的那种分开——也是平等权利原则赖以具体化的那些形式之一？《科伦日报》是否认为这种确定下来的不平等权利就是某种权利平等的形式呢？《科伦日报》上的战斗不是集中在同一原则的不同形式上，而是主要地集中在原则本身的不同上。同时，如果按照《科伦日报》自己的建议，我们把它的文章仅

---

① 《马克思恩格斯全集》第40卷，人民出版社1982年版，第302—303页。

仅看作物品，也就是说照它的数量来看，在这次战斗中，多数战士属于反对平等的阵营。我们对《科伦日报》说：诚实一些吧！别伪造舆论了，要执行莱茵报纸应该表达莱茵省的精神这种使命，放弃个人的考虑，在省内最关重要的问题上，不让任何坚持某种与人民意志相对立的特殊立场的个人意见登在你们的报纸上！而《科伦日报》是怎样回答的呢？它认为在市政改革方面对权利平等原则给以应有的评价是'适当的'。人们将发现，这种'认为是适当的'观点对于莱茵省是非常明智的，而且根本不能把它简单地看作是《科伦日报》富于创造性思维的证明。除了对该省精神给以适当评价以外，《科伦日报》还认为它的'职责'就是提供尽可能广泛的园地来进行有关市政改革的'形式'的讨论，它把'不平等'的形式也理解为上述形式。这种'忠于职责的热忱'，从个人利益和个人考虑的观点来看，被认为是适当的，不管这种观点本身是何等不适当。为了堵死躲在形式和内容的差别后面的《科伦日报》的一切藏身之所，我们提出一个毫不含糊的问题：它是否认为通过分开的市政机构依法确定的城乡不平等是权利平等的一种形式？它是否打算今后还让它的篇幅发表这一类以单纯形式问题为借口的议论呢？明天我们再回头谈《科伦日报》的上述文章。"①

关于城市和乡村的联合，"在马克思所领导的中央委员会的倡议下，共产主义者同盟盟员在美因兹建立了工人教育协会，并以该会的名义向德国全体工人呼吁在所有的城市和乡村组织工人联合会"②。

五　消灭城乡对立的重要意义

在《共产主义原理》一文中，恩格斯针对"无产阶级革命的进程"这一问题提出："在国有土地上建筑大厦，作为公民公社的公共住宅。公民公社将从事工业生产和农业生产，将结合城市和乡村生活

---

① 《马克思恩格斯全集》第 40 卷，人民出版社 1982 年版，第 303—305 页。
② 《马克思恩格斯全集》第 5 卷，人民出版社 1958 年版，第 653 页。

方式的优点而避免二者的偏颇和缺点。"① 这一民主措施，直接强调了城乡结合的重要意义。

面对住宅问题时，对于消灭城乡对立的必要性，马克思、恩格斯认为："怎样解决住宅问题呢？在现代社会里，解决这个问题同解决其他一切社会问题完全一样，即靠供求关系在经济上的逐渐均衡来解决，但是这样解决之后，这个问题还会不断产生，就是说，一点也没有解决。社会革命将怎样解决这个问题呢？这不仅要以时间地点为转移，而且也同一些意义深远的问题有关，其中最重要的问题之一就是消灭城乡对立的问题。既然我们不预备凭空设想一套未来的社会结构，也就用不着在这上面浪费时间。但有一点是肯定的，现在各大城市中有足够的住宅，只要合理使用，就可以立即帮助解决真正的"住宅缺乏"问题。当然，要实现这一点，就必须剥夺现在的房主，让没有房子住或现在住得很挤的工人搬到这些住宅里去。只要无产阶级取得了政权，这种有关社会福利的措施就会像现代国家剥夺其他东西和占据住宅那样容易实现了。"②

恩格斯以住宅问题为切入点，认为只有解决了城乡对立才能解决城市日益严峻的住宅问题："我们的向导让我们往山下走第一步的时候，教导我们说，工人住宅制度有两种：一种是小宅子制，每个工人家庭都有一幢小屋子，而且可能还有一个小花园，像在英国那样；另一种是营房制，每所大房屋中都住有许多工人，像在巴黎、维也纳等等地方那样。介乎两者之间的是德国北部采用的制度。诚然，小宅子制是唯一正确的和唯一能使工人得到自己房屋所有权的制度；而营房制则对健康、道德和家庭宁静说来都有很大的缺点，—— 但是可惜啊，可惜，正是在住宅缺乏的中心地点，在大城市里，小宅子制因为地价昂贵而不能实行，所以，如果那里不是修建大营房而能建造有四至六套住宅的房屋，或者用各种建筑上的巧妙方法把营房制的最重大缺点消除，也就应该感到满足了（第71—92页）。我们不是已经往下

---

① 《马克思恩格斯全集》第4卷，人民出版社1958年版，第368页。
② 《马克思恩格斯全集》第18卷，人民出版社1964年版，第252页。

走了一大段路了吗？把工人变成资本家，解决社会问题，使每个工人都有自己的房子，——所有这些都留在高高在上的那个'理想领域'里了；我们现在要做的事只是在各处乡村里实行小宅子制，而在城市中把工人营房安排得尽可能像样些。可见，资产阶级解决住宅问题的办法由于碰到了城乡对立而显然遭到了失败。这里我们也达到了问题的中心。住宅问题，只有当社会已经得到充分改造，以致可能着手消灭城乡对立，消灭这个在现代资本主义社会里已弄到极端地步的对立时，才能获得解决。资本主义社会不仅不能消灭这种对立，反而不得不使它日益尖锐化。不过现代第一批空想社会主义者欧文和傅立叶已经正确地认识到了这一点。在他们的模范结构中，城乡对立已经不存在了。因此，这里的情形恰好与扎克斯先生所断言的相反：并不是住宅问题的解决同时就会导致社会问题的解决，而只是由于社会问题的解决，即由于资本主义生产方式的废除，才同时使得解决住宅问题成为可能。想解决住宅问题又想把现代的大城市保留下来，那是很荒谬的。但是，现代的大城市只有通过消灭资本主义生产方式才能消除，而只要消灭资本主义生产方式这件事一开始，那问题就不是给每个工人一所归他所有的小屋子，而完全是另一回事了。"①

恩格斯进而以生动的事例，以"消灭这种对立日益成为工业生产和农业生产的实际要求"为切入点，指出："消灭城乡对立并不是空想，正如消除资本家与雇佣工人间的对立不是空想一样。消灭这种对立日益成为工业生产和农业生产的实际要求。李比希在他论农业化学的著作中比任何人都更坚决地要求这样做，他在这些著作中的第一个要求总要人把取自土地的东西还给土地，并证明说城市特别是大城市的存在阻碍了这一点的实现。当你看到仅仅伦敦一地每日都要花很大费用，才能把比全萨克森王国所排出的更多的粪便倾抛到海里去，当你看到必须有多么巨大的建筑物才能使这些粪便不致弄臭伦敦全城，——那末你就知道消灭城乡对立的这个空想是具有极实际的基础了。甚至较小的柏林在自己的秽气中喘息至少也有三十年了。另一方

---

① 《马克思恩格斯全集》第 18 卷，人民出版社 1964 年版，第 271—272 页。

面，像蒲鲁东那样想改革现代的资产阶级社会而同时又保持农民本身，才真是十足的空想。只有使人口尽可能地平均分布于全国，只有使工业生产和农业生产发生密切的内部联系，并使交通工具随着由此产生的需要扩充起来——当然是以废除资本主义生产方式为前提，——才能使农村人口从他们数千年来几乎一成不变地栖息在里面的那种孤立和愚昧的状态中挣脱出来。断定说人们只有在消除城乡对立后才能从他们以往历史所铸造的枷锁中完全解放出来，这完全不是空想；只有当有人企图'从现存关系出发'，预先规定一种应该借以来解决现存社会中所特有的某种对立的形式，那才是空想。米尔柏格采取蒲鲁东解决住宅问题的公式时，就是在这样做。"①

恩格斯认为消灭贫穷的唯一办法即是，使城市工人同农村农民的联盟逐步接近并最终达成同盟："但是共和派的这次胜利还有另一层意义。这次胜利表明，1870年以来，农村居民前进了一大步。巴黎工人阶级以前所取得的每次胜利，都由于占法国人口大多数的小农阶级的反动精神而很快就化为乌有。本世纪初以来，法国农民是拥护波拿巴主义的。巴黎工人1848年2月建立的第二共和国，被当年12月农民投给路易－拿破仑的600万张选票废除了。但是，1870年的普鲁士入侵，动摇了农民对帝国的信念，而上次的十一月选举表明，农村居民群众成为拥护共和主义的了。这一转变具有极重大的意义。它不仅说明，从此以后，任何君主复辟在法国都是毫无希望的。它还说明，城市工人同农村农民的联盟正在接近。大革命造成的小自耕农，只不过在名义上是土地所有者，他们的土地已经抵押给高利贷者；他们的收成要拿去付利息和诉讼费；公证人、辩护士、法警、拍卖官吏是经常出现在他们门口的威胁。他们的处境和工人的处境一样地坏，生活几乎是同样地没有保障。如果说，这些农民现在正在离开波拿巴主义而转向共和国，那他们就是以此表明，他们已经不再把改善境况的希望寄托于路易－拿破仑经常向他们许诺但从不付诸实现的帝国奇迹上面了。梯也尔对'农民皇帝'具有的神秘拯救力的信念，被第

① 《马克思恩格斯全集》第18卷，人民出版社1964年版，第313—314页。

二帝国粗暴地破坏了。魔法已经失灵。法国农民终于有了充分的觉悟，要去寻找长期贫困的真正原因和消灭贫困的实际办法了。而既然他们已开始思考，他们一定很快就会发现，他们得救的唯一办法，就是同那个丝毫不希望农民处在目前这种悲惨境地的唯一阶级，即同城市工人阶级结成联盟。"①

　　关于工农关系，马克思、恩格斯认为："英国地产集中和农业发达并不是从农业中抽走资本的结果，相反地，是工业资本投入农业的结果。英国的土地价格远远超过法国的土地价格；根据日拉丹的估计，英国全部土地的总价值几乎等于法国的全部国民财富，因此，法国土地的价格不仅不会随着土地的集中而下降，相反地，还会上涨。其次，英国地产的集中从地面上消灭了几代人。在法国，同样的集中（资本税必将通过农民的加速破产有助于这种集中）将把这些农民群众赶入城市，从而使得革命更无法避免。最后，如果说在法国已经开始了一个地产从分散到集中的相反过程，那末在英国大地产又大踏步地走向分散，这就无可辩驳地证明了，只要资产阶级关系一般地还存在，农业就必然经常地作循环运动，即从集中到分散，又从分散到集中。"②

---

① 《马克思恩格斯全集》第 19 卷，人民出版社 1963 年版，第 153—154 页。
② 《马克思恩格斯全集》第 7 卷，人民出版社 1959 年版，第 340—341 页。

后　记

在农业社会向工业化社会乃至后工业化社会发展进程中，城乡关系一直是关系经济社会进步的重要因素，世界各国普遍经历了农业主导、城乡分割、城乡对立、城乡融合、城乡一体化的阶段，中国作为农业历史悠久的国家，城乡关系对经济社会发展的影响尤为重要。城乡关系的研究是城市学科研究的热点，如城乡二元结构、城市"流"和网络结构等理论都在不同阶段从不同角度对城乡关系进行了梳理和分析。

马克思和恩格斯自 19 世纪 40 年代开始对城乡关系进行深入调研和理论探索，在当时的发展背景下，资本主义世界的工业革命和城市化对马克思、恩格斯的思想产生了重要影响，马克思、恩格斯在前人研究的基础上，结合当时的社会状况，深入分析了西欧城乡对立的根源和局限性，前瞻性地作出了城乡融合发展的科学展望，并全面地论述了实现城乡融合的内在机理和一般路径，从而形成了马克思主义城乡融合发展理论。马克思主义城乡融合发展理论的主要内容包括城乡融合发展的一般路径、城乡融合发展的内在动力和城乡融合发展实现的内在机理。城乡融合发展的一般路径主要从批判城乡对立的局限性出发，揭示了未来社会实现城乡融合发展的必然趋势，从而展现了城乡关系由"浑然一体→对立→融合"的发展路径；城乡融合发展的内在动力主要论述了社会分工是推动城乡关系发展的直接动因，生产力是决定城乡关系发展的趋势和方向的根本动力；城乡融合实现的内在机理主要探讨了城乡融合实现的三个基本前提，即物质前提、关系前提和主体前提，阐述了实现城乡融合的三个主要途径。马克思主义

后 记

城乡融合发展理论是马克思主义理论的有机组成部分，是我国推进城乡融合发展的重要指导思想。

本书是作者2015年度承担中国社会科学院《马克思主义理论学科建设与理论研究工程》课题"马克思主义城乡融合发展理论及其现实意义"的研究成果，作者自感对马克思、恩格斯理论的研究缺乏功底，关于马克思、恩格斯城乡融合发展理论对中国城乡关系研究的指导意义，也理解和剖析得不够，还有很多需要深入研究的内容，今后自当继续潜心研究。本课题受《马克思主义理论学科建设与理论研究工程》资助，得到中国社会科学院马工程办公室、中国社会科学院城市发展与环境研究所领导和科研处的大力支持，得到同事和同仁们的大力帮助和指导，在此致以诚挚的感谢！

李红玉

2018年9月于北京